KB172834

해외이민 트렌드

Global Migration Trends

해외이민 트렌드

'전 세계 자산가의 이동은 어디로?'

셀레나 지음

아시아
유럽
대서양
아프리카
오세아니아
인도양
남극해

북극해
북아메리카
대서양
태평양
남아메리카

프롤로그

사람들이 외국으로 가는 이유는 다양합니다. 결혼, 사업, 일, 여행, 가족과 만남부터 더 나은 삶을 살기 위한 이민까지. 국가 간의 이동이 자유로워지면서 우리의 행동반경도 지역과 한 국가를 넘어 세계로 뻗어 나가고 있는 것이죠. 23년 넘게 이민업계에서 일하면서 가장 크게 느꼈던 점은 우리나라 사람들은 더 나은 삶, 윤택한 삶, 그리고 새로운 기회를 위해 이민을 결정한다는 것이었습니다.

수많은 세미나와 상담을 진행하고 많은 고객과 이야기를 나누면서 한 가지 궁금증이 생겼습니다. 사람들은 언제부터, 왜 이민을 가게 되었냐는 것입니다. 이민에 대한 오늘과 내일의 이야기는 본문에서 자세히 다룰 것이니, 이 책의 첫 시작은 언제부터 사람들이 (현대적 의미의) 이민을 가게 되었고, 또 시기마다 이민의 이유가 어떻게 달라지는지 이야기해보겠습니다.

한국에서 현대적 의미의 이민은 1962년 정부가 이민 정책을 수립하면서부터 시작되었습니다. 이 당시엔 국가 차원에서 이민을 장려했죠. 당시 한국 사회는 대가족의 문화가 남아있어 정부에서는 늘어나는 인구를 외국에 보낼 필요가 있었습니다. 또 해외에서 일하는 동포들이 송금하는 외화는 국가의 부(富)를 증대시키는 데에 큰 도움을 줬기 때문에 이민을 장려할 이유가 있었죠.

한국 이민의 역사는 시기에 따라 몇 번의 전환기를 맞이합니다. 그 첫 번째는

1965년 미국의 이민법이 개정하면서입니다. 미국은 이민법 개정 전에는 유럽계 이민자를 선호하고 아시아, 중남미, 아프리카 이민자들을 배척하는 경향이 있었습니다. 하지만 미국은 냉전 시기, 배타적인 이민 정책을 유지하기 어려워졌고 경제성장을 위해서라도 비유럽계 이민자를 받아들일 필요성이 대두되었습니다. 미국이 이민법을 개정해 다양한 이민자를 수용하면서 캐나다, 호주에서도 비유럽계 이민자들에게 문호를 개방하기 시작했습니다.

앞서 언급했듯이 당시 한국은 높은 인구밀도와 높은 실업, 저소득 때문에 해외로 인구를 내보내야 할 시대적 과제가 있었습니다. 그리고 미국도 노동력이 필요한 상황이었기 때문에 서로의 필요성에 의해 한국인 이민은 급속도로 증가하게 되었죠. 이후 1970~1980년대는 이민의 전성기라고 말할 수 있을 정도로 많은 사람이 외국으로 떠났습니다. 연 3만 명 이상 미국에 이민을 갈 정도였죠.

그런데 1960년대 이후 꾸준히 증가하던 이민의 추세는 1988년 새로운 전환기를 맞이합니다. 바로 1988년 서울 올림픽이 그 계기가 되었습니다. 세계적으로 아무도 주목하지 않았던 작은 나라, 대한민국에서 올림픽이 개최

되고 전 세계에 '코리아'라는 이름이 알려지면서 국가적 위상이 격상되었던 거죠. 또 한국에서 재외 동포의 전문, 기술직 노동력에 대한 수요가 커지면서 이민은 줄고 오히려 역이민이 증가하는 현상이 벌어지게 됩니다. 그 이후로 이민은 지속해서 감소하다가 1997년 외환위기로 인해 또다시 새로운 전기를 맞이하게 됩니다.

구조조정의 여파로 고용이 불안해지거나 직장을 잃은 수많은 사람이 안정적인 일자리를 찾고, 높은 삶의 질이 있는 곳을 찾아 해외로 떠나기 시작했습니다. 이 시기에 미국으로 이민이 몰리게 되자 이민 수속이 장기화되거나 이민의 기회가 제한되는 경우가 속출하게 됩니다. 그래서 호주, 뉴질랜드, 캐나다 등 이주자를 적극적으로 수용하는 국가로 이민의 양상이 다양화되기 시작합니다.

또 한 가지, 이주의 형태에 주목할 필요가 있습니다. 1970~1980년대는 가족초청 이주가 주된 형태였습니다. 외환위기 이후 국내 경제의 불안정성과 교육 여건의 불만으로 인해 30대 중산층의 이민이 활발해지면서 사업 또는 취업을 목적으로 하는 이주(이민)가 증가해서 지금까지 이어지고 있습니다.

물론 은퇴 후 더 나은 삶과 안정적인 노후를 보내기 위해 떠나는 경우도 적지 않지만, 사업 또는 취업이주자의 비중도 꾸준히 증가하는 추세입니다.

이처럼 한국의 이민은 사회경제적인 상황에 따라 규모와 특성이 변화했고, 앞으로도 국내적 상황에 따라 이민의 특성이 변화할 것으로 예상합니다. 그런 의미에서 《해외이민 트렌드》는 점점 다양화되는 이민의 양상을 국내 최초로 분석한 역사서와도 같습니다. 특히 2020년부터 코로나 팬데믹이 인간의 이동을 제한하면서 이민의 양상도 크게 변하고 있습니다. 즉 현재의 이민계는 변화의 중심에 서 있다는 의미인 것이죠. 정책이나 집단의 이익을 위한 이민보다는 개인의 행복과 안전, 기회를 위해 이민을 간다는 것에는 큰 변함이 없지만, 전통적인 이민 강국이었던 영미권에서 이민자들이 닿는 목적지가 이전보다는 훨씬 다양화되고 있다는 점이 가장 큰 특징입니다. 그간 우리가 이민지로 전혀 염두에 두지 않았던 지역으로도 이민을 준비하는 사람들의 관심 지역이 되고 있습니다.

이 책은 이민의 '오늘'을 다루고 있지만, 독자에게는 '내일'의 이야기로 다가

올 수도 있을 겁니다. 오늘을 제대로 준비해야 내일이 밝은 법입니다.

《해외이민 트렌드》는 이민에 관심이 있거나 준비하는 사람들을 위한 작은 이정표가 되길 바라는 마음입니다.

회사 업무로 정신없이 바쁜 와중에도 부족한 원고를 다듬어준 셀레나이민 임직원에게 늘 감사한 마음이고, 영국에서 늘 응원해주는 사랑하는 나의 아들 병수, 항상 곁에서 변함없이 지지해주는 남편 김경호 관세사에게도 고마움을 전합니다. 그리고 책의 내용이 더욱 풍성할 수 있도록 양질의 콘텐츠를 제공해준 회계법인 호연의 정원보 세무사님과 이태호 회계사님, H & H Law의 오스틴 변호사님, 포르투갈 크리스티나 변호사님 그리고 세계 투자 이민 업계를 주도하는 IIUSA, Uglobal, Latitude께도 깊은 감사를 드립니다.

행복한 이민을 꿈꾸는 모든 사람에게 이 책이 유용하게 쓰일 수 있길 간절히 바랍니다.

이민 플래너 셀레나

목 차

프롤로그

CONTENTS

Global Migration Trends

PART 1

2022 해외이민 트렌드

Global Migration Trends

2022 해외이민 트렌드

코로나19와 해외이민
The impact of COVID-19 on migration

코로나19가 불러온 변화의 물결

2020년 전 세계를 강타했던 코로나 바이러스(COVID-19)는 지금까지 우리 삶에 지대한 영향을 미치고 있다. 특히 바이러스 발생 초기부터 2021년까지는 'COVID-19의 시대'라고 불릴 정도로 세계 모든 사람에게 영향을 미쳤으며, 코로나로 인한 인간 삶의 변화는 역사책에도 기록될 것이다. 코로나의 대유행에 따라 평소 자주 쓰지 않던 '봉쇄', '사회적 거리두기', '확진', '백신 접종자' 등 그리 달갑지 않은 용어가 일상화되었으며, 특히 이민을 포함한 국가 간 이동에 있어서는 '국경 폐쇄'와 '격리'라는 용어가 아주 특별한 의미를 갖게 되었다.

코로나19는 이동 제한, 격리, 셧다운, 경기침체 등 우리 사회에 큰 시련을 가져다줬지만, 그 고난을 함께 극복하자는 연대의 힘도 빛을 발했다. 정치, 경제, 사회, 문화 등 다양한 분야에 새로운 인식과 흐름이 형성되었을 뿐만 아니라, '포스트 코로나(post corona)'

시대를 맞이하며 뉴노멀(new normal)을 전환의 기회로 잡고 있는 사람들이나 산업 분야도 크게 늘었다. 특히 언택트 문화의 일상화로 4차 산업혁명의 시대를 앞당겼다는 평가도 있으며, 원격교육의 활성화로 교육계에도 변화의 바람을 일으켰다.

사람들이 집에 있는 시간이 길어지면서 넷플릭스와 유튜브 등 온라인동영상 서비스(OTT) 소비가 폭증해 5G 네트워크 기반의 새로운 기술도 눈에 띄게 발전하고 있다. 또 바이러스의 확산을 막기 위해 재택근무 형태의 기업이 크게 늘었는데, 이는 기존 오피스 문화에서 탈피해 사람들이 일하는 방식의 변화도 가져왔다.

하지만, 코로나19 발생 초기에는 긍정적인 영향보다는 예상치 못한 바이러스 확산으로 인해 심각한 충격을 받은 분야도 적지 않다. 코로나 바이러스의 대유행은 건강에 대한 위협뿐만 아니라, '기업 도산', '대량 해고' 등 심각한 경제적 위기를 초래한 것이다. 특히 바이러스 확산 방지를 위한 이동 제한으로 여행업과 관광업은 큰 위기에 봉착했다. 코로나19 팬데믹의 첫해 동안에는 국내 이동 제한은 물론, 국가나 지역별로 108,000건 이상의 국제 여행 제한이 시행되었다. 이동 제한은 세계 경제에 심각한 타격을 주고 2020년에는 세계 경제성장률이 5.2%나 하락하면서 고통의 시간을 몰고 왔다. 이는 2차 세계대전 이후 가장 심각한 불황으로 기록되고 있다. 글로벌 이동 제한은 여행 산업의 일시적 몰락을 일으켰는데, 2020년 5월 기준 국제선 항공편 수는 전 세계적으로 약 80%가 감소할 정도였다. 여행 산업의 위축은 관광업을 주력 산업으로 했던 유럽에 큰 경제적 손실을 입혔다.

2022년 12월 현재 세계적으로 약 6억 5,000명이 코로나19에 확진되었고, 그중 660만 명이 바이러스로 사망했다. 코로나19는 다양한 변이로 확산하고 있으며 백신의 빠른 보급으로 치명률은 줄었지만, 완전 종식의 길은 아직 멀다는 것이 전문가들의 견해다.

이처럼 코로나19는 전 세계적으로 수백만 명의 생명을 앗아갔을 뿐만 아니라, 우리의 일상도 변화시켰다. 팬데믹의 영향을 받지 않은 분야가 거의 없었지만, 특히 이민과 여행 분야는 심각한 타격을 받았다. 팬데믹 이전에는 세계 여행이나 이민 등을 당연하게 여겼던 사람들이 코로나19 시대에는 국제 여행을 기피하는 경향이 강해졌다. 전 세계 많은 지역을 무비자로 여행할 수 있는 소위 황금 여권을 가진 사람들도 자유롭게 여행할 수 없었다. 만약 자신의 나라가 바이러스 '고위험 국가' 리스트에 올랐다면 그 국민은 다른 나라 입국도 자유롭지 못했다.

빠른 백신의 보급과 코로나19에 대한 피로감으로 2021년 중반 이후 제한 조치는 많이 풀려 2022년에는 국제 여행 인구도 늘었지만, 코로나19가 다양한 변이를 만들어내는 상황에서 전파력은 무시할 수 없으므로 당분간 국가별 검역과 방역 시스템은 강화된 상태를 유지할 것으로 예상된다.

코로나 시대의 해외이민 동향

코로나19가 맹위를 떨치고 있던 2020년 1년 동안 전 세계에서 약 2억 8,100만 명의 이민자가 있었다고 추정하고 있다. 10년 전 세계 이민자 추정치는 약 7억 4,000만 명이었는데 코로나19 사태 이후 1/3 이상 이동이 줄었다.

코로나19는 1919년 소위 '스페인 독감' 대유행 이후 가장 심각한 대유행을 불러왔다. 그 결과 바이러스가 발견된 후 첫 6개월 동안 10,185,374명의 확진자와 503,863명의 사망자가 발생했다. 이는 2003년 SARS나 2012년 MERS 바이러스 확산을 훨씬 능가했다. 코로나19가 극단적인 대유행을 불러온 데에는 급증하는 인구이동에 그 원인이 있었다. 많은 전문가가 심화하는 세계화로 인해 코로나19 등 전염성 바이러스가 국지적인 전파에 머물지 않고 전 세계로 확산할 것으로 예측했다.

1980년부터 2018년까지 운송된 항공 운송 승객

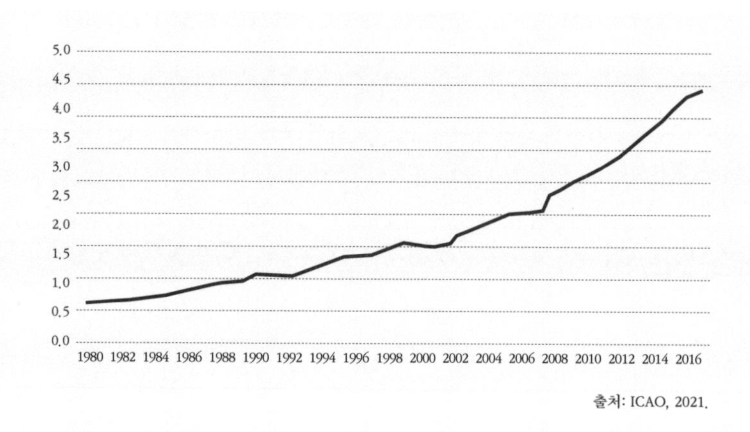

출처: ICAO, 2021.

바이러스의 세계적 대유행으로 높은 전염성과 심각성을 인지한 세계의 많은 정책 입안자들은 사람들 간의 접촉을 줄이기 위해 여러 정책을 쏟아냈다. 각국의 정부는 집회뿐만 아니라 대내외 이동에 대한 제한을 포함한 다양한 조치를 시행했다. 기업과 학교는 강제 폐쇄되었고, 대중교통과 개인 교통 시스템도 규제 대상이 되면서 사람들의 사회활동은 심각하게 억제되거나 금지되었다. 엘살바도르, 이스라엘, 카타르와 같은 일부 국가에서는 코로나19 발생 초 중기에 이동에 대한 상당한 국제적 제한을 신속하게 조치했다. 다른 국가들도 차츰 이들과 같이 국경의 문턱을 높였다. 일부 국가에서는 특정 고위험 국가 국민의 입국을 금지하고, 혹은 모든 외국인의 입국을 금지하거나 자국민을 포함한 모든 사람의 출입국을 완전히 폐쇄하기도 했다. 하지만 어떤 국가든 국가 간 이동을 완전히 제한할 수는 없었고, 사회 필수 인력 등에 대한 이동은 제한적이나마 허용했다.

●● 국경 폐쇄 상황에서 이동 제한의 예외

팬데믹 초기에는 많은 국가에서 국제 여행이 금지되었지만, 선택적 면제는 있었다. 엄격한 폐쇄가 시행된 곳에서도 생활 필수 물품(식품, 의약품, 의료제품 등)과 서비스(병원, 건강, 식품, 배달, 위생, 우편, 보안 등)는 이동 제한에 있어 선택적 면제가 이루어졌고, 건설 현장 등에서 일하는 노동자와 같이 사회 기능에 필수적이라 인정되는 사람들을 대상으로는 여행 제한이 면제되기도 했다.

여행 제한은 정부가 시행한 여러 조치 중 하나였지만, 가장 확실하고도 중요한 조치였다. 특히 국제 여행 제한의 경우에는 2020년 한 해 동안에는 대부분 유지되었다. 2020년 1월부터 2021년 3월까지는 국제 여행 통제가 가장 높은 수준을 유지했고 이후에는 통제 수준이 비교적 낮아졌지만, 각국의 출입국 관련 기관에서는 여전히 높은 출입국 심사 수준을 유지하고 있다. 여행 제한 외의 조치, 즉 휴교 및 국내 이동 제한, 작업장 폐쇄, 모임 제한, 사회적 거리두기 등은 규제가 엄격했던 코로나19 발생 초기를 벗어나면서 점진적으로 제한이 풀렸다. 하지만 새로운 바이러스 변이가 퍼지면 이러한 조치들은 다시금 강화되기도 했다.

코로나19 감염 최소화를 위한 정부의 대응 정도

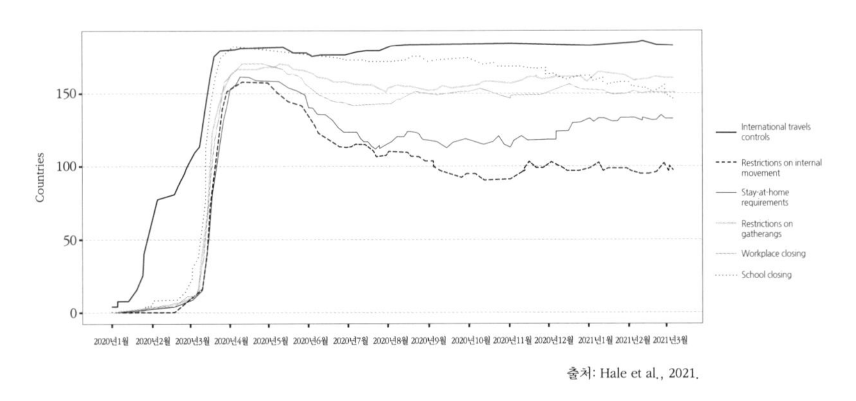

출처: Hale et al., 2021.

각국의 여행 및 이동 제한 조치에 따른 여파는 전 세계 항공 승객 수를 보면 명확히 알 수 있다. ICAO가 집계한 항공 승객 수 통계자료에 따르면 2020년 코로나19로 인한 여행 제한이 국제 및 국내 항공 여행 모두에 큰 영향을 미쳤다. 항공 승객은 2010년 이후 급증하는 추세였으나, 2019년 약 45억 명에서 코로나19 대유행 시기인 2020년에는 약 18억 명으로 60%나 감소한 것으로 나타났다.

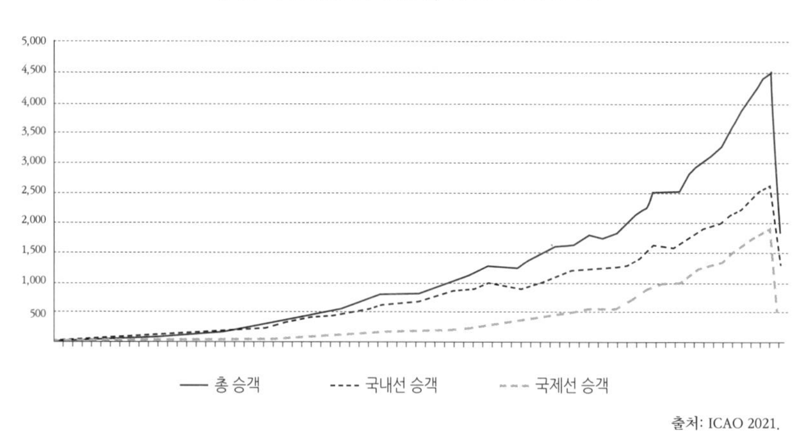

출처: ICAO 2021.

코로나19 시대, 전통적으로 이민자가 몰리는 유럽과 북미 지역을 중심으로 이민 동향을 살펴보자. 2020년 기준 유럽에는 약 8,700만 명의 국제 이민자가 거주하고 있으며, 이 수치는 약 7,500만 명의 이민자가 거주하던 2015년과 비교하면 16%나 증가한 수치다. 이들 중 절반은 유럽 태생이고, 비유럽 이민자 인구도 4,000만 명을 넘어섰다.

2020년 유럽 이민자 국가 상위 20위

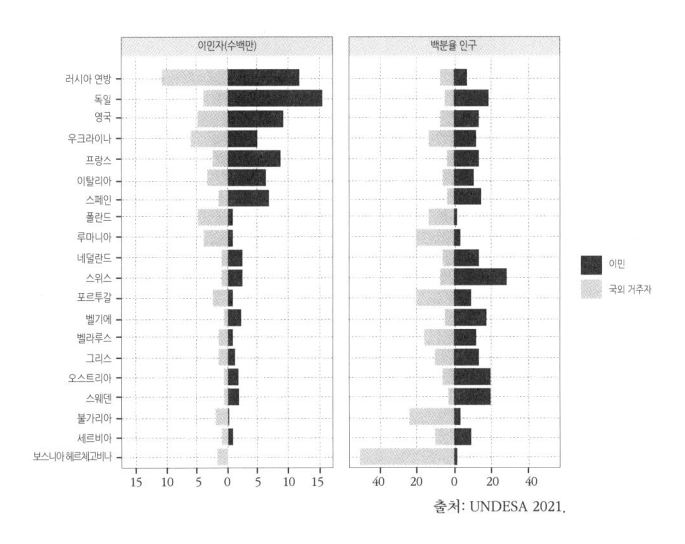

출처: UNDESA 2021.

러시아, 우크라이나, 폴란드, 루마니아와 같은 유럽 동부의 국가들은 표에서 보는 것과 같이 가장 많은 이민자 인구를 보유하고 있다. 2020년 거의 1,100만 명의 이민자가 있는 러시아는 해외에 거주하는 인구가 가장 많다. 러시아와 우크라이나(약 600만 명)에 이어 폴란드와 영국은 유럽에서 세 번째와 네 번째로 많은 이민자 인구가 있다. 오랜 이민 역사를 가진 국가인 포르투갈, 불가리아, 루마니아 역시 해외에 거주하는 인구의 비율이 높다.

1,600만 명의 이민자가 몰려 있는 독일은 유럽에서 가장 많은 외국 태생 인구를 보유하고 있다. 독일의 이민자 수는 2015년에서 2020년 사이 500만 명 이상 증가했다. 독일에서 가장 많은 비중을 차지하는 이민자의 출신지는 폴란드, 튀르키예, 러시아, 카자흐스탄 및 시리아 아랍 공화국 등이다.

코로나19에 대한 유럽의 대내외 여행 통제는 2020년 초에 발효되어 그해 3월과 5월 사이에 최고조에 달했다. 입국 심사 및 검역 명령과 같은 국제 여행 통제는 당시에 상대적으로 높은 편에 속했다. 그러나 2021년 6월경에는 대다수 국가에서 모든 지역에 대한 여행 금지 또는 국경 폐쇄 조치를 철회했다.

유럽의 코로나19 관련 해외여행 조치, 2020년 3월~2021년 6월

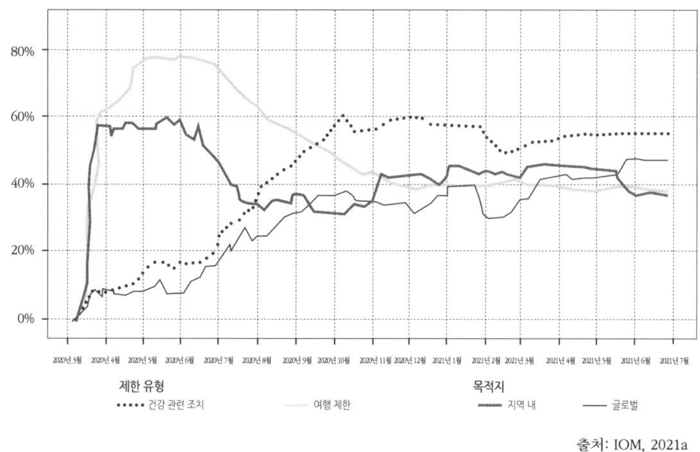

출처: IOM, 2021a

유럽의 통제 조치를 조금 더 구체적으로 살펴보면, 유럽의 여행 제한은 2020년 초에 급격히 증가했으며, 해외 이동 제한이 지역 내 여행 제한 조치를 초과하기에 이른다. 그러나 시간이 지남에 따라 이러한 제한이 줄어들었고, 2021년 6월 30일까지 유럽 국가와 유럽 이외의 국가와 관련된 통행로의 약 40%만이 여행 통제를 유지했다. 한편, 팬데믹 초기에 점진적으로 증가했던 건강 관련 조치는 2020년 말까지 여행 제한을 넘어섰고, 역외 국가와 관련된 조치가 가장 많이 증가했다. 코로나19 팬데믹이 2년이 넘어서고 백신 접종률 증가와 일상에서의 개인 방역 수준이 높아진 2022년에 들어서는 출입국 검/방역 강화, 마스크 착용, 다수 인원 모임 제한을 제외한 거의 대부분 조치는 해제되었다. 다만, 변종 바이러스가 급격한 시기에는 일시적으로 제한 조치가 국가별로 발동되는 모습도 볼 수 있었다.

코로나19는 이주민의 인권에도 영향을 미쳤다. 일부 국가에서는 이주에 대한 대중의 태도를 전환하는 계기를 마련하기도 했다. 팬데믹 동안 많은 경제 필수 부문에 이민자의 기여가 컸기에 반(反)이민 정서가 고조되었던 대중의 태도가 변했다고 분석된다. 예를 들어 2020년 영국에서 실시된 여론 조사에 따르면 62%의 국민이 코로나19 대응을 도와준 간병인이나 의료진에게 적극적으로 시민권을 부여하는 정책에 찬성했으며, 50%는 슈퍼마켓과 농업 노동자 등 다른 직군의 사람들에게도 시민권을 제공하는 데에 찬성했다. 이는 영국 사람들이 더 적은 수의 저숙련 이민자를 선호했던 5년 전과 비교하면 상당한 변화다. 스위스 등 다른 유럽 국가에서도 응답자의 절반 이상이 코로나19 시기 이민자에 대한 태도에 있어 긍정적인 변화가 있었다는 반응을 보였다.

●● 코로나19가 이주민의 인권에 미친 영향

> 코로나19가 이민자 인권에 관련해 긍정적인 영향만 미친 것은 아니다. 이동 제한은 현지인이든 이민자든 관계없이 일관적인 통제 조치였고, 경우에 따라서는 국경 폐쇄로 이민자의 가족 상봉이 중단되기도 했다. 또 일부 국가에서는 일시적으로 이민이나 망명 신청 등록 및 접수가 중단되었다.

다음으로 코로나19 시기 북아메리카의 상황을 살펴보자. 북미의 이주는 주로 미국으로의 이민이 절대다수를 차지한다. 2020년 기준 약 5,900만 명의 이민자가 북미에 거주하고 있으며, 2015년 5,600만 명에서 약 300만 명 증가한 수치다. 이민자의 대부분은 라틴 아메리카와 카리브해(약 2,600만 명) 출신이고, 아시아(약 1,800만 명), 유럽(약 700만 명)이 그 뒤를 잇는다. 지난 30년 동안 북미의 이민자 수는 라틴 아메리카와 카리브해, 아시아에서 온 이민자들과 북미 지역의 경제성장과 정치적 안정에 힘입어 2배 이상 증가했다.

미국은 세계에서 가장 많은 외국 출신 인구를 보유하고 있다. 북아메리카의 외국 출신 인구의 86% 이상이 미국에 거주한다. 그런데 표를 보면 캐나다 전체 인구에서 외국 출신의 비율(21% 이상)이 미국(15%)보다 상당히 높은 것을 알 수 있다. 즉, 캐나다는 미국보다 인구 구성으로 보면 이민을 온 인구의 비율이 더 높다.

2020년 북미 이민자 비율

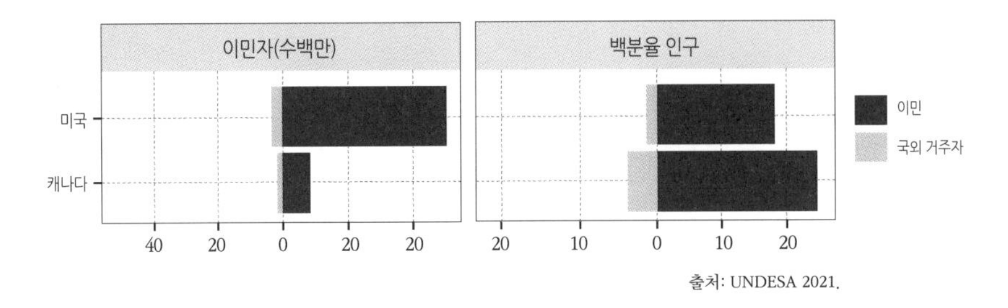

출처: UNDESA 2021.

미국과 캐나다는 코로나19가 유행할 초기부터 신속하게 국제 및 국내 여행 통제를 시행했다. 다른 국가와 마찬가지로 해외여행에 대한 제한은 내부 통제보다 몇 주 일찍 조치했다. 입국 심사 및 검역 조치 강화와 같은 제한 사항은 2020년 내내 유지되었으며, 2021년 6월경 유럽이 통제 수준을 낮추는데 반해 미국과 캐나다는 유지하는 것을 선택했다. 그러나 일부 지역 여행 금지나 국경 폐쇄와 같은 강력한 통제는 2020년 중반부터 감소했지만, 코로나19 변이 바이러스가 발생해 전파될 때는 통제 수준을 높이는 것으로 나타났다.

미국, 캐나다의 코로나19 관련 해외여행 통제 조치, 2020년 3월~2021년 6월

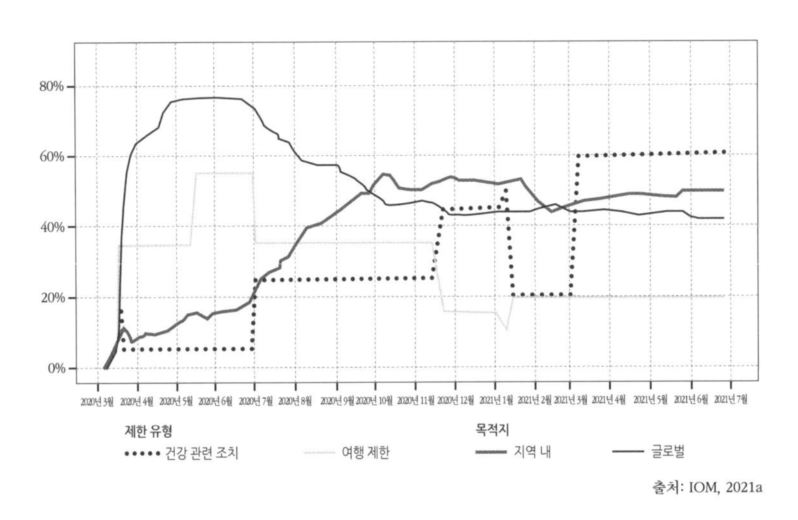

출처: IOM, 2021a

코로나19 팬데믹 초기 몇 주 동안 미국과 캐나다는 국내 이동 제한을 부과했다. 이러한 조치는 오래가지는 않았고 2020년 9월경까지 절반 정도 철회했다. 남아있던 내부 제한은 특정 지역 또는 도시 간 여행을 자제하라는 일반 권장 사항이 포함되어 있었다. 유럽과 달리 북미는 상대적으로 내부 이동 제한 조치가 강력하지는 않았다. 북미의 여행 제한 및 건강 관련 조치는 코로나19가 유행하기 시작된 이후 시간이 지남에 따라 강화되었다. 팬데믹 초기에는 건강 관련 조치보다 여행 제한이 더 많았다. 그런데 시간이 지나면서 건강 관련 조치가 여행 제한을 추월했다.

코로나19 대유행이 미국과 캐나다 이민에 부정적인 영향을 미쳤다. 여행 제한, 영사 및 국경 폐쇄, 비자 처리 및 이민 법원 청문회 지연 등은 팬데믹 이후로 등록된 이민자가 캐나다와 미국에 입국하는 비율을 낮췄다. 캐나다의 경우, 임시 거주자를 위해 승인된 신규 신청 및 연장 건수는 2019년과 2020년 사이에 48% 감소했고, 영주권자를 위해 발급된 비자는 50% 감소했다. 미국의 상황도 크게 다르지 않다. 2020년 미국에서 발급된 이민자 및 비이민 비자의 총수는 400만 건을 약간 넘었는데, 이는 2019년에 발급된 920만 건보다 54%나 감소한 수치다.

그러나 여행 및 이동 제한으로 인해 많은 이민자가 미국이나 캐나다로 입국할 기회가 줄었지만, 북미는 특히 필수 생산 임시 외국인 근로자를 위한 특정 경로는 유지했다. 코로나19 제한 조치가 거의 풀린 2022년 하반기부터는 이민자 수도 점차 예년 수준을 회복할 것으로 기대하고 있으며, 미국과 캐나다 정부 입장도 경제성장 등을 위해 더 많은 이민자를 수용해야 한다는 점은 인지하고 있다.

미국과 캐나다 전반적인 이민 정책

미국과 캐나다는 더 다양한 출신 국가와 함께 중요한 이민지로 주목받고 있다. 2020년 기준 약 5,100만 명의 이민자가 미국에 거주하고 있으며 이는 세계에서 가장 많은 인구다. 같은 해 800만 명이 넘는 이민자들이 캐나다에 살았다. 인구 고령화와 급변하는 노동 환경으로 인해 캐나다는 이민 목표를 계속 늘리고 있다. 캐나다의 이민 계획은 경제 계층 프로그램에 따라 모든 이민자의 60%를 받아들이는 것을 목표로 하고 있다. 미국은 최근 몇 년 동안 이민 제한 정책이 강화되었지만, 새로운 정책 변화가 이민 시스템을 재편하고 있다. 특히 캐나다와 마찬가지로 인구통계학적 변화에 대응하여 미국으로의 이민의 문턱을 낮춰 더 많은 인구 증가와 노동력 유지를 목표로 한다.

해외이민 동향
World migration trends

통계로 알아보는 국제 이민자 동향

앞서 살펴본 바와 같이 코로나19 시기에는 각국의 여행 제한과 폐쇄 정책으로 인해 국제 이민자 수는 다소 줄었지만, 지난 50년간 국제 이민자 수는 꾸준히 늘어나는 추세였다. 개방화가 빠르게 진행되면서 인간의 이동도 그만큼 늘어난 것이다. 특히 세계화가 본격적으로 시작된 1980년대부터는 취업이나 비즈니스 등 경제적인 이유로 거주지를 옮기는 경우가 많았으나, 2000년대 이후에는 경제적인 이유와 더불어 삶의 질 향상, 은퇴 이민, 투자이민 등을 목적으로 이동하는 경향도 늘고 있다.

구체적인 통계자료를 통해 국제 이민자 동향을 살펴보자. UN DESA 통계에 따르면 2020년 약 2억 8,100만 명이 자신의 출생지가 아닌 다른 국가에 살고 있었으며, 이는 30년 전인 1990년보다 1억 2,800만 명 많고 1970년과 비교하면 3배 이상인 수치다.

1970~2020, 국제 이민자

연도	국제 이민자 수	세계 인구 대비 이민자 비율(%)
1970년	84,460,125	2.3
1975년	90,368,010	2.2
1980년	101,983,149	2.3
1985년	113,206,691	2.3
1990년	152,986,157	2.9
1995년	161,289,976	2.8
2000년	173,230,585	2.8
2005년	191,446,828	2.9
2010년	220,983,187	3.2
2015년	247,958,644	3.4
2020년	280,598,105	3.6

출처: UN DESA, 2008; DESA, 2021a

국제 이민자를 전 세계 지역별로 살펴보면, 유럽이 8,700만 명으로 가장 많은 이주민이 살고 있으며 그 뒤를 아시아(8,600만 명)가 잇고 있다. 북미는 5,900만 명, 아프리카는 2,500만 명의 이민자가 거주한다. 지난 15년 동안 라틴 아메리카와 카리브해의 국제 이민자 수는 약 700만 명에서 1,500만 명으로 두 배 이상 증가해 국제 이민자 성장률이 가장 높고 전체 이민자의 5.3%를 차지했다. 또 약 900만 명의 이민자가 오세아니아에 거주하고 있으며 이는 전체 이민자의 3.3%에 해당한다.

각 나라의 전체 인구에서 이민자의 비율을 살펴보면, 전체 인구의 22%가 이민자로 구성된 오세아니아가 가장 높은 국제 이민자 비율을 보였다. 다음으로 북아메리카(15%), 유럽(11.6%)이 뒤를 이었다. 라틴 아메리카와 카리브해, 아프리카 및 아시아의 국제 이민자 비율은 각각 2.3%, 1.9%, 1.8%였다.

그렇다면 어떤 나라의 사람들이 가장 많이 해외에 거주하고 있을까? 1위는 인도였다. 해외에 거주하는 인도 사람들은 1,800만 명으로 2위인 멕시코 사람들보다 약 700만 명이나 많았다. 세 번째는 러시아로 1,080만 명이었고 중국(1,000만 명)이 그 뒤를 이었다. 그다음으로는 시리아 아랍 공화국(800만 명)인데, 이들은 주로 지난 10년 동안 대규모 난민 사태가 발생한 국가라 국제 이주자가 많았다고 분석된다.

국제 이민자의 연령은 약 78%가 노동가능연령(15~64세)에 포함되었다. 취업이나 비즈니스로 해외에 거주하는 이주자가 대다수를 차지하고 있다. 1990년 이후 19세 이하 국제 이민자의 비율은 18.9%에서 14.6%로 감소했지만, 64세 이상 국제 이민자는 12%대에서 안정적으로 유지되고 있다.

성별로 국제 이민자를 보면 여성과 남성의 차이가 크다는 것을 알 수 있다. 전 세계적으로 국제 이민자는 여성보다 남성이 많았고 그 격차는 지난 20년 동안 증가했다. 2000년에는 남성이 50.6%, 여성이 49.4%를 차지했는데, 2020년에는 남성이 51.9%, 여성이 48.0%로 남성 이주자의 비율이 1.4%P 증가했다.

2000~2020, 성별에 따른 국제 이민자

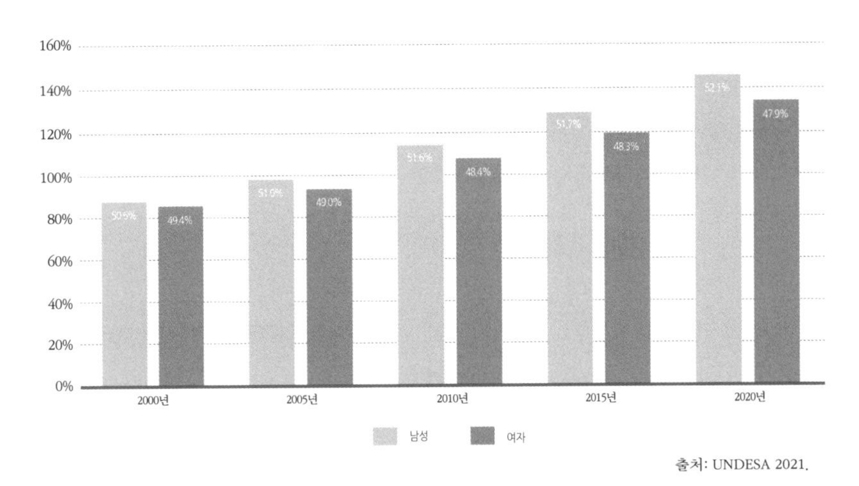

출처: UNDESA 2021.

이주 노동자 통계

이주 노동자에 대한 정확한 통계는 없지만, 국제적으로 통용되는 추정치에 따르면 2019년 약 1억 6,900만 명의 이주 노동자가 있었다고 한다. 이주 노동자들에게 가장 중요한 것은 안정적인 근로 수입이기에 경제적 여건이 좋은 고소득 국가에 거주하는 경향을 보였다. 고소득 국가에 거주하는 이주 노동자는 전체 노동자의 약 67%에 해당한다. 이주 노동자의 29%는 중간 소득 국가, 3.6%가 저소득 국가에 살고 있다. 그런데 최근 10여 년간은 고소득 국가에 거주하는 이주 노동자 수는 줄고 중간 소득 국가의 이주 노동자가 늘고 있는데, 이는 중간 소득 국가의 경제성장 및 고소득 국가의 노동 이민 규정 변경에 영향을 받은 것으로 분석된다.

한국의 해외이민 동향

한국의 해외이민은 1910년 국권피탈 이후 정치적 동기로 인해 이민이 증가하게 된다. 그 이전에는 경제적 동기, 즉 기근을 피해 중국이나 러시아로 가는 이민자들이 있었지만, 본격적인 이민은 일제강점기 이후로 보는 것이 타당하다. 1945년 해방이 되기까지 소련, 만주, 일본 등으로 이민을 갔고, 해방 이후 절반 정도의 사람들이 귀환했다.

1945년 제2차 세계대전이 끝난 이후에는 정치적인 이유로 떠나는 사람이 줄어 해외이민의 수가 급감했지만, 1965년 미국이 이민법을 개정한 이후 다시 활기를 띠기 시작했다. 1970년 미국에 거주하는 한국인은 미국 시민권 취득자를 포함해 7만 명 정도였는데, 그 이후 매년 2~3만 명의 이민이 접수되었다.

세계화 이전에는 개인에게 있어서는 경제적/직업적 문제, 정부에서는 인구 정책적 차원에서 해외이민이 주로 이루어졌다면, 현재는 해외이민의 문이 넓어졌으며 다양한 이유로 해외이민을 가고 있다.

한국에서는 매년 2만 명 이상의 사람들이 이민을 가고 있다. 법무부 출입국통계 자료에 따르면 지난 2016년 국적 포기자가 3만 5,247명으로 정점을 찍었다. 2018년에는 국적 포기자가 3만 3,000명에 달했는데, 이는 2017년에 비해 1만 2,000명 정도 늘어난 수치다. 전년도와 비교해 국적 이탈자와 국적 상실자가 모두 증가했다. 국적 이탈자의 경우 2018년도 7,000명에 육박했는데, 이는 2017년 대비 3배 이상 증가한 수치다. 2019년과 2020년에도 국적 상실자는 2만 명을 넘어섰고, 국적 이탈자도 3,000명대를 기록하고 있다.

국적 포기자

국적 포기자는 법적으로 국적 이탈자와 국적 상실자로 나뉜다. 국적 이탈자는 법정기간 내 외국국적을 선택하는 복수국적자를 의미하며, 국적 상실자는 이민, 입양, 혼인, 인지 등의 이유로 외국 국적을 취득함으로써 우리나라의 국적이 상실되는 사람을 뜻한다.

연도별 국적 이탈/국적 상실 현황

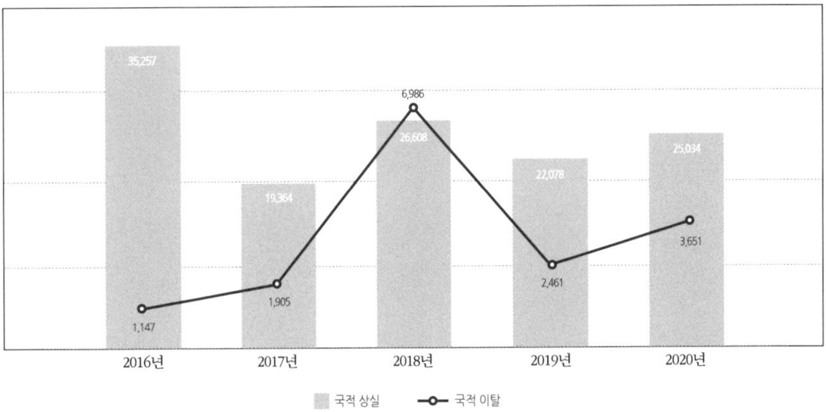

35,257
6,986
26,608
25,034
22,078
19,364
3,651
2,461
1,905
1,147
2016년
2017년
2018년
2019년
2020년
국적 상실
국적 이탈

그런데 국적 이탈과 국적 상실 통계만으로는 정확한 해외이민 통계를 파악하기에는 한계가 있다. 현재 우리나라 사람들의 이민 동향을 파악할 수 있는 자료는 국적 포기자 통계 외에도 통계청의 국제인구이동통계와 외교부의 해외이주신고자 현황과 재외동포현황 등이 있다.

통계청의 국제인구이동통계는 매년 출입국자수를 성별/연령별로만 제시하고 있어 사람들이 어디로 나갔는지에 대한 정보를 알 수 없다. 외교부 해외이주신고자 현황이 이민자 수를 파악하기에는 통계청의 자료보다는 더 자세하다. 매년 나가는 이민자 수를 거주국별로 집계하고 있으며 연고이주, 취업이주 등 이주 형태별로도 파악할 수 있다.

하지만 이 통계는 이민자의 자발적 신고에만 의존하고 있어 실제 이민자 수와는 상당한 차이가 있다. 재외동포현황은 해외로 나간 우리 동포가 700만 명이 넘는다는 수치로 발표되고 있지만, 동포의 개념도 불분명하고 이들이 언제 얼마나 어떻게 나갔는지도 정확히 알 수 없어 한계가 있다.

가령 해외이주신고자 현황을 보면 국적 포기자 수와 많은 차이가 있다는 것을 알 수 있다. 국적 포기자 통계는 매년 3만 명에 육박하지만, 해외이주신고자 현황은 2018년 6,000명대가 가장 높은 수치다.

해외이주신고자 현황

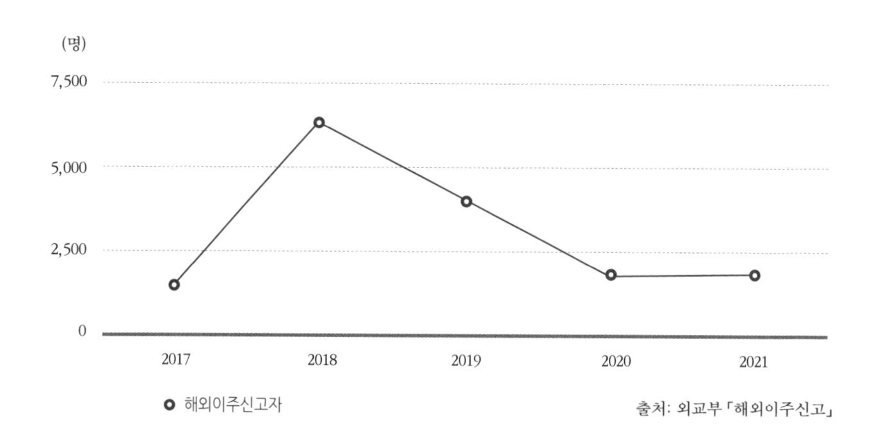

출처: 외교부「해외이주신고」

	2017년	2018년	2019년	2020년
계	1.443	6,330	4,037	1,729
미국	909	3,223	1,868	833
캐나다	209	1,092	789	238
호주	105	547	374	156
뉴질랜드	41	255	154	85
기타	179	1,213	852	417

물론 국적 포기자 통계는 연도별로 다른 국가의 국적을 보유한 사람의 수치는 알 수 있지만, 이민의 이유나 취득한 국적은 알 수 없다는 단점이 있다. 그래서 해외이민 통계는 이들 통계자료를 종합적으로 고려해 판단할 수밖에 없다.

그렇다면 한국 사람들은 얼마나 해외이민을 고려하고 있을까? 해외이민 고려에 대한 통계는 여러 기관에서 설문조사에 의해 이뤄지고 있다. 여기에서는 민간기업에서 조사한 자료와 한국청소년정책연구원에서 조사한 통계를 보며 이야기해보자.

구인·구직 포털 사람인이 성인남녀 4,229명을 대상으로 '해외이민'에 대한 설문을 진행한 결과, 60.2%가 한국을 떠나 이민을 가고 싶다고 답했다. 연령대별로 살펴보면, 30대가 66%로 이민 의향이 가장 높았고, 이어 40대(62.8%), 20대(56.4%), 50대 이상(51.5%) 순이었다.

이들이 해외이민을 가고 싶은 이유로는 '삶의 여유가 없어서'(43.3%)라는 답변이 가장 많았다. 그 외에도 '새로운 경험을 해보고 싶어서', '복지제도가 잘 갖춰진 나라에 살고 싶어서', '한국에서 상대적 박탈감을 느껴서', '자녀 양육 환경 때문에', '해외에서 해보고 싶은 일이 있어서' 등을 꼽았다.

이민 희망국은 전통적인 이민강국 미국·캐나다가 45%로 1위를 차지했다. 호주·뉴질랜드·괌·하와이 등 태평양(37.4%)이 2위, 덴마크·스웨덴·핀란드 등 북유럽(28.7%)이 3위, 프랑스·영국·독일 등 서유럽(21.9%)이 4위, 베트남·태국·싱가포르 등 동남아(16.2%)가 5위였다.

한국청소년정책연구원은 지난 2021년 '청년사회·경제실태조사'에서 청년층의 해외 이주 고려 경험 및 이유 등을 조사해 발표했다. 조사에 따르면 만 18세에서 만 34세 청년층에서 해외이민을 고려했다는 응답은 13.2%였다. 연령별로 살펴보면 만 25세에서 만 29세가 14.2%로 가장 높았고, 이어서 만 18세에서 만 24세가 13.6%였다. 취업난을 가장 많이 겪고 있는 세대의 해외이민 의향이 높다는 것을 알 수 있다.

해외이민 고려 이유로는 '행복한 삶을 위해서'라는 답변이 28.2%로 다른 이유(자기계발을 위해서, 새로운 사회에 도전해보고 싶어서, 더 나은 교육환경을 위해서 등)보다 압도적으로 높았다.

		해외 이주 고려 경험		해외 이주 고려 이유			
구분1	구분2	있다	없다	자기계발	새로운 도전	행복한 삶	교육환경
전체	소계	13.2	86.8	12.4	22.4	28.2	11.7
성별	남자	11.3	88.7	10.3	20.6	27.1	13.1
	여자	15.3	84.7	14	24	29.1	10.5
연령별	만18~24세	13.6	86.4	18.7	26.3	24	13.2
	만25~29세	14.2	85.8	8.3	18.8	36.2	9.4
	만30~34세	11.7	88.3	8.5	21.6	23.6	12.5
지역별	수도권	14.4	85.6	10.8	20.1	31.4	14
	비수도권	11.9	88.1	14.6	25.6	23.7	8.4
학력별	고졸 이하 대학재학	10.8	89.2	14	25.4	19.7	14.7
	대졸 이상	15.5	84.5	11.3	20.4	33.9	9.6

그런데 이 통계에서 눈여겨봐야 할 점은 해외이민의 이유로 가장 많이 선택한 '행복한 삶을 위해서'라는 응답에 만 25세에서 만 29세의 응답이 36.2%로 가장 높았다는 것이다. 이들은 대학 졸업을 앞두고 있거나 취업을 준비하는 취준생 세대로, 청년들은 우리나라의 현실이 그만큼 살기 어렵다고 생각하고 있다는 것을 말해준다. 실제로 2022년 한국의 청년 실업률은 6.9%로 100만 명의 청년 실업자가 있으며, 체감 실업률은 이보다 더 높은 27%로 청년 4명 중 1명이 실업자다.

자산가들은 '더 나은 삶을 위해서' 혹은 '자녀 교육', '탄탄한 복지 시스템' 등으로 해외이민을 고려하는 반면, 청년층은 현실적 어려움을 피해 해외이민을 가고 싶다는 응답이 높아 우리 사회에 시사하는 바가 크다.

해외이민 의향 조사

해외이민 의향을 묻는 조사는 본문에 소개한 것 외에도 매년 여러 기관에서 발표되고 있다. 조사 결과를 살펴보면 한국을 떠나려고 하는 이유는 비슷한데, 최근 들어서는 삶의 질을 우선순위로 삼는 경우가 많다. 매경이코노미 설문 조사에 따르면 30~60대 400명을 대상으로 해외이민을 고려한 적이 있는지 묻는 문항에 전체 응답자의 72%가 긍정적으로 답했다. 이들의 해외이민 이유로는 '한국의 지나친 경쟁 분위기(58%)'가 첫째로 꼽혔다(복수 응답 기준). 이어 '자녀 교육(43.1%)' '미세먼지 등 환경 문제(36.8%)' '심각한 빈부 격차와 소득 불평등(34.7%)' 순으로 응답률이 높았다. 거의 모든 조사와 마찬가지로 이 조사에서도 선호하는 해외이민국으로는 미국, 캐나다, 호주, 뉴질랜드 등 영어권 국가가 가장 높았다.

2021 최고의 골든비자
The best golden visa programs in Europe 2021

골든비자 랭킹, 어떤 나라가 가장 매력적일까?

몇 년 전까지만 해도 세계 이민 강국은 미국이었다. 물론 여전히 미국으로 세계의 많은 사람이 몰리고 있고 이민지로서도 매력이 넘치는 국가이지만, 세계의 많은 나라가 이민의 문턱을 낮추고 있어 이민을 가고자 하는 사람들의 선택 폭도 커지고 있다. 그중 하나가 바로 유럽권의 '골든비자'다.

골든비자는 골든비자 프로그램을 운영하는 나라의 부동산 투자, 채권 투자, 혹은 일정 금액을 사회단체에 기부할 경우 시민권이나 영주권을 주는 제도다. 나라마다 골든비자를 발급하는 조건은 다르지만, 투자금은 대개 3억 원에서 10억 원 사이다. 상대적으로 이민의 문턱이 높은 스위스나 오스트리아의 경우 수십억 원을 투자해야 골든비자를 발급받을 수 있지만, 골든비자 프로그램을 운영하는 대다수 나라는 비교적 저렴한 수준의 투자금액을 유지하고 있다.

최근에는 유럽연합의 많은 나라가 골든비자를 적극 홍보하고 있다. 경제가 어려워져 투자 유치가 필요한 나라에서부터 독일이나 영국처럼 경제적으로 부유한 나라들도 골든비자 프로그램을 적극 활용해 이민자를 받아들인다.

유럽연합 자료에 따르면 골든비자를 목적으로 유럽연합에 투자되는 돈은 해마다 30억 유로를 넘는다. 그만큼 세계의 많은 사람이 골든비자를 주목하고 있고, 또 실제로 골든비자를 받기 위해 많은 투자를 하고 있다는 의미다.

골든비자에 가장 많은 관심을 보인 사람들은 중국인과 러시아인이다. 2007년에서 2016년 사이 중국인 10만 명이 유럽의 여러 나라에서 골든비자를 얻었다. 한국에서도 이민을 가고자 하는 사람들의 시선이 미국이나 호주 등 전통적인 이민 강국에서 유럽의 골든비자로 많이 옮겨가는 추세다. 정확한 통계는 없지만, 적지 않은 사람들이 골든비자를 발급받았고 또 골든비자를 신청할 것으로 예상되고 있다.

특히 코로나19 이후 더 안전하고 윤택한 삶을 추구하는 사람들이 늘어나면서 타국에서의 삶을 꿈꾸는 사람들이 자연스럽게 골든비자에 많은 관심을 가지고 있다.

그렇다면 최근 가장 인기몰이를 하는 골든비자 국가는 어디일까? 바로 포르투갈과 아일랜드, 그리스다. 'Best citizenships'에 따르면 해당 기관이 골든비자 프로그램을 운영하는 나라의 장단점을 기반으로 점수를 부여한 결과(PBS 모델), 포르투갈이 최고의 골든비자 1위 국으로 꼽혔다.

포르투갈은 골든비자 프로그램을 운영하기 위한 PBS에서 최고의 점수를 얻었으며, 셍겐 지역에서의 자유로운 이동과 함께 다양한 투자 옵션, 비교적 덜 엄격한 거주 및 시민권 조건으로 인기가 높다는 분석이다. 그리고 포르투갈은 세계 평화 지수 2021에 따르면 세계에서 가장 평화로운 국가 4위로 꼽히기도 했다.

세계 평화 지수

세계 평화 지수는 군사 예산, 무기 수출, 폭력범죄의 정도, 전쟁 사상자, 죄수 규모, 조직범죄 수준, 잠재적인 테러 공격 위험, 사회 및 정치적 갈등, 인접 지역이나 국가와의 상대적 관계 등 23개의 지표를 종합하여 호주 경제평화연구소에서 각국의 평화를 수치화한 것이다. 2021년 세계 평화 지수가 가장 높은 나라는 아이슬란드였고 뉴질랜드와 덴마크, 포르투갈이 2~4위였다. 슬로베니아가 전년도보다 5계단 뛰어올라 5위권에 들었다. 한국의 세계 평화 지수는 163개 조사 대상 국가 가운데 57위였다. 이는 전년보다 12단계 하락한 순위다.

골든비자 순위 상위권 국가의 몇 가지 장점을 살펴보면, 포르투갈과 아일랜드, 스페인은 북미 및 남미 대륙과의 지리적 접근성이 뛰어나 미국이나 라틴 아메리카 투자자들에게 매우 매력적으로 인식된다. 그리스도 이들 나라와 같이 접근성이 좋고, 중동에서 가까워 그 지역 투자자들에게 인기가 높다.

아일랜드는 근래 들어 순위가 급상승했는데, 세계 최고의 부동산 투자 프로그램이 있는 것으로 분석된다. 아일랜드 골든비자 수요가 증가한 데에는 브렉시트 이후의 상황이 반영되었고, 교육에 있어서도 최고의 수준을 보이기 때문이다. 영국과 몰타, 키프로스, 아일랜드는 영어권 국가로 영미권 사람들에게 인기가 높은 편이다.

한편, 미국과 캐나다의 그린 카드 프로그램은 비자 처리 기간이 상대적으로 길었기에 PBS에서 낮은 점수를 받았다. 미국과 영국, 호주는 상대적으로 높은 투자 문턱으로 순위가 떨어졌고, 엄격한 거주 조건 또한 영향을 미쳤다.

2021 골든비자 랭킹

순위	골든비자	PBS 점수
1	포르투갈	141
2	아일랜드	129
3	그리스	123
4	스페인	119
5	이탈리아	117
6	몰타	112
6	불가리아	112
6	룩셈부르크	112
6	키프로스	112
7	네덜란드	109
8	라트비아	107
9	미국	105
10	영국	102

11	캐나다	100
12	호주	99
13	뉴질랜드	94

출처: Best citizenships

브렉시트(Brexit)

영국(Britain)과 탈퇴(Exit)의 합성어로 영국의 유럽연합(EU) 탈퇴를 의미한다. 브렉시트는 2020년 1월 31일 단행되었다. 브렉시트는 2016년 6월 진행된 브렉시트 찬반 국민투표에서 결정된다. 2018년 3월 브렉시트를 단행할 예정이었으나 영국 의회의 브렉시트 합의안 부결로 총 3차례나 연기되면서 2020년 1월 31일로 결정되었다. 이후 영국 내부의 법안 통과 절차와 EU 유럽의회·유럽이사회의 승인 절차까지 완료되면서 브렉시트가 단행된다. 다만 양측은 브렉시트의 원활한 이행을 위해 같은 해 12월 31일까지를 전환 기간으로 설정하고 이 기간에는 모든 것을 브렉시트 이전과 똑같이 유지하면서 미래관계 협상을 실시하도록 협의했다. 그러다 2020년 12월 24일 영국과 EU가 미래관계 협상을 타결하면서 2021년 1월 1일부터 브렉시트가 현실화되었다.

골든비자 순위의 결정 요인으로는 '최소 투자', '투자 옵션', '비자 처리 기간', '영주권 허가', '시민권 취득 기간', '거주 조건', '시민권 시험', '자유로운 이동', '교육 수준', '헬스 케어', '여권 파워', '부동산 가격' 등 다양한 요소가 있다. 이 중 골든비자를 얻으려는 사람들이 가장 큰 고려 사항으로 생각하는 몇 가지 요소를 중심으로 매력적인 골든비자 국가를 살펴보자.

골든비자 국가, 왜 매력적일까?

골든비자를 얻으려는 사람들이 가장 먼저 고려하는 것은 투자금과 투자 옵션이다. 나라마다 최소 투자금과 투자 옵션에 차이가 있는데, 표를 통해 몇몇 국가의 기본적인 투자금과 투자 옵션을 알아보자.

투자금과 기본 투자 옵션

골든비자 국가	최소 투자금	기본 투자 옵션
포르투갈	€ 280,000	부동산
그리스	€ 500,000	부동산
몰타	€ 110,000	기부금+부동산 임대
스페인	€ 500,000	부동산
아일랜드	€ 400,000	기부금
네덜란드	€ 1,250,000	사업
룩셈부르크	€ 500,000	채권/예금
키프로스	€ 300,000	부동산

표를 통해서도 확인할 수 있듯이 골든비자를 운영하는 각 나라는 서로 다른 투자금과 투자 옵션을 가지고 있다. 물론 제시된 금액과 옵션은 최소 투자금과 기본 옵션으로 단순화해서 보여준 것이기에 실제 특정 국가를 선택해 골든비자를 획득하고자 한다면, 투자자의 여건에 따라 여러 방법을 고려해볼 수 있다.

대체로 골든비자 프로그램은 부동산 투자에 중점을 두고 있다. 그런데 일부 골든비자 프로그램은 부동산 시장에 대한 투자를 허용하지는 않더라도 5성급 호텔 프로젝트에서 환매 주식에 투자할 수 있는 프로그램도 있다. 이 주식은 5~6년 후에 동일한 개발자가 다시 구입하고, 투자 기간에는 3~4%의 수익을 볼 수 있어 투자자들의 관심이 높아지고 있다.

그리고 기부금을 통해 골든비자를 취득할 수 있는 국가에는 몰타와 아일랜드가 있고, 대부분의 골든비자 프로그램에는 사업 투자 옵션이 있다(몰타 제외). 은행 예금 옵션도 있는데, 이 옵션은 은행 기관에 해당 국가에서 요구하는 현금을 은행에 입금해야 하며 투자자들은 예치 기간에 고정 금리로 이익을 얻을 수도 있다. 또 몇몇 국가는 골든비자 취득을 위해 국채 매입 옵션도 선택 가능하다.

은행 예금과 국채 옵션

국가	은행 예금
포르투갈	€ 1,000,000
그리스	€ 400,000
스페인	€ 1,000,000
룩셈부르크	€ 20,000,000

국가	정부 채권
그리스	€ 400,000
스페인	€ 2,000,000

골든비자 처리 기간도 나라마다 제각각이다. 미국과 캐나다 프로그램이 영주권을 받기 위해 수년간 기다린다는 점을 감안했을 때, 유럽 프로그램은 일반적으로 3~6개월 사이에 비자 처리가 되고 있어 큰 이점으로 인식된다.

골든비자 처리 기간

국가	포르투갈	그리스	몰타	스페인	영국	아일랜드	네덜란드	룩셈부르크	키프로스
처리 기간	10개월	5개월	6개월	3개월	12주	6개월	3개월	2~3개월	3개월

골든비자에서 발급한 거주 허가증은 '무제한 연장이 있는 임시 거주 허가(TRP)'와 '첫날부터 영구 거주 허가(PRP)'의 형태로 나눌 수 있다. 몰타와 그리스, 아일랜드, 미국, 캐나다, 키프로스 등은 영주권을 부여한다. 포르투갈의 경우는 독특한 면이 있는데, 투자금액에 따라 거주 허가증의 유형이 달라지는 식이다. 포르투갈은 500,000 유로 이상의 투자에 대해서는 PRP를 부여하고, 280,000 유로의 투자금액에 대해서는 TRP를 부여한다. 대부분 포르투갈 이민을 계획하는 사람들은 투자금액이 저렴한 최소 280,000 유로에 투자하기 때문에 포르투갈이 TRP 허가국이라고 여겨도 무방하다.

다음으로 골든비자를 취득한 이후 여권의 파워를 나라별로 살펴보자. 여권 파워는 해당 국가의 여권으로 전 세계 몇 개국을 무비자로 갈 수 있는지에 따라 결정된다. 유럽의 골든비자 여권은 세계에서도 가장 강력한 것으로 인식되는데, 대체로 골든비자 프로그램을 운영하는 나라는 170국 이상의 국가를 무비자로 갈 수 있다.

여권 파워

국가	그리스	몰타	스페인	영국	아일랜드	네덜란드	룩셈부르크	키프로스	라트비아
여권 파워	186	186	190	187	188	188	190	176	182

골든비자 취득의 최종 목표는 시민권 취득에 있다. 미국, 캐나다나 EU 등의 나라에서 시민권을 취득하는 것은 쉬운 일은 아니다. 시민권 취득을 위해서는 골든비자 취득 후 각 나라에서 부여한 여러 조건을 충족해야 하고, 언어 능력, 시민권 시험, 범죄기록 조회 등을 필요로 하는 나라도 있다. 시민권 시험은 시민으로서의 기본 자질과 해당 국가의 문화적 지식이나 이해를 확인하기 위해서 테스트를 진행하는데, 골든비자 프로그램을 운영하는 대부분의 나라가 시민권 시험 제도를 운영한다. 다만 포르투갈, 아일랜드,

이탈리아 및 키프로스는 시민권 시험 제도가 없다.

포르투갈이 최고의 골든비자 1위로 선정된 데에는 여러 이유가 있지만, 시민권 취득을 위해 해당 국가에 의무적으로 생활할 필요가 없다는 것도 중요한 요인이다. 많은 국가에서 지속적인 기간, 의무적으로 거주하지 않고서 시민이 되는 것은 불가능하다. 골든비자 국가 중 포르투갈만이 시민권 신청을 위해 의무적 생활 조건을 부과하지 않고, 다른 국가에서는 시민권 신청 시작 전 최소 5년 동안은 영구적으로 이사하고 거주해야 한다.

시민권 취득 기간

국가	포르투갈	그리스	몰타	스페인	영국	아일랜드	네덜란드	룩셈부르크	키프로스
기간	5년	7년	5년	10년	5년	5년	5년	5년	5년

유럽으로의 이민을 생각하고 있는 사람들은 유럽 내에서 자유롭게 이동할 수 있고, 시민권을 가지고 있는 국가가 아닌 다른 유럽연합국의 나라에서도 취업과 사업 등을 할 수 있어 큰 매력으로 받아들이고 있다. 골든비자를 얻고자 하는 사람이라면 셍겐조약 가입 여부도 중요한 판단 요소로 작용될 수 있다. 유럽연합이라는 매력적인 요소에 더해 아일랜드와 키프로스를 제외하고 골든비자를 운영하는 대부분의 골든비자 프로그램 운영 국가는 셍겐조약에 가입되어 있다. 셍겐조약은 이 조약 가입국 간의 국경철폐라는 개념이 작용하기 때문에 큰 장점으로 여겨지고 있다.

●● 솅겐조약에 대한 오해

대개 사람들은 솅겐조약이 유럽의 자유로운 왕래를 보장해주는 것처럼 생각하는데, 이는 반은 맞고 반은 틀린 말이다. 솅겐조약은 유럽에서 조약 가입국 간의 국경 검문을 철폐해 사람과 물자의 이동을 자유롭게 하고 범죄 수사도 협조하자는 조약이다. 유럽연합은 기본적으로 자유 왕래를 보장하는 원칙이 있기에 이 조약에 가입하지 않은 루마니아, 불가리아 등의 국가라고 해도 유럽연합에 가입만 되어 있다면 자유롭게 EU 내 다른 국가를 왕래할 권리가 있다. 즉 유럽연합 회원국이면서 솅겐조약에 가입되어 있다면 입국 심사가 면제되고 이동의 자유, 거주의 자유, 취업의 자유가 보장된다. 그런데 유럽연합 회원국이면서 솅겐조약 가입국이 아니라면, 입국 심사는 면제되지 않지만 이동의 자유, 거주의 자유, 취업의 자유는 보장된다.

마지막으로 골든비자 운영 국가의 전반적인 부동산 가격을 알아보자. 일반적인 골든비자 취득 조건이 부동산 투자에 있기 때문에 부동산, 특히 도심에 있는 아파트 구매 비용은 매우 중요한 요소다. 각국의 평균 부동산 가격표를 보면 그리스와 키프로스, 포르투갈이 상대적으로 저렴한 가격을 형성하고 있으며, 룩셈부르크의 경우에는 다른 나라보다 높은 가격대에서 거래되고 있다.

각국의 평균 부동산 가격(㎡당)

국가	포르투갈	그리스	몰타	스페인	영국	아일랜드	네덜란드	룩셈부르크	키프로스
기간	€ 2,601	€ 1,527	€ 3,526	€ 2,936	£4,285	€ 3,974	€ 4,137	€ 10,522	€ 1,724

지금까지 골든비자 프로그램을 운영하는 여러 국가를 전반적으로 알아보았다. 나라마다 운영하는 방식이나 투자조건 등은 다르지만, 상대적으로 저렴한 투자금액과 까다롭지 않은 요건 등이 매력 포인트로 꼽히고 있다. 많은 해외이민 전문가들이 골든비자의 인기는 갈수록 높아질 것으로 예상하고 있다. 코로나19의 영향으로 좀 더 안전하고 건강한 나라에서 살고 싶어 하는 사람들의 이동이 크게 늘어날 것이라는 분석이다.

2022 최고의 해외시민권
Best citizenship by investment programmes 2022

어떤 나라가 최고의 해외시민권 1위에 올랐을까?

해외시민권(CBI)은 부동산 구매나 정부 기금에 대한 일회성 기부와 같이 시민권을 취득하려는 정부에 경제적 기부를 하고, 투자한 외국인에게 패스트트랙 시민권을 제공하는 프로그램이다. 이 제도는 합법적으로 외국인 투자자가 순전히 투자만으로 패스트트랙 시민권을 취득할 수 있으며 현재는 유럽, 카리브해 및 태평양 지역의 10개 이상의 국가에서 투자 시민권을 부여하고 있다.

투자에 의한 최초의 시민권 프로그램은 1983년 세인트키츠네비스에서 시작되었다. 이 나라에 빠른 해외시민권 프로그램이 도입된 이래 지금까지 10개국 이상의 국가에서 빠른 해외시민권 프로그램을 운영하고 있으며, 해외시민권 산업은 연간 50억 달러의 가치가 있는 것으로 추산된다. 투자금으로 인한 수익금은 경제발전과 복지사업에 사용된다.

2022 최고의 해외시민권 랭킹

순위	해외시민권 국가	PBS 점수
1	도미니카	272
2	그레나다	262
3	세인트루시아	253
4	세인트키츠네비스	246
5	앤티가바부다	244

6	바누아투	231
7	몰타	212
8	불가리아	208
9	튀르키예	206
10	몬테네그로	203
11	사모아	164
12	이집트	164
13	요르단	156

해외시민권 프로그램도 유럽의 골든비자와 마찬가지로 다양한 평가요소에 의해 순위가 정해진다. Best Citizenships에 따르면 최고의 투자 시민권 프로그램을 결정하는 37가지 요소를 고려해 BEST CBI 프로그램 순위를 정했는데, 2021년과 2022년도에는 전과 달리 영사관의 지원, 코로나 할인, 가족 친화적 요소와 같은 지표가 추가되었다.

특히 코로나19는 해외시민권 프로그램 순위 변화에 큰 영향을 미쳤다. 코로나로 인한 여행 제한이나 국경 폐쇄, 혹은 방문 면제 등이 순위를 결정하는 중요한 요인으로 작용했다.

Best Citizenships이 선정한 2021 최고의 해외시민권 프로그램은 세인트루시아가 차지했다. 2위는 도미니카, 3위는 그레나다로 상위권 국가는 모두 카리브해 국가들이 차지했다. 2022년에는 도미니카가 최고의 해외시민권으로 등극했고 2위는 그레나다, 3위는 세인트루시아가 차지했다. 카리브해 국가가 수년간 상위권에 오른 이유에는 신청 절차의 디지털화, 코로나 할인 등이 주요한 요인이었다. 카리브해가 빠른 해외시민권 프로그램의 발상지임을 고려하면, 이들 국가가 상위권에 랭크된 것이 놀라운 일은 아니다. 하지만 코로나19 팬데믹이라는 상황과 갈수록 다양한 해외시민권 프로그램이 생겨나고 있는 것을 감안하면 여전히 영향력이 있다는 점에서는 주목할 만하다.

2021 최고의 해외시민권 프로그램 1위에 오른 세인트루시아는 놀랍게도 전년도에는

최하위 랭킹을 기록했다. 세인트루시아가 큰 도약을 이룰 수 있었던 데에는 정부의 역할이 컸다. 정부는 거버넌스 개선, 투명성 강화, 비용 절감, 코로나 채권 도입, 신청 절차의 디지털화 등 여러 측면에서 놀라운 발전을 보였고, 또 혁신적인 모델인 전자 지불 옵션을 최초로 도입해 큰 진전을 이뤘다. 그러나 2022년에는 러시아에 대한 비자 면제가 없고, 생체 인식이 되지 않는 여권이라는 점이 감점 요소로 작용해서 1위에서 3위로 두 계단 순위가 하락했다.

2022 최고의 해외시민권 프로그램 1위에 등극한 도미니카는 '가족을 위한 저렴한 투자 프로그램', '중국에 대한 새로운 비자 면제', '보안 표준을 강화하는 생체 인식 여권', '호텔에 투자하기 좋은 매력적인 부동산 시장', '지속 가능 개발을 위한 투자금 활용', '자국민을 위한 해외 영사관 지원' 등의 영역에서 최고 점수를 획득해 최고의 자리에 올랐다.

또 주목할 만한 국가로는 바누아투가 있다. 바누아투도 세인트루시아와 마찬가지로 2020년도에 하위권을 기록했는데, 2021년도에는 세인트키츠네비스와 함께 공동 4위에 올랐다. 물론 2022년도에는 셍겐 국가들에 대한 부분적인 비자 면제 중단 때문에 6위로 하락하기는 했지만, 바누아투는 세계 어느 나라보다 해외시민권 신청서를 빠르게 처리하고, 여권 유효기간을 10년으로 연장함으로써 고객들의 이목을 집중시키고 있다. 처리 속도의 측면에서는 세인트키츠네비스, 도미니카, 바누아투가 타의 추종을 불허한다. 빠른 처리 속도만큼은 바누아투의 해외시민권이 지속해서 큰 인기를 끌고 있는 요인이다.

그리고 앤티가바부다도 경제성과 비용, 부동산 시장 측면에서 최고의 가족 중심 해외시민권 프로그램으로 꼽힌다. 이 나라는 카리브해에서 유일하게 5일 거주 조건을 요구하며, 여권 유효기간이 5년이라는 점도 긍정적인 요소다.

최고의 해외시민권 순위도 유럽의 골든비자 프로그램과 마찬가지로 PBS 채점 모델에 기반한다. 총 37가지 평가요소로 각 국가를 평가했으며, 각 순위 요소에는 10점씩 할당되어 총 370점 만점이다. 평가요소로는 '가격', '인기', '신청 절차', '국채 투자', '안전', '비자 면제', '1인당 GDP', '여권 기간', '처리 속도', '거주요건', '교육', '의료', '여권 유효기간', '평생 시민권', '부동산 가격', '면세 혜택' 등이 있다. 지금부터 해외시민권을 취득하고자 하는 사람들이 가장 관심이 많은 평가요소를 중심으로 해외시민권 국가에 대해 알아보자.

해외시민권이 인기가 높을 수밖에 없는 이유

모든 이민 프로그램에서 그렇듯 해외시민권 프로그램에서도 사람들은 가격을 가장 중요한 선택의 기준으로 삼는다. PBS 모델은 프로그램의 가격이 저렴할수록 더 많은 포인트를 주는데, 세인트루시아, 도미니카는 10만 달러에서 시작하는 1인당 가장 저렴한 해외시민권으로 꼽힌다. 앤티가바부다는 부양가족 4명 이상인 사람들에게 가장 저렴한 프로그램이다. 몰타와 키프로스의 경우에는 해당 프로그램 중에서는 가장 비싼 EU 시민권 프로그램이다.

주요국 투자비용

국가	투자	부동산
몰타	€ 600,000	€ 600,000
세인트키츠네비스	$150,000	$200,000
앤티가바부다	$100,000	$200,000
그레나다	$150,000	$200,000
도미니카	$100,000	$200,000
세인트루시아	$100,000	$300,000
바누아투	$130,000	$200,000

해외시민권의 인기는 고객으로부터 받은 문의, 신청서, 발급된 여권 현황 등을 종합적으로 따져 판단한다. 여러 조건을 종합적으로 고려했을 때, 사람들이 가장 많이 찾는 프로그램은 세인트키츠네비스와 도미니카다. 이 두 국가의 프로그램은 25년 이상 엄청난 인기를 끌었고, 여전히 인기가 식지 않고 있다. 다만, 최근에는 바누아투가 아주 간단한 신청 절차와 처리 속도로 인해 짧은 시간 안에 프로그램의 인기가 급상승하고 있는 국가다.

투자 옵션 중에서 단 세 나라만이 국채 투자 프로그램을 운영하는 것도 눈길을 끈다. 국채는 해당 국가에서 제시하는 조건 달성 이후 투자금을 전부 회수할 수 있어 사람들의 흥미가 높은데, 국채 투자는 정부가 보증하는 무위험 투자처에 투자하게 되는 것을 말한다. 세인트루시아(코로나19 구호 국채, 25만 달러), 튀르키예(국채 및 채권, 25만 달러), 요르단(재무증권, 100만 달러) 등이 국채 투자 프로그램을 운영하고 있다.

해외시민권이 인기가 높은 데에는 강력한 여권 파워도 한몫한다. 비자 면제 여행은 사람들의 관심이 높은데, 해외시민권 프로그램을 운영하는 나라는 사람들의 이런 욕구를 반영해 다양한 국가와 비자 면제 협정을 맺고 있다.

특히 미국이나 캐나다에 대한 비자 면제 문의가 많다. BIG-6(미국, 영국, 러시아, 중국, 솅겐, 캐나다)로의 무비자 여행을 할 수 있을 정도의 여권이라면, 사람들이 주의 깊게 들여다볼 만한 해외시민권이라고 할 수 있다. 물론 해외시민권을 운영하는 국가 중 BIG-6의 모든 나라를 무비자로 갈 수 있는 여권은 없지만, 대체로 3~4개의 국가는 비자 면제 협정을 맺고 있는 것으로 파악된다. 가령 몰타는 캐나다와 비자 면제 협정을 맺고 있으며, 특히 몰타에서는 미국과도 비자 면제 프로그램이 있다.

앞서 언급했듯이 바누아투 해외시민권을 신청하면, 가장 빠른 시간 내에 여권을 수령할 수 있다. 세계에서 가장 빠른 투자 프로그램으로도 유명하다. 각 나라의 여권 발급

기간은 다음과 같다.

여권 발급 기간 및 거주 조건

국가	여권 발급 기간(개월)	거주 조건
몰타	14	12개월
세인트키츠네비스	3	0
앤티가바부다	3	5일
그레나다	3	0
도미니카	3	0
세인트루시아	3	0
바누아투	1	0
튀르키예	3	0
사모아	20	15일

여권 발급뿐만 아니라, 시민권 증명서 발급 처리 속도도 신청자에게는 매우 중요하게 여겨진다. 이 역시 바누아투가 세계에서 가장 빠른 시민권 증명서 발급 처리 속도를 보여주고 있으며, 최근에는 세인트루시아가 추가 비용 없이 평균 처리 기간을 80일에서 56일로 크게 앞당겨 주목을 받고 있다. 세인트키츠네비스 또한 처리 속도를 60일 이내로 단축했다. 다만, 세인트키츠네비스의 경우에는 처리 속도를 앞당기기 위해서는 추가 비용이 필요하다.

여권 취득을 위해 신청 국가에서 거주 조건이 있는지 여부는 고객들에게는 매우 민감한 문제다. 코로나19 팬데믹으로 많은 사람이 외국을 방문하거나 그 지역에서 거주하기를 꺼려한다. 건강과 안전상의 이유 때문이다. 인기 해외시민권 프로그램은 대체로 특별한 거주 조건을 두지 않는다. 거주 조건이 없는 옵션은 해외시민권 프로그램이 매력을 끄는 가장 큰 이유 중 하나다. 다만, 몰타(12개월), 사모아(15일)는 길지는 않지만, 거주 조건이 있다는 점은 알아두자.

이민을 준비하는 많은 사람이 전통적인 이민 강국 미국, 캐나다, 호주에서 유럽 국가로 눈을 돌리고 있다. 저렴한 가격과 EU 시민이기에 받게 되는 많은 혜택으로 인해 선택지를 넓히는 것이다. 물론 미국이 여전히 세계에서 가장 많은 이민자가 찾는 곳이기는 하지만, 영향력 측면이나 이민자 비율에서 유럽 국가의 성장은 눈에 띌 수밖에 없다.

해외시민권 프로그램을 통해서도 EU 시민이 되는 길을 찾을 수 있다. 몰타의 프로그램이 그렇다. 해외시민권 프로그램을 운영하며 EU 시민권을 부여하기 때문에, 빠르게 유럽 이민을 고려해야 하는 상황이라면 몰타를 염두에 두는 것도 좋다. 특히 유럽연합 시민권은 브렉시트와 미국의 여권 파워 약화로 그 수요가 점차 늘고 있기에 주목해볼 만한 프로그램이다.

개인 방문 면제 국가

- 세인트키츠네비스
- 앤티가바부다
- 그레나다
- 도미니카
- 세인트루시아
- 바누아투
- 튀르키예

코로나가 일상화되면서 세계 여러 나라의 국경 폐쇄가 풀리고, 자유로운 이동도 가능해지고 있지만, 2020년과 2021년에 코로나19 팬데믹 시기에는 감염에 대한 두려움과 공포로 많은 나라의 국경이 봉쇄되기도 했다. 국경이 닫히게 되니 이민자의 수도 자연스럽게 줄어들 수밖에 없었다. 즉, 코로나로 인해 시민권 취득을 위한 여행이나 방문도 불가능한 상황이 되어버린 것이다.

팬데믹 당시에는 많은 투자자가 큰 비용을 지불하고 해외여행 가는 것을 꺼렸고 코로나19 감염의 위험을 감수하고서라도 선뜻 여행길에 나서는 경우는 거의 없었다. 그래서 해외시민권 프로그램을 운영하는 나라에서도 이러한 상황을 반영해 '방문 면제'라는 특단의 조치를 취한다.

사실 해외시민권 프로그램의 경우, 방문 없이는 부동산 구매 절차를 수행하는 것이 쉽지 않고 시민권 신청은 방문이 꼭 필요했다. 사람들의 이동도 자유롭지 못하고 해외로 나가기를 꺼려하는 상황을 감안해 바누아투를 비롯한 모든 카리브해 국가에서는 절차를 더욱 간단히 하기 위해 방문 요건을 면제했다. 방문 면제는 매우 매력적인 조치였고, 해외시민권 취득이 불가능할 것으로 생각했던 많은 투자자의 이목을 끌었다. 방문 면제뿐만 아니라, 카리브해 국가들은 코로나라는 특수한 상황을 고려해 일시적으로 투자자들에게 가격을 인하하는 정책을 펼친다. 이를 해외시민권 코로나 할인이라고 한다.

여권 유효기간

국가	여권 유효기간(년)
몰타	10
세인트키츠네비스	10
앤티가바부다	5
그레나다	5
도미니카	10
세인트루시아	5
바누아투	10
튀르키예	10
사모아	10

다음으로 여권의 유효기간에 대해 알아보자. 여권의 유효기간은 예비 투자자들의 결정에 큰 영향을 미친다. 유효기간이 5년보다는 10년이 더 매력적이기 때문에 유효기간이 길수록 주목도도 높아진다. 일부 국가에서는 정기적으로 투자자를 확인하는 심사 목적

으로 유효기간을 5년으로 정하는 경우도 있지만, 많은 나라가 여권 유효기간이 길수록 투자자들이 매력적으로 느낀다는 점을 알고 있다. 특히 세계에서 가장 빠른 해외시민권 국가인 바누아투의 경우, 최근 들어 더욱 투자자들의 관심이 높아졌는데, 이는 지난 2020년에 여권 유효기간을 5년에서 10년으로 연장한 사실도 인기 비결의 한 요인이다. 그런데 투자자들이 간혹 착각하는 부분이 있는데, 바로 평생 시민권에 대한 내용이다. 해외시민권 프로그램을 운영하는 모든 나라가 평생 시민권을 제공하는 것은 아니다. 일부 국가(앤티가바부다, 세인트키츠네비스, 세인트루시아, 도미니카)에서는 시민권을 3세대까지만 제공하기도 한다. 시민권을 미래 세대에 무제한으로 물려줄 수 있는지 여부도 매우 중요한 요소다.

마지막으로 해외시민권 프로그램을 운영하는 나라의 세금과 부동산 가격을 보자. 뒤에서도 자세히 설명하겠지만, 해외시민권 프로그램은 세금 분야에서 큰 장점이 있다. 세금은 시민권이 아니라, 거주지를 기준으로 부과하는데 대체로 해외시민권 국가는 면세 혜택이 많다. 가령 세인트키츠네비스와 앤티가바부다는 개인 소득세가 없고, 바누아투는 법인세가 없다. 카리브해 국가에는 재산세와 양도소득세, 상속세가 없는 경우가 대다수다.

세금과 더불어 부동산 가격도 해외시민권 선택에서 중요한 고려 사항이다. 부동산이 저렴할수록 더 매력적일 수밖에 없는데, 몰타는 여러 프로그램 중 가장 가격이 비싸다. 카리브해 국가는 대체로 저렴하다는 평가를 받는데, 그중에서도 바누아투는 가장 저렴한 부동산 가격을 형성하고 있다.

주요국 평균 부동산 가격

국가	평균 가격(1㎡당)
앤티가바부다	$3,501
세인트키츠네비스	$3,496
세인트루시아	$1,860
그레나다	$2,000
도미니카	$2,775
키프로스	$1,881
몰타	$5,129
바누아투	$900

이처럼 해외시민권 프로그램을 운영하는 국가는 다양한 혜택과 장점이 있어 투자자들의 눈길을 끌고 있다. 이민을 고려할 때, 다양한 선택지가 있다면 해외시민권 국가도 충분히 눈여겨볼 만하다.

해외시민권, 자주 묻는 질문!

Q : 해외시민권 중 가장 취득이 쉬운 시민권은?
A : 바누아투다. 이 국가는 간단하고 효율적인 온라인 지원 절차를 가지고 있다. 처리 기간은 4~6주로 세계에서 가장 빠른 해외시민권 국가로 유명하다.

Q : 여권 발급까지의 시간은?
A : 대체로 3~4개월의 시간이 필요하다. 먼저 시민권이 승인되면 여권이 발급되고, 일부 여권 사무소에서는 여권 발급을 위해 출생증명서 원본을 요구할 수도 있다.

Q : 필요한 서류는?
A : 신청서와 함께 준비해야 할 서류로는 범죄경력증명서, 여권 사본, 출생증명서, 결혼증명서, 진단서 등이고 문서를 인증하고 번역한 사람의 자격 증명도 필요할 수 있다.

Q : 최고의 해외시민권 국가는?
A : 세인트루시아, 도미니카, 그레나다, 세인트키츠네비스, 바누아투가 인기가 높고 최고의 해외시민권 국가로 불리기에 손색없다.

2022 인기 해외이민국

The most popular destination for migrants in 2022

셀레나 이민이 선정한 2022 인기 해외이민국

2022년은 3년 가까이 우리 삶에 큰 변화를 이끈 코로나19가 일상으로 받아들여지는 시기였다. 각 국가의 입국 심사 시의 검역 수준은 여전히 높지만, 여행 제한이나 국가봉쇄가 팬데믹 시기보다는 완화돼 우리의 이동 수준도 한층 자유로워졌다.

코로나19 절정기에는 거의 모든 이민국 업무가 지연되거나 잠정 중단되는 상황도 있었다. 사회적 거리두기와 각국의 폐쇄 정책 등으로 인간의 이동이 자유롭지 못했던 탓이다. 하지만, 코로나가 일상으로 받아들여지면서 그간 이민을 계획하고 있었던 사람들의 발걸음도 분주해졌다. 2022년이 그 출발점이었고, 이민업계도 고객들의 니즈에 맞게 다양한 시도를 하면서 많은 변화를 보였다.

2022년 인기 해외이민국은 여전히 전통적인 이민 강국 미국이 단연 돋보였다. 바이든 정부가 들어선 이후, 트럼프 정부의 반이민 정책을 지우기 시작했고 미국 내부 사정으로 이민의 문턱을 낮춘 요인이 매력적으로 다가왔다. 그리고 앞서 언급했듯이 최근에는 미국뿐만 아니라, 유럽과 카리브해의 여러 나라 등 이민을 염두에 둔 사람들 앞에 수많은 선택지가 펼쳐져 있다. 사람들은 자신의 경제적 상황, 추구하는 가치, 라이프 스타일 등을 고려한 합리적이고 질 높은 선택을 할 수 있게 된 것이다.

셀레나이민은 이민을 준비하는 사람들의 후회 없는 선택을 돕기 위해 매년 이민 트렌드를 분석하여 발표하고 있다. 이번 장에서는 이민을 고려하는 사람들이 특히 관심이 많은 2022 인기 해외이민국 BEST 5를 꼽아 선정 배경을 설명하겠다. 인기 해외이민국 BEST 5 선정을 위해 해외이민 전문 컨설턴트, 국제 변호사, 회계사 등이 모여 다양한 이민 데이터를 분석했고, 그 분석 결과 '미국', '포르투갈', '튀르키예', '카리브해 해외시민권 국가 2개국(세인트키츠네비스, 바누아투 등)'이 2022 해외이민 인기 국으로 선정되었다.

미국 이민 정책 변화에 귀를 기울이다

미국 이민을 준비하는 사람들은 미국이 어떤 정부이냐에 따라 정책이 많이 달라지기 때문에 미국의 이민 정책 변화에 민감할 수밖에 없다. 특히 2022년은 미국 이민 정책의 큰 변화가 있었던 해로 기록될 만큼의 이슈가 있었다.

지난 3월 29일 미국 이민국(USCIS)은 새로운 이민 정책을 발표했는데, 이 발표로 이민국 적체량 해소, 급행 심사 확장, EAD(고용허가문서)의 변화 등 이민을 진행 중이거나 준비하려는 사람들이 눈여겨볼 만한 변화가 있었다.

그간 코로나19 팬데믹과 트럼프 행정부로부터 비롯된 여러 제약으로 인해 엄청난 수의 심사 대기 케이스가 발생했고, 이로 인해 이민 수속 기간도 상당히 길어져 미국이 이 같은 조치를 취한 것으로 분석된다.

미국투자이민(EB-5)의 경우에는 2021년 7월부터 리저널센터 프로그램이 일시 중단되면서 신규 접수는 물론, 이미 접수된 이민청원서들도 심사 중단이 된 상황이었다. 그리고 코로나19 팬데믹 이전 EB-5 청원서인 I-526 처리 기간이 나라마다 다르지만, 한국의 경우에는 18~24개월 소요됐다. 중국 케이스는 최장 70개월가량 늘어난 상황이었고, 중국을 제외한 케이스의 심사 기간도 40개월 내외로 이뤄졌다.

미 이민국은 지속적으로 밀렸던 미결 케이스의 심사 속도를 올리기 위해 새로운 내부처리 시간 목표(New Internal Cycle Time Goals)를 수립했고, 이는 미국 이민을 진행 중이거나 준비하는 사람들에게는 매우 반가운 소식이었다.

내부처리 시간 목표(New Internal Cycle Time Goal)

2 WEEKS	6 MONTHS	
I-129 Premium I-140 Premium	N-400 N-600 N-600K I-485 I-140 Non-Premium I-130 Non-Premium I-129F Fiance I-290B I-360 I-102	I-526 I-600 I-600A I-600K I-730 I-800 I-800A I-90 I-821D Renewals
2 MONTHS		
I-129 Non-Premium		
3 MONTHS		
I-765 I-131 Advance Parole I-539 I-824		

내부처리 시간 목표(New Internal Cycle Time Goals)는 미 이민국 내부 지침으로 실제 처리 기간은 아니지만, 내부방침을 통해 가급적 발표한 시간 안에 할당된 심사를 진행할 것이기에 심사 기간도 기존보다는 확실히 빨라지리라는 것이 전문가들의 견해다. 또 미 이민국은 점차 직원의 수도 늘려 심사하는 양을 늘려나가고 시스템을 개선할 것이라 공언했으며, 2023회계연도 내에 해당 시스템을 정착한다고 발표했다.

만약 이런 시스템이 안착된다면 미국투자이민 이민청원서 I-526의 경우 심사기간은 6개월로, 투자이민 신청자가 영주권을 발급받기까지 빠르면 1년에서 1년 6개월 이내에 가능할 것으로 예상된다.

이 외에도 급행 심사 확장, 취업허가증의 변화 등도 주요한 발표 내용이다. 특정 비자

소지자의 취업허가증(EAD) 유효기간 연장 및 보건/보육 계열 근무자들의 심사를 신속히 처리하는 것과 동시에 기존 I-129와 I-140(외국 노동자 청원)에 해당되었던 급행 처리를 다른 청원서에도 적용하기로 했는데, I-539(비이민 비자 연장, 변경 신청)와 I-765(고용허가서 신청), 추가 I-140 등이 해당된다. EB-1, EB-2 신청자에 대한 급행 처리 확대를 단계적으로 시행할 예정이라, 이를 신청하는 사람들은 보다 빠른 처리 절차를 밟을 수 있게 되었다.

미국은 앞으로도 이민의 문턱을 낮춰 전 세계 다양한 계층의 사람들을 받아들일 것으로 보이는데, 이는 미국 국내 상황이 이민자를 더 많이 수용할 수밖에 없는 상황이 되고 있는 것과 무관하지 않다.
이를 뒷받침하는 정책이 지난 4월 15일에 발표되었는데, 바로 바이든 정부가 트럼프 정부의 Title 42 Policy를 파기한 것이다. Title 42 Policy는 코로나19 전파를 막기 위해 남부 국경을 넘는 이민자들을 정부가 추방할 수 있도록 한 정책이었다. 트럼프 정부는 이러한 반이민 정책을 통해 난민을 수용하지 않았고 2,000만 명 가까운 외국인들을 추방했다.
그런데 바이든 정부에 들어선 이후부터는 미국의 대내외적 경제적 상황이 많이 달라졌다. 최악의 인플레이션과 고용난이 겹치면서 경제 상황에 적신호가 켜진 것이다. 미국 내 인력으로는 산업 현장에 필요 인력을 채우기 역부족이고, 적극적인 이민 정책을 펼치지 않는 한 이런 상황을 개선하기 힘들어졌다. 그래서 미국은 고용허가와 더불어 다른 이민 수속의 속도를 높이겠다고 공언한 것이며, 당분간 이런 흐름은 계속될 것으로 전망된다.

●●● 미국투자이민 조건과 비용

미국으로의 이민 방법 중 손쉽게 갈 수 있는 선택지로는 EB-5 프로그램이 있다. 미국투자이민의 조건은 은퇴 이민 나라에 비해 수월한 편으로 손꼽힌다. 만 18세 이상 성인은 누구나 가능하며 학력, 경력, 영어점수 등 별도의 조건은 없다. 범죄자, 신체조건 등의 입국 금지 사항에 적용되지 않는 사람이면 투자요건을 갖추면 누구나 신청할 수 있다. 가장 중요한 조건은 최소 80만 불을 새로운 사업체에 투자하고 신규고용 창출을 10명 이상 하면, 미국 영주권을 취득할 수 있다. 투자금이 합법적인 자산인지, 사업체 운영이 정상적인지가 이민 승인에 가장 큰 영향을 미친다.
미국투자이민의 주요 절차는 3단계로 나뉘는데, '미국투자이민 청원 단계', '조건부 영주권 취득 단계', '영구 영주권 취득 단계'다. 청원 단계부터 영구 영주권 취득, 그리고 투자금 상환까지는 5년에서 7년 정도의 시간이 소요된다.

EU 시민이 되기 위한 가장 매력적인 선택, 포르투갈

2021 최고의 골든비자 프로그램으로 선정된 포르투갈이 셀레나이민 전문가 데이터 분석 결과에서도 2022 최고의 인기 해외이민국으로 이름을 올렸다. 유럽 이민에 대한 수요와 인기가 높아지면서 다양한 유럽 국가가 이민지로 부각되고 있지만, 포르투갈만큼 지속적으로 인기를 이어가고 있는 국가도 없다.

남유럽에 위치한 이 나라는 지중해성 기후에 여름은 덥고 건조하며 겨울에는 상대적으로 강수량이 많은 기후를 띤다. 한때 전 세계를 주름잡던 포르투갈의 현재 GDP는 2,400억 달러로 세계 47위권이고, 인구는 1,000만 명으로 이웃 나라 스페인 4,700만 명에 비해 낮은 수준이다.

포르투갈은 유럽 여행지로도 유명하지만, 안정된 치안, 저렴한 물가, 우수한 의료체계, 평균 이상의 사회적 인프라로 살기에도 괜찮은 편으로 인식되고 있다. 볼거리와 먹거리가 많아 전 세계에서 여행객들이 즐겨 찾는 곳이기도 하지만, 다른 유럽 국가들처럼 발 디딜 틈 없이 관광객이 몰리지도 않고 물가도 저렴한 편이라 최근에는 이민과 더불어 한 달 살기 열풍이 불고 있는 곳이기도 하다.

대표적인 도시로는 리스본과 포르투가 있다. 리스본은 포르투갈의 수도이자, 세계에서 가장 오래된 도시 가운데 하나다. 포르투갈의 최대 도시로 도심 인구는 50만 명 정도다. 또 이곳은 포르투갈에서 가장 부유한 지역으로, 포르투갈 GDP의 45%를 차지하고 있다. 유럽연합의 1인당 GDP 평균을 훨씬 상회하는 수준이다. 리스본의 경제는 주로 3차 산업에 기반을 두고 있으며, 포르투갈에서 활동하는 다국적 기업의 본사 대부분이 이곳에 집중되어 있다. 이뿐만 아니라, 이베리아반도에서 가장 크고 정교한 지역 시장이자 인구 밀집 지역 중 하나로, 리스본은 오늘날 금융과 기술의 역동적인 중심지로 발전하고 있다. 포르투는 포르투갈 수도 리스본에 이어 두 번째로 큰 도시로, 포르투갈이라는 국가명이 이 도시의 이름에서 유래했다. 유네스코 세계문화유산에 '포르투 역사 지구'라는 이름으로 등재되기도 했을 정도로 관광산업이 발달했다.

다음으로 포르투갈의 이민지로서의 매력을 살펴보자. 포르투갈은 유럽연합 시민권자가 되기 위한 가장 전략적인 루트로 알려져 있다. 포르투갈 이민의 방법에는 크게 부동산 투자를 통한 투자이민, 고정소득 증빙과 거주요건 만족으로 지원하는 패시브 인컴 비자를 통한 이민, 그리고 사업체를 운영할 수 있는 사업비자 등 총 세 가지로 나눠볼 수 있다. 이 중 가장 대표적인 방법은 골든비자 프로그램을 통한 투자이민이다.

포르투갈 골든비자 제도는 2012년부터 도입되었으며, 유럽에서 가장 성공적인 골든비자 프로그램으로 인정받고 있다. 골든비자 제도를 통해 엄격한 거주 조건 없이(2년에 14일) 5년 후 영주권 또는 시민권을 취득할 수 있어 비교적 손쉽게 유럽 시민이 될 수도 있다.

그리고 포르투갈 투자이민이 매력적인 이유는 포르투갈이 세계에서 가장 안전한 나라 중 하나로 꼽히고 있을 뿐만 아니라, 그 프로그램을 통해 투자하는 부동산이 매력이 있기 때문이다. 투자자의 입장에서 포르투갈 부동산은 투자가치가 충분히 높다는 의미다.

포르투갈 부동산은 2020년과 2021년, 코로나가 극심했던 시기, 평균 10%가 넘는 상승률을 보였다. 이 시기 부동산 시장의 상승을 불러일으킨 지역은 리스본과 포르투 등 대도심이 아니라, 비교적 저평가 되어 있던 도시 외곽지역이었다. 리스본 인근 지역의 경우 팬데믹 이전과 비교했을 때, 상승률은 약 20%에 육박했다. 포르투갈 이민을 준비하는 사람들은 이미 포르투갈 부동산 가격이 많이 올라, 투자의 가치가 없지 않느냐고 묻는 경우도 있지만, 현재 포르투갈은 공급이 수요를 따라가지 못하고 있는 상황이라 당분간 가격 상승은 완만히 이어갈 것으로 예측된다.

포르투갈 신축 부동산 공급은 유럽연합 평균의 반에도 미치지 못하고 있는 상황인 데다가, 밀려오는 외국인 투자자의 수요까지 겹쳐 부동산 가격 상승을 부추기고 있는 실정이다.

2022년 포르투갈 경제성장률은 약 5%로 예상되고 있으며, 상대적으로 높은 경제성장과 함께 부동산 경기도 계속 활기를 띨 것으로 전망된다. 부동산 시장의 거품을 말하는 전문가도 있지만, 포르투갈 부동산 시장의 수요는 대부분 내국인의 실수요자들(전체 거래의 60%)이기 때문에 투자가치는 충분할 것으로 생각된다.

포르투갈 골든비자 FAQ

Q : 포르투갈 여권은 얼마나 좋은가?

A : 포르투갈은 솅겐 창립 멤버 중 하나로, 이 국가의 여권으로 2022년 기준 191개국을 무비자로 여행할 수 있다. 세계 최고의 여권 6위에 오르기도 했다.

Q : 부동산 투자의 최소 금액은?

A : 최소 부동산 투자금은 35만(30년 이상 된 부동산의 재개발을 하는 경우)~50만 유로다. 만약 인구 저밀도 지역에 투자하는 경우 최소 투자금은 28만 유로(30년 이상 된 부동산을 재개발하는 경우)~40만 유로다.

Q : 부동산 투자에 대한 세금은?

A : 인지세(0.8%), IMT(1~8%) 및 IMI(연간 시세 0.3~0.5%)가 적용된다.

Q : 골든비자 거절 사유는?

A : 과거 범죄기록, EU 안전과 안보에 위협, EU의 동결 자산 등의 이유가 있다. 그리고 5년간 투자를 유지하지 않으면 거주 허가를 연장할 수 없다.

Q : 총 50만 유로의 부동산을 두 개 이상 구매 가능한가?

A : 여러 부동산 구매로도 골든비자를 받을 수 있다.

너무나 친숙하고 매력적인 나라, 튀르키예

튀르키예라고 하면 대부분 사람은 이스탄불을 떠올리곤 한다. 튀르키예는 한국과 형제의 나라라고 불리며, 많은 이들이 친근하게 찾는 멀고도 가까운 나라다. 이런 친숙함으로 인해 튀르키예 이민을 고려하는 사람들도 매년 증가하는 추세다.

튀르키예는 아시아와 유럽을 잇는 아나톨리아 반도에 위치해 있으며, 한반도의 3.5배에 달하는 넓은 국토가 흑해, 에게해, 지중해로 둘러싸여 있다. 이런 지리적 배경과 선사 시대부터 다양한 문명이 존재했던 역사적 배경으로, 튀르키예는 동양과 서양의 문명이 만나 빚어낸 조화로움을 가진 나라라고 알려져 있다.

튀르키예의 수도는 앙카라이지만, 1922년까지 수도였던 튀르키예의 최대 도시인 이스탄불이 여전히 사회, 문화와 경제의 중심지로서의 기능을 하고 있다. 인구는 8,000만 명 정도로 인구 대부분이 앙카라, 이스탄불 두 대도시와 이즈미르, 아다나와 안탈리아, 에스키세히르와 부르샤 지역에 밀집해 있다.

튀르키예 투자이민 방법은 부동산 투자뿐만 아니라, 투자금 예치, 기업 투자, 부동산 펀드 및 국채 투자 등이 있는데, 우리나라에서 나갈 수 있는 외화에 한계가 있기에 사실상 부동산 투자를 통해 이민을 진행한다.

튀르키예의 주요 도시 이스탄불, 앙카라, 이즈미르는 꾸준히 성장세에 있으며 부동산 투자의 최적지로 꼽힌다. 튀르키예 통계연구소에 따르면 지난 2020년 튀르키예의 총 주택 판매 수는 동년 대비 11.2%가 증가한 150만 채였다. 이스탄불이 11.5%, 앙카라가 18.6%나 증가했다. 튀르키예는 지난 10년간 대규모 프로젝트와 개발 투자로 크게 성장한 국가 가운데 하나라, 외국인 투자자들의 큰 관심과 투자로 성장세를 이어왔다. 또 부동산의 수익성도 높은 편이라, 투자자들의 관심은 당분간 지속될 것으로 예상된다.

셀레나이민이 튀르키예를 인기 해외이민국으로 선정한 배경에는 몇 가지 이유가 있다. 우선 학력이나 경력, 자금 출처, 범죄기록에 대한 증명이 필요 없다. 다른 국가가 수많은 검증 서류를 요구하는 것에 반해, 튀르키예는 매우 간소한 서류로 이민 절차를 진행할 수 있다는 장점이 있다. 그리고 튀르키예 시민권을 취득할 때까지 굳이 방문하지 않고, 주한 튀르키예 대사관만을 통해서 처리가 가능하다. 시민권 취득 후에는 튀르키예 실거주 의무도 없다.

그리고 가장 중요한 투자비용인데, 기존 튀르키예 투자비용은 최소 25만 불의 조건이었다. 그런데 2022년 4월 튀르키예는 장관 회의를 통해 부동산 구매를 통한 시민권 취득에 대한 최소 투자요건을 25만 불에서 40만 불로 인상했다. 지난 2018년 9월, 100만 불에서 25만 불로 대폭 투자비용을 낮췄다가, 다시 40만 불로 상향 조정한 것이다. 최소 투자금의 상향 조정으로 튀르키예 이민을 준비하는 사람들이 당장은 다른 이민지를 찾아 나설 수도 있지만, 실제 이스탄불 도심지의 신축 아파트 매물의 경우, 대부분 가격이 40만 달러 이상이기 때문에 더 좋은 조건의 아파트에 투자한다고 생각하면 비용 인상이 이민을 가로막는 큰 장애는 되지 않을 것으로 보인다.

•• 튀르키예 투자이민 시민권 수속절차는?

1. 투자 상담 및 계약(현지 부동산 답사 가능)
2. 튀르키예 변호사 선임 및 부동산 가계약
3. 텍스넘버(납세번호) 신청 및 은행계좌 개설
4. 감정평가서 확인 및 등기 이전
5. 거주권 및 시민권 신청
6. 시민권 승인 및 귀화증/여권 수령

지상낙원으로의 해외이민, 카리브해 국가들

카리브해에 위치한 국가들은 최고의 휴양지로 주목받고 있다. 눈부신 에메랄드빛 하늘과 바다, 깨끗한 자연환경, 아름다운 경관은 어디에서도 쉽게 볼 수 없는 감동을 선사하며, 카리브해 국가는 '지상낙원'으로 불리고 있다.

카리브해 국가들은 앞서 설명했듯이 대부분의 나라가 해외시민권 프로그램을 운영하는데, 대표적으로 세인트키츠네비스, 세인트루시아, 바누아투, 앤티가바부다, 도미니카, 그레나다 등이 있다. 이들 국가 중 셀레나이민이 선정한 2022 인기 해외이민국은 세인트키츠네비스와 바누아투다. 이 두 국가는 세계에서 가장 빠른 해외시민권 프로그램을 운영하는 나라라는 공통점이 있다.

세인트키츠네비스는 카리브해의 리워드 제도 최북단에 위치하며 세인트키츠 섬과 네비스로 이루어진 섬나라다. 기후는 열대 해양성이지만, 쾌적한 편이고 주요 산업은 농업이다. 제조업은 큰 발전을 이루지 못했지만, 외화 유입을 위해 관광산업 개발에 적극적으로 노력하고 있다.

세인트키츠네비스의 시민권 취득 방법은 부동산 구매와 정부 기부 중 한 가지를 선택해서 진행할 수 있다. 특히 이 나라의 프로그램은 급행 서비스가 있어, 별도의 추가 금액을 지급하면 시민권 취득 기간을 단축할 수 있다는 장점이 있다. 대개 세인트키츠네비스 해외시민권 프로그램을 선택하는 사람들은 부동산 투자보다는 정부 기부를 통해 진행하는 것을 선호한다.

세인트키츠네비스 시민권 프로그램 요약

부동산 투자	$200,000(7년 투자 유지) $400,000(5년 투자 유지)
정부 기부	$150,000
급행 서비스	$25,000(1인 기준)
평균 소요 기간	4~6개월
소요 기간(급행)	약 2개월로 단축

바누아투는 남태평양에 위치한 아주 작은 섬나라로, 2006년 한 설문 조사에서 '세상에서 가장 행복한 민족' 1위로 선정되면서 한국에 널리 알려졌다. 비록 경제력은 낮지만, 아름다운 자연환경과 더불어 개인의 행복도가 높은 나라이기에 카리브해 국가 중에서도 매력적인 나라라고 말할 수 있다. 바누아투는 지리적으로 호주와 뉴질랜드에서 매

우 가까워 코로나19 이전 시기만 해도 이곳에 매일 정기 항공편이 운항될 정도로 여행지로도 인기가 높은 곳이다.

그렇다면 셀레나이민은 바누아투를 왜 인기 해외이민국으로 선정했을까? 그건 바누아투 해외시민권 프로그램만이 가진 차별화된 장점 때문이다. 그 장점은 세계에서 가장 빠른 시민권 취득 기간과 까다롭지 않은 자격 요건이다. 물론 앞서 설명한 세인트키츠네비스도 빠른 해외시민권 국가로 손꼽히지만, 바누아투는 그보다 무려 1달가량 앞선다.

바누아투 시민권 취득 방법은 한 가지로, 간단하게 정부 기부만으로 진행할 수 있다. 바누아투 정부에서 제시하는 인원 기준별 비용에 따라 기부하면 되고, 정부 기부 비용도 매우 저렴해 해외시민권을 찾는 사람들이 가장 많이 찾는 국가 중 하나다.

그리고 바누아투는 세계의 부호들이 선호하는 해외시민권인데, 빠른 시민권 취득이라는 장점뿐만 아니라, 조세 제도가 납세자들에게 매우 매력적이기 때문이다. 이 나라는 증여세, 상속세, 법인세, 부동산 취득세 등이 없으며 소득세 또한 매우 낮다.

바누아투 시민권 프로그램: 정부 기부금

1인	2인	3인	4인
$130,000	$150,000	$165,000	$180,000

평균 소요 기간: 3~6개월
급행 서비스: 약 2개월로 단축

유럽이나 미국의 시민권을 취득하기 위해서는 최소 1년 이상의 기간과 여러 조건을 충족해야 하지만, 세인트키츠네비스와 바누아투 등 카리브해 해외시민권 국가들은 빠른 시간 안에 시민권 취득이 가능하다. 또 자녀의 국제학교 입학, 해외부동산 투자를 통한 수익 창출, 각종 조세 혜택 등 다양한 이점이 있어 카리브해의 많은 국가가 인기 해외 이민국으로 선전하고 있다.

가장 저렴한 시민권 프로그램 국가는?

해외시민권 프로그램을 운영하는 카리브해 국가 중 가장 저렴한 시민권 프로그램을 가진 나라는 세인트루시아다. 세인트루시아는 카리브해 동부에 위치한 작은 섬나라로 영연방에 소속되어 공용어로 영어를 사용하고 있다. 세인트루시아 해외시민권 프로그램은 '30만 달러 이상의 부동산 투자', '10만 달러 이상의 정부 기부금', '50만 달러 이상의 정부 채권 투자', '350만 달러 이상 사업체 투자 및 고용 창출' 등 4가지 옵션이 있는데, 해외시민권 취득을 위해 세인트루시아를 찾는 사람들 대부분이 비용이 가장 저렴한 정부 기부금 옵션을 선택하고 있다. 이 나라의 시민권 수속 기간은 평균 3개월이다.

미국투자이민의 어제와 오늘

미국의 투자이민 프로그램인 EB-5는 1990년 미 의회가 미국 경제 활성화를 위한 목적으로 제정했다. 이 프로그램은 외국의 투자자가 미국 상업 기업에 투자한 후 10명의 고용 창출을 하면 영구 영주권을 부여해주는 제도로 요약된다. 대부분 투자이민 프로젝트는 상업용 부동산 프로젝트 개발이다. 이는 호텔, 레스토랑, 리조트 개발 등 건설 및 서비스 산업에 투자함으로써, 일자리 창출과 더불어 투자자에게 원금 상환을 가장 효율적으로 하기 위한 목적이기도 하다.

EB-5는 미 의회의 이민법(P.L. 101-649)에 의해 제정되었으며, 이민국 내 IPO(Immigrant Investor Program Office)에서 관리한다. 적격한 투자자로 판단되면 투자자와 그 배우자 그리고 만 21세 미만의 미혼 자녀에게 영주권을 부여한다. 일반적으로 매 회계연도에 총 140,000개의 고용 기반 비자가 제공되며 그중 7.1%(약 10,000개)가 EB-5 투자자 비자에 할당된다. 이처럼 미국은 매년 10,000개의 EB-5 비자를 이민 및 국적법에서 규정하는 자격을 갖춘 자에게 할당하고 있는데, 국가별로도 7% 비자발급 제한 규정을 두고 있어 중국, 인도 등의 많은 신청 건에 비해 상대적으로 적은 한국 경우 짧은 이민국 수속 기간이라는 혜택을 보고 있다.

더 많은 투자자를 유치하기 위해 미 의회는 1993년에 Immigrant Investor Pilot Program을 포함하는 세출법을 제정했다. 이 새로운 파일럿 프로그램의 주요 내용은 리저널센터가 감독하는 새로운 상업 기업에 공동 투자를 할 수 있게 했다는 것이다. 리저널센터는 EB-5 투자를 관리하고 일자리를 창출하기 위해 미 이민국(USCIS)으로부터 특별 지정을 받은 사업체다. 리저널센터를 통해 투자함으로써 외국인 투자자는 고용 창출이라는 조건에 있어 직접 고용뿐만 아니라 간접 고용도 허용하기 때문에, 투자자는 쉽게 일자리 창출 요건을 충족시켜 영주권을 받을 수 있게 되었다. 임시적이지만 리저널센터 프로그램은 2008년부터 EB-5 투자자를 위한 주요 경로가 되었다. 현재는 95%의 투자자가 리저널센터 프로그램을 통해 EB-5 프로그램을 진행한다.

1990년대 EB-5 주요 이슈

1990년대 후반에 EB-5 프로그램에 대한 몇 가지 주요 이슈가 있었는데, 우선 투자자는 EB-5 투자에 있어 합법적인 자금의 출처를 소명해야 했다. 그리고 투자자가 EB-5 프로젝트 투자에 참여해야 하고, 투자 수익 보장을 금지해야 하는 조항이 추가되었다.

2000년 EB-5 정책 변경 사항

미 이민국은 2009년에 수정된 EB-5 정책 지침을 발표했다. 기존에 두 개의 센터(캘리포니아주와 텍사스주)에서 심사하던 EB-5 프로그램을 캘리포니아주 서비스 센터(CSC)에서만 심사가 진행되도록 했다. 그리고 EB-5 직접 투자 프로그램은 미국 이민법에서 영구적으로 시행되도록 했으며, 임시적으로 운영되던 EB-5 리저널센터 프로그램은 재승인되었다.

2012~2016 회계연도: EB-5의 인기 급상승

2010년까지는 EB-5 프로그램이 의회가 그 제도를 만들 때 기대했던 것만큼의 효과를 거두지는 못했다. 이에 미 이민국은 2011년에 EB-5에 관한 관심을 높이기 위해 프로그램을 변경했다. 그 결과, 2008년부터 2010년까지 1,031~1,953개의 새로운 청원(I-526)이 접수되었던 것이 2011년에는 새로운 3,805개로 급증했다. 다음 해인 2012년에는 신청이 더 증가해 6,041건의 청원이 접수되었다. 2013 회계연도 6,346건, 2014 회계연도 10,950건으로 EB-5 프로그램에 대한 신규 신청 건수는 꾸준히 증가했다. 2016 회계연도는 신청 건수가 약간 감소했지만, 전년도와 거의 비슷한 14,147건으로, EB-5에 대한 세계인의 관심은 날로 높아졌다.

2019년 EB-5 현대화 규칙

미 이민국은 2019년 7월에 EB-5 현대화 변경 규칙을 발표했으며, 이는 같은 해 11월 21일에 발효되었다. 변경 사항에는 TEA(고용 촉진 지역)는 500,000달러에서 900,000달러로, Non TEA는 1,000,000달러에서 1,800,000달러로 투자금액을 상향하는 내용이 포함되었다. 또 TEA를 지정하는 것은 개별 주가 아니라, 미 이민국에서 결정하도록 했다.

2022년 EB-5 변경 사항

EB-5 리저널센터 프로그램은 2022년 3월 15일 의회에서 재승인되었다. 2022년 EB-5 개혁 및 청렴법으로 EB-5 리저널센터 프로그램은 2027년 9월 30일까지 재승인되었으며, 이 법안에 따라 투자자는 TEA에 최소 800,000달러, Non-TEA에 1,050,000달러를 투자해야 한다.

이 법안은 투자자를 보호하고 EB-5 지침 준수를 위해 국토안보부의 정기 감사와 새로운 규정을 요구하는 것으로, 리저널센터 프로그램의 투명한 관리 감독을 위한 조치가 포함되어 있다.

EB-5의 규제 기관

EB-5의 규제 기관은 증권거래위원회(SEC)와 미 이민국(USCIS)이다. SEC(Securities and Exchange Commission)는 EB-5를 미국 증권법의 적용을 받는 일종의 증권으로 간주한다. 그래서 EB-5 투자를 판매하는 회사와 개인은 투자자에게 사기를 치거나, 허위 주장을 하는 행위를 할 수 없고 관련된 정보를 투명하게 제공해야 한다. 미 이민국은 EB-5 프로젝트에 대한 지침을 설정하고 이민 규칙을 준수하고 있는지를 관리 감독한다. EB-5 비자 가이드라인에는 '투자자는 자신의 자본이 리스크가 있음을 알아야 하며, 이 투자가 영주권을 반드시 보장하지 않는다'라고 명시되어 있다. 그리고 리저널센터는 반드시 미 이민국의 승인을 받아야 한다.

고용 촉진 지역(TEA)이란?

TEA는 Targeted Employment Area의 약자로 고용 촉진 지역을 의미한다. EB-5를 진행하는 데 있어 TEA인지 아닌지는 최소 투자금액을 결정하는 중요한 요소다. TEA는 최소 투자금액이 80만 달러이고, 그 외 지역인 Non-TEA는 105만 달러다.

TEA는 미국 내 농촌 지역이나 고실업률 지역을 말하는데, 농촌 지역이 TEA로 지정되려면 표준 대도시 통계 지역 내에 있지 않아야 하고 인구 2만 명 미만의 도시나 타운이어야 한다. 이는 미국에서 10년마다 실시하는 인구 조사에 의해 정해진다. 고실업률 지역이 TEA로 지정되려면 국가 평균 실업률의 150% 이상의 실업률을 보이는 지역이어야 한다. 대도시나 인구 2만 명 이상의 마을이나 타운이 그 대상이 되는데, 2021년 기준 미국 평균 실업률은 약 5.3%로 여기에서 150%인 8.0% 이상이 되는 실업률을 기록하고 있어야 TEA 자격을 얻을 수 있다.

2022년 3월에 제정된 EB-5 개혁 및 청렴법에 따르면 TEA 지정을 담당하던 기관이 주정부에서 국토안보부 DHS로 변경되었다. 그리고 TEA로 지정되면 유효기간은 2년이고, 1~2회 연장도 가능하다. 미국투자이민을 통해 발급되는 연간 비자는 10,000개인데, 그 중 20%인 2,000개는 농촌 지역 프로젝트에 투자한 신청자, 10%인 1,000개는 고실업률 지역 프로젝트에 투자한 신청자에게 발급된다.

이상으로 세계 투자이민의 모델이 되는 미국투자이민(EB-5) 프로그램을 대략적으로 살펴봤다. 미국뿐만 아니라, 세계 많은 나라가 투자이민제도를 운용하고 있는데, 투자이민제도의 영향력과 경제적 효과는 EB-5가 가장 크다고 알려져 있다. 그만큼 전 세계 많은 사람이 EB-5를 통해 미국으로의 진출을 노리고 있다는 방증이다. 다음으로 간단한 표를 통해 세계 주요국의 투자이민제도의 특장점과 자격 요건 등을 알아보자(국가별 투자금액은 '특별 부록' 참고).

미국투자이민(EB-5): 글로벌한 자녀 교육, 자금 출처 외 자격조건 無

특징과 장점	- 투자금: USD 80만(TEA)/USD 105만(Non-TEA) - 리저널센터를 통한 간접 투자 가능 - 투자자 1인당 10명의 고용 창출 필수 - 직계가족(배우자와 21세 미만 미혼 자녀) 동시 영주권 취득 가능 - 투자 2~3년 후 조건부 영주권자로 미국 거주 가능 - 취업, 사업, 거주 이전의 자유, 자녀 공립학교(고등학교까지) 교육 무료 혜택 - 의사/치과의사/변호사 등 전문직 진출 가능 - 개인 상속&증여세 비과세 한도 USD 1,206만 (2022 기준) - Re-entry Permit 통해 2년 동안 미국 입국 없이 해외 거주 가능 - 영주권 취득 5년 후 시민권 신청 가능(신청 직전 1년 중 6개월 이상 & 직전 5년 중 2년 6개월 이상 거주 시)
자격 요건	- 학력, 경력, 영어, 나이 등의 자격 제한 없음 - 투자자금을 합법적으로 취득한 증빙(증여, 상속, 자산도 인정)

캐나다 투자이민: 투자금 환급 보장, 살기 좋은 복지 국가

특징과 장점	- 퀘벡주만 가능(QIIP 2023년 4월까지 잠정 중단) - 의무교육 및 복지 등의 혜택, 이중국적 인정, 영주권 취득 후 5년 후 만 3년 이상 거주 시 시민권 신청 가능 - 상속세 및 증여세 없음
자격 요건	- 투자금 CAD 1,200,000 - 최근 5년 중 2년 이상의 사업자 또는 관리자 경력 증명 (기획, 인사, 재무 등의 관리 경험) - 퀘벡주에 거주할 의사 입증 - 주 신청자와 배우자 합산 순자산 CAD 2,000,000 증명 (신청서 접수 6개월 이전에 상속 또는 증여받은 자산 인정)

뉴질랜드 투자이민: 천혜의 자연과 안정된 복지, 친절한 사람들, 자녀 학비 무료

특징과 장점	고등학교까지 무료 교육. 대학교 학비 내국인 학비 적용. 자본소득세 없음, 양도소득세 및 상속세 비과세, 증여세 있음. 뉴질랜드 시민권 취득 후 호주 거주 및 취업과 사업 가능. 뉴질랜드 자격증 호주에서도 인정.		
자격 요건	비교	Investor Plus Visa	Investor Visa
	점수제	없음	나이, 사업경력, 투자금액에 따른 점수제
	나이	제한 없음	65세 미만
	사업경력	없음	3년 이상
	투자금액	NZD 10,000,000	NZD 3,000,000
	투자 기간	3년	4년
	영어 능력	없음	IELTS 3점 이상 혹은 영어 교육비 선결제
	체류 기간	3년 중 2년 거주	4년 중 3년 거주
	영주권 신청	3년 투자 유지 후 신청 가능	4년 투자 유지 후 신청 가능

호주 투자이민: 자녀 학비 무료 혜택, 최고의 사회보장제도

특징과 장점	- 세계 최고를 자랑하는 복지 수준과 청정한 자연환경 - 상속 및 증여세 없음		
자격 요건	조건	소액투자 Investor Stream	고액투자 Significant Investor Stream
	자격 점수	점수표 65점 이상 요구	비점수제
	경력 & 자산	- 만 55세 미만 - 최소 3년의 사업경영 혹은 투자 경력 - 신청 직전 5년간 최소 1년 이상을 사업체의 10% 이상 지분을 소유하여 사업경력 증빙 또는 AUD 1,500,000 이상 투자 증빙 AUD 1,500,000 이상의 투자 경험 - 신청 직전 2년 치 회계연도 사업과 개인 순자산가치 최소 AUD 2,500,000(합법적 출처, 비자발급 후 2년 내로 호주로 송금 가능해야 함)	- 나이, 사업/투자 경력 조건 없음
	투자조건	- 20% 벤처캐피털과 비공개 기업 투자(VCPE) 펀드에 투자 - 30% 허가된 관리·운용 펀드에 투자 - 50% 관리·운용 펀드를 통한 호주 회사채나 어음, 연금, 상업용 부동산 시장 등 투자	
	투자금액	AUD 2,500,000	AUD 5,000,000
	투자기간	4년	3년
	거주 조건	영주권 신청 직전 4년간 최소 2년 이상 호주에서 거주	영주권 비자 신청 직전 주신청인이 40일/매년 거주 또는 배우자 180/매년 거주

아일랜드 투자이민: 유럽 자유로운 거주 가능, 영국과 친밀

특징과 장점	- 아일랜드 시민권 취득 시 유럽연합 국가를 자유롭게 여행 및 거주 - 영국과의 친밀한 관계로 자녀 영국 교육 가능 (장기적으로 영국 시민권 고려해볼 만함) - 아일랜드 시민권자에 한해 국립병원에서 임산부 출산 전후 모든 서비스 무료
자격 요건	- 최소 3년간 EUR 1백만을 아일랜드 정부 기관에서 인정한 펀드에 투자 또는 EUR 50만을 사회 자선단체에 기부

데이터로 보는 미국투자이민: *IIUSA

본 내용은 IIUSA에서 제공한 정보를 기반해 작성되었다. 2005년에 설립된 IIUSA(Invest in the USA)는 EB-5 리저널센터 프로그램을 위한 전국 회원제 비영리 산업무역협회다. IIUSA는 미국 노동자, 커뮤니티, 그리고 지속 가능한 일자리 창출에 투자한 모든 사람의 이익을 위해 미국 경제 촉진에 중점을 둔 조직이다. 다년간의 홍보 활동, 교육, 산업 개발 및 연구와 더불어, IIUSA는 EB-5 리저널센터 프로그램을 통해 미국의 경제적 이익을 극대화하는 정책을 옹호한다. 따라서 IIUSA의 주요 임무는 EB-5 리저널센터 프로그램의 영구적인 의회 재승인을 달성하는 데 두고 있다.

새로운 EB-5 규정이 2019년 11월에 발효됨에 따라 2020년 연방 회계연도(FY)에 대한 투자자의 출생 국가별 I-526 청원서 통계는 EB-5의 새로운 추세를 밝히는 데 매우 중요했다. 투자자 시장을 데이터를 통해 분석해본 결과, IIUSA는 인도, 중국, 한국이 가장 큰 EB-5 시장을 가졌고, 라틴 아메리카, 아프리카, 아프리카, 중동 등 아시아를 제외한 전 세계 지역에서 점점 더 다양화되는 EB-5 투자자 시장을 발견했다.

또한, 데이터 보고서는 2020 회계연도의 1분기 최소 투자금액이 인상되기 전후에 다양한 투자자 시장에서 EB-5에 대한 수요가 어떻게 변화했는지 분석하고 다른 국가의 투자자가 가격 인상에 대해 서로 다른 허용 오차를 가지고 있음을 보여준다. 마지막으로 이 분석은 투자자의 출생 국가를 기반으로 한 최신 I-526 심사 동향을 조사하여 다른 국적의 청원자 간에 승인 비율이 통계적으로 다르다는 것을 발견했다.

EB-5 투자자 시장과 변화

인도는 2019~2020 회계연도에 가장 많은 I-526 청원서를 제출하여 중국을 제치고 가장 큰 EB-5 투자자 시장이 되었다. 1,027명의 인도 EB-5 투자자가 2019 회계연도에 I-526 청원서를 제출했으며, 이는 전 세계 I-526 양식의 26%를 차지한다. 2020 회계연도에 인도의 I-526 접수 건수는 935건으로 전년도 대비 9% 감소했지만, 인도는 여전히 가장 큰 EB-5 투자자 시장이며, 전 세계 I-526 양식의 23%를 차지한다.

연간 성장률 35%로 한국은 2019 회계연도에 두 번째로 큰 투자 시장이 되었으며 2018년 10월부터 2019년 9월 사이에 548건의 I-526 청원서를 제출했다. 이에 반해 중국은 전년도 대비 가장 큰 EB-5 청원 감소세를 보였다. 2019 회계연도에 투자자들은 522건의 I-526 청원서만 제출했는데, 이는 주로 중국인을 위한 EB-5 비자 잔고가 확대되었기 때문이다.

2020 회계연도에 한국의 I-526 청원서는 421건으로 전년 대비 18% 감소했다. 중국인 청원자의 수는 428명이었다. 중국은 한국을 제치고 소폭의 차이로 두 번째로 큰 EB-5 투자자 시장으로 다시 올라섰다.

2018년 5월부터 시작된 비자 적체현상으로 베트남의 EB-5 투자자 시장은 최근 몇 년 동안 위축되었다. 전년 대비 47% 감소한 400명 미만의 베트남 투자자가 2019회계연도에 I-526 청원서를 제출했다. 2020 회계연도 베트남에서 접수된 I-526 청원서 건수는 253건으로 연간 36%나 감소했다. 2019 및 2020 회계연도 베트남은 EB-5 수요 측면에서 4위를 차지했다.

I-526 접수 건수 및 투자자 출생국별 전년 대비 변화, 2019~2020 회계연도

FY2019			
Ranking	Investor Market	I-526 Filings	YoY Change
1	India	1,027	-8.4%
2	South Korea	548	35.3%
3	China	522	-78.6%
4	Vietnam	395	-48.6%
5	Taiwan	237	-4.0%
6	Brazil	113	-32.2%
7	Mexico	106	53.6%
8	South Africa	96	146.2%
9	Hong Kong	82	70.8%
10	Russia	59	-35.2%
-	Other Countries Total	1,009	-84.3%
	Grand Total	4,194	-34.7%

FY2020			
Ranking	Investor Market	I-526 Filings	YoY Change
1	India	935	-9.0%
2	China	428	-18.0%
3	South Korea	421	-23.2%
4	Vietnam	253	-35.9%
5	Hong Kong	235	186.6%
6	Taiwan	231	-2.5%
7	Mexico	212	100.0%
8	Brazil	142	25.7%
9	South Africa	141	46.9%
10	Russia	76	28.8%
-	Other Countries Total	1,304	29.2%
	Grand Total	4,378	4.4%

Data Source : USCIS(IIUSA Obtained via FOIA)
Prepared By : IIUSA

점점 다양화되는 EB-5 투자자 시장

2015년 5월부터 중국의 EB-5 투자자들은 비자 적체현상에 직면하기 시작했고 EB-5 이민 절차에서 더 긴 대기시간을 가지게 된다. 그 결과 2015~2020 회계연도 사이에 중국인의 점유율도 감소했다. 제시된 그래프에서 볼 수 있듯이 2015 회계연도에는 EB-5 투자에서 거의 85%가 중국 투자자가 점유했지만, 2020 회계연도에는 11% 미만이었다.

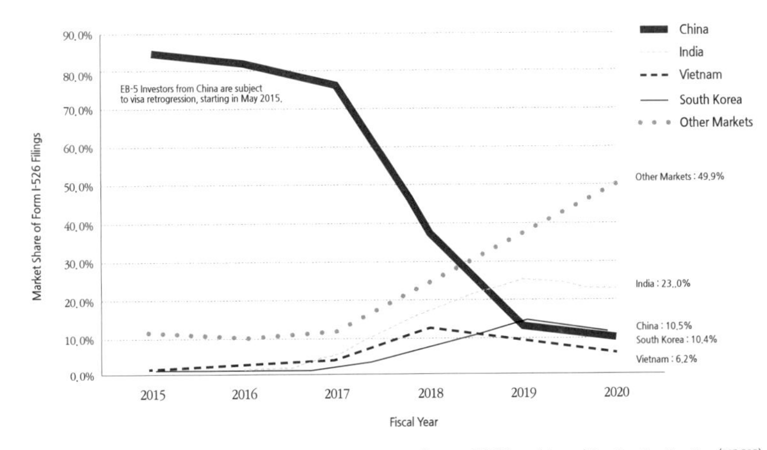

Source : US Citizenship and Immigration Services(USCIS)
Prepared By : IIUSA

이에 반해 다른 투자자 시장은 지난 5년간 지속적인 성장을 보였고 EB-5 시장은 점점 다각화되고 있다. 가령 인도와 한국은 2017 회계연도 이후 I-526 청원서 접수가 급격히 증가했다. 인도와 한국의 시장 점유율은 2019 회계연도에 최고조에 달했으며, 전 세계 I-526 청원서 접수의 26%와 14%가 인도인과 한국 국민으로부터 기인했다. 또한, 중국과 인도, 한국 및 베트남이 아닌 투자자의 I-526 청원서 접수는 2017 회계연도에는 11%였으나, 2020 회계연도에는 약 50%로 급격히 증가했다.

가장 높은 성장을 보이는 EB-5 투자자 시장

2019~2020 회계연도에는 홍콩, 멕시코, 남아프리카, 나이지리아, 콜롬비아 및 아르헨티나에서 EB-5 비자에 대한 수요가 크게 증가했다. 홍콩에서는 235명의 투자자가 2020 회계연도에 I-526 청원서를 접수했는데, 이는 주로 정치적 불확실성으로 인해 전년도보다 187% 증가한 기록적인 수치다.

라틴 아메리카에서 멕시코 국민은 2020 회계연도에 212개의 I-526 청원서를 접수했으며, 이는 전년도 접수 건수인 106개에서 두 배 증가한 수치다. 또한, 콜롬비아에서 온 36명의 EB-5 투자자와 아르헨티나에서 온 35명의 투자자가 2020 회계연도에 I-526 청원서를 접수했다. 비록 양은 상대적으로 적었지만 두 시장 모두 연간 성장률은 각각 20%와 94%로 사상 최고치를 기록했다.

아프리카에서는 남아프리카에서 접수된 I-526 청원서 접수가 처음으로 세 자릿수에 도달했으며(2020 회계연도에 141건), 2019 회계연도보다 47% 증가했다. 2018 회계연도에도 이미 146%의 성장을 기록한 바 있다. 나이지리아는 3년 연속으로 가장 빠르게 성장하는 EB-5 투자자 시장 목록에 올라 2020 회계연도에 70건의 I-526 청원서를 접수했다. 이는 전년도 대비 47% 성장한 수준이다.

2019~2020 회계연도 기준 성장률이 가장 높은 EB-5 투자자 시장

*Sort by the number of Form I-526 filings in FY2020, only included markets with more than10 Form I-526 filings in a year.

Investor Market	FY2019		FY20202	
	Number of I-526 Filings	YoY Growth	Number of I-526 Filings	YoY Growth
Hong Kong	82	71%	235	187%
Mexico	106	54%	212	100%
South Africa	96	146%	141	47%
Nigeria	42	31%	70	67%
Colombia	30	20%	36	20%
Argentina	18	125%	35	94%
Worldwide Total	4,194	-35%	4,378	4%

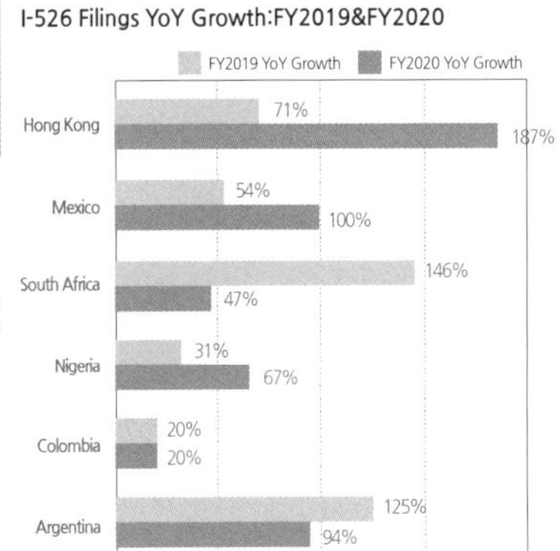

Source : US Citizenship and Immigration Services(USCIS)
Prepared by : IIUSA

지역별 I-526 접수

전반적으로 아시아는 계속해서 I-526 청원서가 가장 많이 접수된 지역이었다. 아시아의 EB-5 투자자는 2019 회계연도에 약 3,000개의 I-526 청원서를 접수했고 2020 회계연도에는 2,700개의 청원을 제출했다. 이는 전 세계 I-526 청원서 접수율의 각각 74%와 65%를 차지한다. 인도는 2020 회계연도에 아시아에서 가장 큰 시장이었고 중국과 한국이 그 뒤를 이었다. 이 세 시장을 합하면 아시아 지역 EB-5 수요의 66% 이상을 차지한다는 것을 알 수 있다.

I-526 양식(회계연도 2020) 기준 지역별 EB-5 투자자 시장의 리더

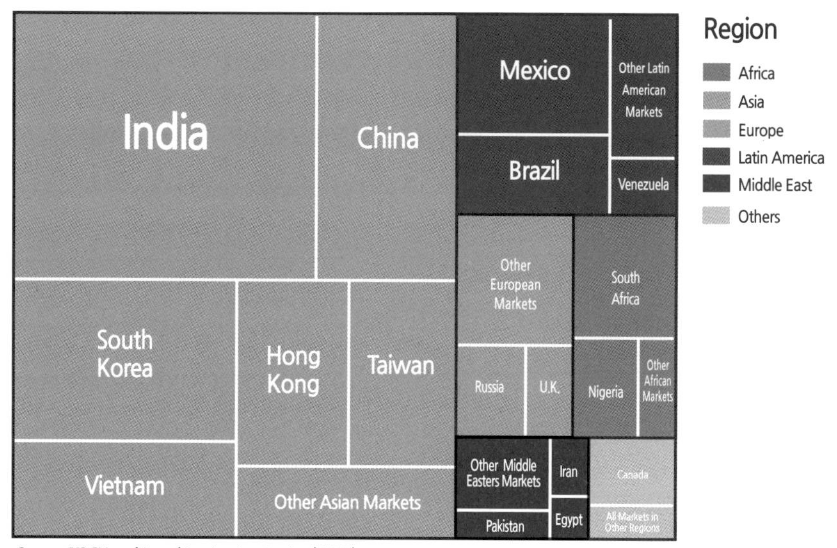

Source : US Citizenship and Immigration Services(USCIS)
Prepared by : IIUSA

라틴 아메리카는 2020 회계연도에 500명 이상의 EB-5 투자자가 있었고, 전 세계 I-526 접수의 12%를 차지하며 두 번째로 많은 I-526 청원서가 접수된 지역이다. 멕시코, 브라질, 베네수엘라는 2020 회계연도에 라틴 아메리카에서 가장 큰 3대 시장으로 이 지역에서 접수된 I-526 청원서의 91% 이상을 차지했다.

아프리카에서는 2020 회계연도에 그 지역에서 가장 큰 두 개의 EB-5 투자자 시장인 남아프리카와 나이지리아가 I-526 청원서의 80% 이상을 차지했다.

그러나 이들 지역 외에도 EB-5 투자자 시장은 더 다양하다. 예를 들어, 러시아와 영국은 유럽에서 가장 큰 EB-5 투자자 시장이지만, 2020 회계연도에는 해당 지역의 I-526 청원서 접수의 40%만 차지했다.

아시아 이외의 지역에서 EB-5 기회

미 이민국(USCIS)의 I-526 양식 통계에 따르면 최근 몇 년 동안 아시아 이외의 지역에서 EB-5 자금을 조달할 기회가 증가했다. 2018 회계연도 이전에는 I-526 청원의 90% 이상이 아시아 투자자에 의해 접수되었다. 이 비율은 2020 회계연도에 약 65%로 점차 감소했다. 제시된 자료는 지역(아시아 제외)별 I-526 접수 건수를 요약한 것이다.

지역별 I-526 접수자(아시아 제외, 2015~2020 회계연도)

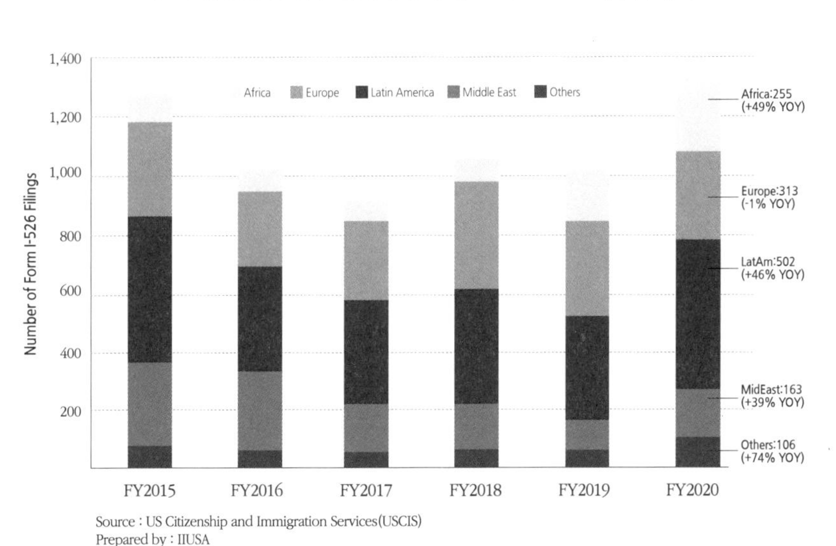

Source : US Citizenship and Immigration Services(USCIS)
Prepared by : IIUSA

2019 회계연도에 46% 증가한 라틴 아메리카는 2020 회계연도에 500명 이상의 EB-5 투자자가 나왔으며, 아시아에 이어 두 번째로 많은 I-526을 접수한 지역이 되었다. 아프리카의 EB-5 시장 규모도 2019 회계연도에는 88%, 2020 회계연도에는 49% 증가하여 2년 동안 약 430건의 I-526이 접수되었다. 유럽의 EB-5 투자자 시장은 2015 회계연도 이후로 비교적 안정적인 모습을 보였다. 매년 250~350명의 투자자가 I-526을 접수했다. 중

동 투자자의 I-526 접수 건수는 2015 회계연도(273건)에 최고조에 달한 후 감소세를 보였다. 그러나 해당 시장은 2020 회계연도에 다시 반등했고 160개 이상의 I-526을 접수했다. 2019 회계연도 대비 39%의 성장을 이뤘다.

최소 투자금액 변경 전후의 I-526 접수

2019년 11월에 발효된 새로운 EB-5 규정은 EB-5 산업에 상당한 영향을 미쳤다. 특히 미 이민국의 분기별 통계에 따르면 2020 회계연도의 1분기(2019년 10월 1일부터 12월 31일까지) 동안 4,260명 이상의 EB-5 투자자가 I-526 청원서를 접수하여 최소 투자금액이 인상되기 전에 거의 260명이 늘었다. 반면 2020 회계연도 1분기 이후의 기간의 I-526 접수 건수는 새로운 EB-5 규정이 발효된 이후였기에 1분기보다 97%나 감소한 114건에 불과했다.

투자자의 출생 국가별 I-526 청원 데이터는 시장별 EB-5 투자자가 가격 인상에 다르게 반응했음을 보여준다. 제시된 자료를 보면 2020 회계연도 1분기에 I-526 접수 건수가 캐나다(423% 증가), 홍콩(383% 증가), 파키스탄(371% 증가)에서 300% 이상 증가했다. 영국(355% 증가) 및 멕시코(329% 증가) 등의 시장은 가격 인상 전의 세계 평균보다 분기별 I-526 양식 제출이 훨씬 더 많이 증가했다.

이에 비해 한국, 베트남, 대만, 이집트의 경우 분기별 I-526 접수 건수가 100% 미만으로 증가했기 때문에 최소 투자금액 인상이 EB-5 성장에 강력한 동기가 되지 못했다는 것을 알 수 있다. 전 세계 평균 성장률보다 훨씬 낮은 수준이다.

그러나 2019년 11월 이후 EB-5에 대한 수요 감소는 새로운 EB-5 규정으로 최소 투자금액을 인상한 후 대부분의 투자자 시장이 전체적으로 95% 감소세를 보였기 때문에, 전 세계적으로 비슷한 추세를 보였다. I-526 양식은 인도에서 28건, 한국에서 14건, 중국에서 12건, 대만에서 11건, 기타 모든 국가에서 49건으로 2020 회계연도 1분기를 제외한 나머지 기간, 전 세계적으로 소수의 I-526 청원이 접수되었다.

새로운 EB-5 규정의 시행 전후 투자자 출생 국가별 I-526 접수

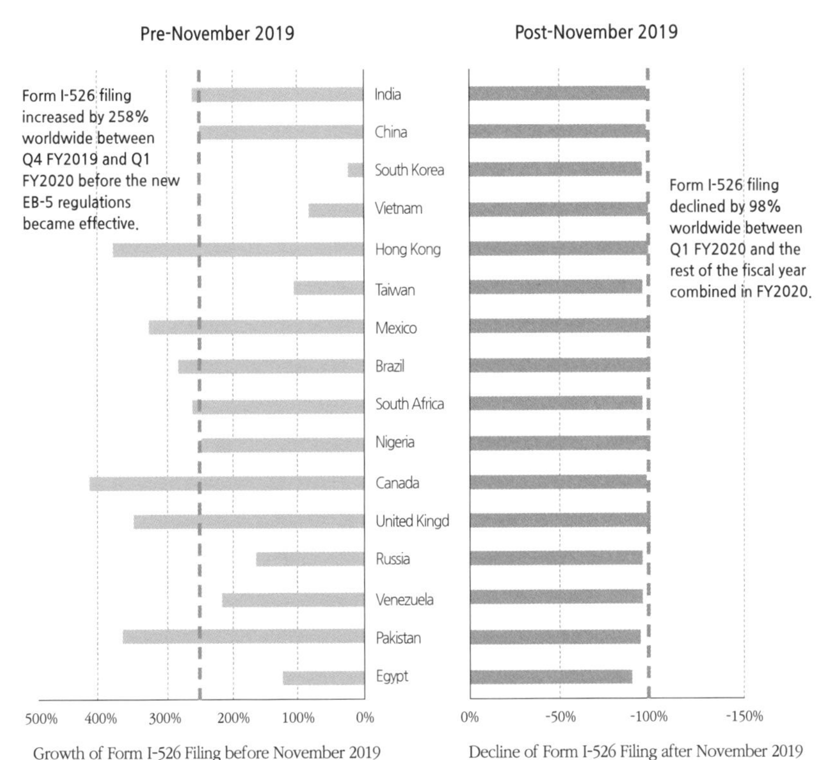

Source : US Citizenship and Immigration Services(USCIS)
Prepared by : IIUSA

투자자의 출생 국가별 I-526 승인 비율

2020 회계연도에 I-526 청원서의 평균 승인률은 75%에 불과했으며, 이는 EB-5 투자자의 92%가 승인을 받은 2017 회계연도 이후 3년 연속 감소했다. 미 이민국 판결 통계에 따르면 각 국가의 EB-5 투자자 I-526 승인 비율은 크게 다르게 나타난다. 예를 들어, 중국은 I-526 청원자의 54%만이 2020 회계연도에 승인된 반면, 인도와 한국, 대만의 청원자의 승인률은 90% 이상이었다.

투자자 출생 국가별 I-526 청원서의 평균 승인 비율

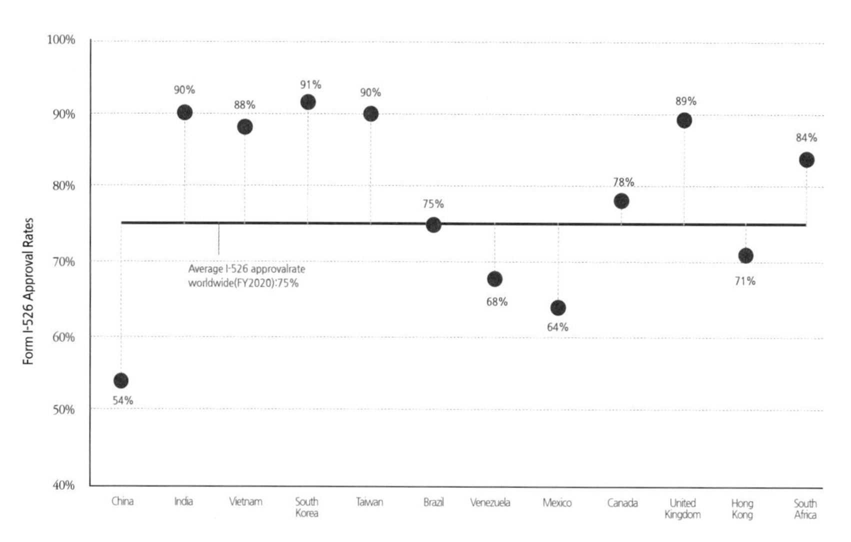

Source : US Citizenship and Immigration Services(USCIS)
Prepared by : IIUSA

또한, 2020 회계연도에 25건 이상의 I-526 심사가 완료된 EB-5 시장 중에서 베트남, 캐나다, 영국 및 남아프리카 공화국 투자자들의 I-526 승인률은 전 세계 평균보다 높았다. 이에 비해 베네수엘라, 멕시코, 홍콩의 청원자들은 2020 회계연도에 I-526 승인율이 전 세계 평균보다 낮은 수준이었다.

Global Migration Trends

PART 2

한국인이 선호하는 해외이민국

Global Migration Trends

한국인이 선호하는 해외이민국

자산가들이 선호하는 해외이민국

The top 3 countries millionaires are moving to

백만장자가 떠난다, 그들이 향하는 곳은?

매년 10만 명이 넘는 100만 달러 이상의 자산가들이 이민을 선택하고 있다. 세계의 백만장자들은 새로운 삶의 터전으로 어디를 가장 많이 선택할까? 세계의 자산가들이 떠나는 나라에 대한 통계는 각종 글로벌 이민 업체나 세계의 은행 등에서 자주 조사되곤 하는데, 최근 조사 중에 가장 신뢰성이 높은 조사는 지난 2019년에 AfrAsia 은행이 조사한 글로벌 자산이동보고서다.

자산가들이 가장 많이 이동하는 나라 Top 12

순위	선호 국가
1	호주
2	미국
3	캐나다
4	스위스
5	UAE
6	카리브해
7	뉴질랜드
8	싱가포르
9	이스라엘
10	포르투갈
11	그리스
12	스페인

출처: AfrAsia 은행

Millionaire Migration

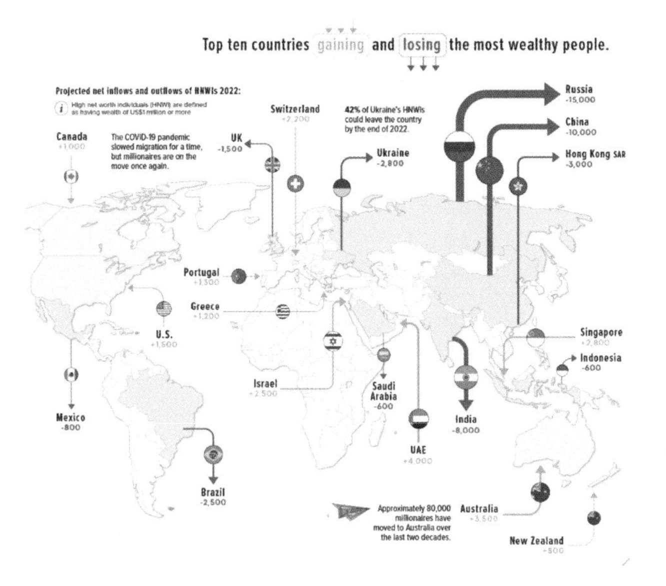

출처: Henley Global Citizens Report

보고서에 따르면 세계의 부호들은 호주로 이민을 가장 많이 떠나는 것으로 나타났다. 호주는 치안이 안전하고 교육 여건이 좋고, 기후도 좋아 이민지로서 많은 장점이 있는 나라다. 특히 자산가들이 호주를 많이 선택하는 이유는 바로 상속세가 없다는 데에서 찾을 수 있다. 상속세가 없으면 자녀들에게 더 많은 재산을 물려줄 수 있고, 이민 2세들은 이를 기반으로 자신들의 부를 축적할 수 있어 자산가들이 선호할 수밖에 없다. 또 호주는 아름다운 자연경관과 낮은 인구밀도로 노년에 여유로운 삶이 가능하다는 점도 매력으로 꼽힌다.

세계의 자산가들이 해외이민지로 두 번째로 많이 선택한 국가는 당연히 미국이다. 미국은 전통적인 이민 강국으로 자산가들뿐만 아니라, 취업과 교육의 혜택을 누리려는 청년층, 그리고 사업가들이 가장 많이 찾는 국가다. 또 부자들이 선호하는 해외이민국으로는 캐나다, 스위스 그리고 뉴질랜드가 있었다. 자산가들이 가장 많이 찾는 해외이민국 중 동남아 국가는 싱가포르가 유일했다.

유럽국에서는 러시아, 영국, 프랑스의 백만장자들이 자신들의 나라를 가장 많이 떠났고, 스위스, 스페인, 포르투갈, 그리스 등의 유럽국은 백만장자들에게 이민지로서 인기가 높은 국가로 꼽혔다.

대체로 백만장자들이 선호하는 나라를 살펴보면 범죄율이 낮아 치안이 좋고, 상속세나 증여세가 낮거나 없다는 큰 장점이 있다. 예를 들어 캐나다는 1970년에 상속세 자체를 폐지했고 뉴질랜드, 스위스 그리고 싱가포르도 상속세가 없어 부의 대물림이 가능하다.

•• 떠나는 백만장자가 가장 많은 나라는?

자산가들이 가장 많이 떠나는 국가는 중국이다. 중국은 세계 최고의 경제성장률을 이어오면서 세계에서 새로운 부자가 가장 많이 탄생하는 국가 중 하나다. 환경오염, 정치적 탄압, 보건과 식품에 대한 우려 등으로 중국을 떠나고자 하는 것으로 분석된다. 러시아와 인도도 자국을 떠나 새로운 보금자리를 찾고자 하는 부자들이 많다. 지역으로 보면 아시아의 부자들이 해외로 많이 떠나는 것으로 나타났다. 특히 중국, 인도, 튀르키예, 인도네시아, 사우디아라비아 부자들이 해외이민에 가장 적극적이다.

한국의 부자들은 왜, 어디로 떠나나?

한국의 자산가들도 세계의 백만장자들과 비슷한 경향성을 나타낸다. 몇 년 전부터 이민업계와 자산관리 컨설팅업 분야로 재력가들의 투자이민에 대한 문의가 쏟아지고 있다는 보도가 있었다. 물론 한동안 코로나19 팬데믹으로 국가 간 이동이 자유롭지 못했던 탓에 이민에 대한 문의 건수는 코로나 이전 시기보다는 줄었지만, 자산가를 중심으로 한 투자이민의 열기는 여전한 것으로 분석되고 있다.

우리나라의 부자들은 해외의 자산가들과 마찬가지로 미국, 캐나다, 호주, 싱가포르, 뉴질랜드를 해외이민지로 많이 선택하고 있다. 특히 미국과 호주 이민에 대한 문의나 관심이 높은 편인데, 최근 이민지로 각광받는 다양한 나라가 있지만, 자산가들에게는 여전히 전통적인 이민 강국이 선호하는 국가로 인식되고 있다는 점이 주목할 만하다.

자산가들이 선호하는 국가들은 상속세와 증여세의 부담이 낮고 생활 여건이 좋은 선진국 위주라는 공통점이 있다. 요즘에는 부자들의 이민이 투자이민만으로 그치지는 않는다. 투자이민과 더불어 자산운용사나 부동산투자업 회사 등을 통해 미리 해외 주식이나 부동산을 취득하려는 수요도 늘고 있다. 고액 자산가일수록 해외부동산 투자 수요는 높다. 해외의 부동산은 종합부동산세 합산 대상에서 빠지는 데에다 투자국의 세제를 잘 활용만 하면 양도소득세는 물론, 상속세와 증여세 등을 크게 절감할 수 있기 때문이다.

OECD 주요 국가 상속·증여세율(%)

국가	상속세율	증여세율
한국	50(65)	50(65)
미국	40	40
캐나다	X	X
포르투갈	X	X
프랑스	45	45
영국	40	X
독일	30	30
호주	X	X

자료: 전경련 자료 변형

부자들이 한국을 떠나 새로운 보금자리를 마련하는 이유에는 한국의 과도하게 높은 세율에 있다. 대부분 최고 65%에 달하는 우리나라의 상속·증여세를 피해 자녀들에게 재산을 물려주기 위해 이민을 떠나고자 하는 것이다. 앞서 언급한 미국과 캐나다, 호주 등은 막대한 부를 축적한 사람들이 자녀들에게 부를 물려줄 수 있는 여지가 크다. 호주와 캐나다, UAE 등은 상속·증여세가 없고, 미국은 증여세 면제 한도를 549만 달러에서 1,120만 달러로 2배가량 높였다.

미국과 캐나다와 더불어 한국의 부자들이 이민지로 선호하는 국가 중에는 싱가포르도 있다. 특히 싱가포르는 국내 사업가들이 선호하는 국가로 알려져 있는데, 이 나라 역시 상속·증여세가 없다.

한편, 한국 부자들이 이민을 염두에 두는 나라에는 미국, 캐나다, 싱가포르 등이 있지만, 요즘에는 '한 달 살기' 열풍과 더불어 직접 이민을 고려한 나라에 한 달 정도 생활해보고

이민을 결정하는 사람들도 늘고 있다. 특히 2022년은 코로나19가 여행이나 이동의 제한에 큰 영향을 주지 못하면서 이러한 경향성이 더욱 두드러지고 있다.

이들은 한 국가에만 머무는 것이 아니라, 생활 여건이나 부동산 투자, 환경, 취업, 의료 등 자신이 추구하는 삶의 기준에 따라 여기저기로 옮겨 다니며 주거지를 옮기는 모습도 보이고 있다. 이런 사람들을 '글로벌 노마드족'이라고 하는데, 한국 사회의 제도에 대해 불안과 불만을 느끼는 자산가를 중심으로 더 나은 환경과 삶의 목표를 찾아 해외 생활을 이어가고 있는 것이다.

●● 자산가 이민의 틈새시장을 노린 말레이시아

한국 부자들이 이민지로 찾는 미국, 캐나다, 호주 등은 어느 정도 재력이 뒷받침되지 않다면 쉽게 떠날 수 없는 곳이기도 하다. 그래서 최근에는 부자들이 찾는 선진국 투자 이민에 비해 투자금이나 투자요건 등의 문턱이 낮아 보다 쉽게 떠날 수 있는 이민지로 말레이시아에 관한 관심이 높아졌다. 말레이시아는 만 50세 기준, 50만 링깃(약 1억 4,000만 원) 이상의 자산과 부부합산 1만 링깃(약 280만 원) 이상 월 소득을 증빙하면 MM2H 비자를 신청할 수 있다. 이는 10년마다 연장도 가능해 영주권에 준하는 비자로 인식되고 있다. 말레이시아가 이민지로 떠오른 데에는 낮은 세금과 저렴한 물가가 있고, 이곳에 정착한 사람들의 생활 만족도도 높은 것으로 알려져 있다.

취업과 교육 시스템이 좋은 국가
The countries with the best education system and employment market

'미국' 교육 강국이 취업의 강국으로

미국이 전 세계 교육 강국이라는 것은 누구도 부정할 수 없는 사실이다. 교육 강국이라는 면모는 각종 교육 지표에서도 뚜렷하게 드러난다. 특히 세계대학순위 지표를 보면 전 세계 100위권 대학 중 80% 이상을 미국의 대학이 차지할 정도로 교육 수준이 높고 우리에게 익숙한 명문대학교도 많다.

2022년 세계대학순위를 보면, 세계의 1,500개 대학순위 중 255개의 대학이 미국에 있었고, 세계 대학 TOP 10에는 MIT, 스탠포드 대학교, 하버드 대학교, 캘리포니아 공과대학교, 시카고 대학교 등 무려 5개의 대학이 올랐다. 이 같은 지표만 보더라도 그만큼 미국의 교육 수준이 높아 세계에서 인정받고 있다는 것을 알 수 있다.

세계 대학순위

순위	대학	국가
1위	MIT	미국
2위	옥스퍼드 대학교	영국
3위	스탠포드 대학교	미국
4위	캠브리지 대학교	영국
5위	하버드 대학교	미국
6위	캘리포니아 공과대학교	미국
7위	임페리얼 컬리지 런던	영국
8위	취리히 공대	스위스
9위	UCL	영국
10위	시카고 대학교	미국

자료: QS 세계대학순위

우수한 교육 환경과 미래의 가능성을 염두에 두고 미국에 유학을 가려는 사람들은 여전히 넘쳐난다. 코로나19로 미국 유학생이 이전보다 줄었다고는 하지만, 미국은 여전히 세계에서 가장 많은 유학생이 찾는 국가 중 하나다. 미국 대학교 합격 발표는 대개 4~5월에 통지되고 그 이후에는 유학 준비를 한다. 학교 등록을 마치면 입학허가서가 나오고, 미국 비자(DS-160) 신청을 하고 대사관 비자 인터뷰를 마치면 본격적으로 미국으로 떠날 준비를 하게 된다.

DS-160

미국에 비이민비자로 입국하기 위해서는 DS-160 비자 신청서를 작성해야 한다. DS-160은 대사관에서 인터뷰를 진행하기 최소 24시간 전에 온라인상에서 작성해서 제출해야 한다. 대사관은 자필이나 문서로 만든 신청서는 받지 않고 오직 온라인상에서 작성한 신청서의 확인 없이는 인터뷰가 불가능하다. DS-160 온라인 비자 신청서를 작성하고 전자서명을 하는데, 전자서명은 신청서에 답변한 모든 정보가 사실에 근거한 정확한 정보임을 인증하는 것이다. 사실과 다른 답변을 기재할 경우, 미국 입국 부적격 사유가 될 수 있으니 조심해야 한다.

자녀들이 미국으로 유학을 가면 부모 중 한 사람도 함께 가거나, 아예 이민을 결정하는 가족들이 있다. 물론 자녀가 중고등학교에 다니는 시기에 가족이 이민을 가서 자녀가 미국 대학에 입학하는 경우도 적지 않지만, 한국에서 유학 준비를 하고 부모와 함께 미국으로 가는 경우도 많은 편이다.

자녀가 어릴 때 미국으로 이민을 가는 경우라면 취업 이민이나 EB-5 투자이민 등 다양한 경로가 있지만, 모든 준비를 끝내지 않고 미국으로 갈 때 부모들이 선택할 수 있는 비자 중 하나가 E-2 비자다.

E-2 비자는 소액투자 비자 혹은 사업비자라고 불리는 비이민 투자 비자로, 미국과 무역 운항 조약이 체결된 조약국 국민을 위한 비자다. 이 비자를 신청하는 사람들은 서

비스나 기술 무역을 포함한 미국과 조약국 간의 정해진 조건에 맞는 무역을 진행하거나, 조건을 충족해 재정을 투자한 기업이 운영 관리를 위해 미국에 입국하는 방법으로 진행된다.

E-2 비자는 일정 금액을 미국에 투자해 사업을 하면서 자녀들을 공립학교에 입학시켜 교육을 받을 수 있게 하는 장점이 있어 한국인들이 선호하는 비자이기도 하다. 물론 이 비자로 영주권을 취득하는 것은 아니지만, 취업 가능 신분을 유지할 수 있고 미국에서 영주권자들이 누리는 각종 혜택을 받을 수 있다. 또 사업을 정상적으로 유지하면 횟수에 제한 없이 2년마다 갱신해서 비자를 계속 유지할 수도 있다.

이 비자를 취득하기 위해서는 사업체의 오너이거나 핵심 직원이어야 한다. 소유주라면 사업체에 투자했거나 현재 투자를 진행하고 있다는 것을 증명하면 된다. 투자금이 비교적 적다면 미국에 투자하는 자금 이외에 한국에 충분한 재산이나 수입이 있음을 증명해야 하고, 투자자가 경제생활을 하는 데에 전혀 어려움이 없다는 것을 보여줘야 한다.

미국 대학 입학

미국 대학 입시는 한국 대학 입시와는 근본적으로 큰 차이가 있다. 한국은 대학 입시에 있어서 수능 성적이나 교과 성적이 절대적인 비중을 차지하는 반면, 미국은 성적뿐만 아니라 리더십, 클럽활동, 봉사활동, 스포츠, 특이한 경력 등 다양한 활동을 총체적으로 평가한다. 미국 대학은 전형에 상관없이 평점, 대외활동, 수상실적, 표준화 시험, 에세이, 추천서 등 많은 요소를 입시에 반영하는데, 한국처럼 '수능 점수 몇 점 이상이면 어떤 대학에 입학할 수 있다'와 같은 명확한 합격 조건은 없다. 그래서 성적이 매우 뛰어나고 인재라고 생각되는 학생이 특정 대학에 불합격할 수도 있고, 다소 부족해 보이는 학생이 더 좋은 학교에 합격하는 경우도 다반사다. 미국 대학이 가장 추구하는 학생상 중 하나가 '다양성'이기 때문에, 성적 관리는 물론 자신만의 특별함을 어필할 수 있는 활동을 꾸준히 보여줄 수 있다면 명문대학교 합격의 문턱을 낮출 수 있다.

미국은 교육 수준이 높은 만큼, 매년 우수한 인재들이 대학에서 배출된다. 이러한 인재들이 미국의 정치, 사회, 문화, 경제를 이끌어가고 세계의 리더로 성장하게 된다. 예전보다는 위상이 많이 떨어졌지만, 그래도 미국의 유명 대학교를 졸업한 사람이라고 하면, 한국에서는 인재로 여겨 높은 연봉과 좋은 대우를 받을 수 있다.
이렇듯 인재들이 모인 미국은 취업 시장의 세계에서 가장 활발한 국가 중 하나다. 글로벌 경제 위기로 전 세계의 고용시장이 얼어붙었지만, 그래도 미국은 다양한 사람들이 다양한 일자리에서 일할 수 있는 기회가 여전한 국가다. 이러한 토대는 미국의 탄탄한 교육적 환경이 바탕이 되어서 형성된 것임은 분명해 보인다.

여전한 미국의 영향력과 고용시장

경제침체기와 글로벌 경제위기로 전 세계가 몸살을 앓고 있지만, 미국은 경제 규모만으로 따져보면 여전히 세계에서 영향력이 가장 크다고 할 수 있다. 아무리 고용시장이 얼어붙어도 경제의 덩치가 큰 미국은 다른 국가보다는 취업의 기회와 가능성이 더 큰 국가로 인식된다.
미국의 경제 규모, 즉 GDP는 약 23조 달러에 육박한다. 1990년대 초 일본에 위협을 받긴 했지만, 그 이후로는 일본과 중국의 경제 규모를 합친 것보다 미국의 경제 규모가 더 크다. EU의 경제 규모가 14조 달러 정도가 되는 것을 생각해보면, 한 국가와 여러 국가의 연합체의 격차가 1.5배에 이른다는 것은 미국의 경제 규모가 단순히 생각했던 것보다 훨씬 크고 탄탄하다는 것을 의미한다.
앞으로는 중국을 비롯한 신흥개발도상국의 경제가 세계를 이끌어갈 것이라고 말하는 전문가도 있지만, 미국은 세계 경제 주도권을 쉽사리 중국에 넘겨주지 않을 것으로 보인다. 그 원동력 중 하나가 바로 인구다. 현재 미국의 인구는 약 3억 3천 명인데, 일본,

독일, 스페인, 한국 등 나름 선진국이라는 나라들의 인구는 줄어드는 반면, 미국의 인구는 계속 증가하고 있다.

경제분석기관들이 미국의 2036년 GDP를 약 43조 달러로 예상하고 있고, 인구도 완만한 성장세를 지속할 것으로 보여, 미국의 고용시장은 당분간 기회의 시장이라는 인식이 지속될 것으로 판단된다.

이러한 세계 경제 강국 미국에서 또 다른 기회를 엿보는 사람들이 미국의 고용시장을 눈여겨보고 있다. 바로 미국에서의 취업을 하는 것이다. 미국에서의 취업은 신분상의 조건만 해제가 되면, 일정한 능력만 있다면 그리 어려운 일이 아니다. 하지만 미국에서 정상적인 취업을 할 수 있는 신분을 얻기까지는 복잡한 절차나 어려움이 따를 수밖에 없다.

●●● 독일의 고용시장과 취업

미국에서 취업하고자 하는 사람들도 많지만, 미국 외의 전통적인 경제 강국인 독일에서의 생활이나 취업을 꿈꾸는 사람들도 적지 않다. 독일은 코로나19 사태 이후 취업시장은 회복세를 보이고 있지만, 전문 인력 부족 현상이 매우 심한 편이다. 특히 건설, 보건 산업, 기계 공학 분야에서 이러한 현상이 두드러지는데, 전문 인력 부족은 기업의 경쟁력 저하로 이어질 수 있기에 정부에서도 우수한 외국인 인재를 받기 위해 정책적 유인책을 도모하고 있다. 하지만 독일에서의 취업에는 쉽게 넘을 수 없는 장벽이 있다. 바로 언어다. 영어를 구사할 수 있는 사람들이 워낙 많기에 미국에서의 취업의 장벽은 독일보다는 훨씬 낮다. 문화의 차이, 독일어 능력 등 가장 기본적인 문제가 해결되지 않으면 독일에서의 취업은 매우 어렵다. 전문 기술(능력)이 있고 독일어를 능숙하게 구사할 수 있다면 독일에서의 취업의 폭은 그만큼 넓어진다.

가장 쉬운 방법은 투자를 통한 이민이다. EB-5 투자이민은 현재 미국에서 영주권을 취득해 미국 생활을 할 수 있는 가장 손쉬운 방법으로, 해당 프로그램에서 요구하는 조건만 충족하면 영주권을 취득할 수 있다.

간단히 절차를 설명하면, 먼저 2년 기한의 임시영주권을 신청하기 위해 이민청원서를 미 이민국에 접수하고 자금출처 증명과 인터뷰, 신원조회 등을 거쳐 승인을 받는다. 임시영주권으로 미국에서 거주하며 10명 이상의 고용을 꾸준히 창출했음을 증명하면 영주권의 2년 기한 조건을 해지하고, 10년마다 갱신할 수 있는 영구 영주권을 받을 수 있다.

미국에서의 영주권의 혜택은 시민권과 크게 다르지는 않다. 미국 영주권자에게 자녀가 있다면 공립학교 진학을 할 때 학비가 무료이며, 대학생의 경우라면 저렴한 학비로 공립대 진학이 가능하고 유학생과 달리 다양한 장학금 혜택을 받을 수 있다.

또 미국에서는 영주권 없이 취업하려면 취업비자를 지원해 주는 고용주를 찾아야 하는데, 근로환경이나 연봉 등 자신에게 맞는 조건의 고용주 스폰서를 찾는 것은 만만치 않다. 영주권이 있다면 별도의 조건 없이 자신의 능력에 맞는 곳에 자유롭게 취업 활동을 할 수 있고, 미국 내에서 사업이나 창업도 가능하다.
그 외에도 의료 보험이나 기타 보험 상품은 영주권자와 시민권자만 주어지고, 실직했다면 실업급여도 받을 수 있으며, 미국에서 10년 이상 일을 하면서 소득세를 냈다면 사회보장연금수령 대상자가 될 수도 있다.

다음으로 미국에서의 취업의 방법으로는, 가장 전형적인 방법으로 F-1 비자를 받는 유학생에 해당한다. 유학생들은 미국 대학 졸업 후 취업이 가능한 OPT를 취득하고 일하던 회사에서 H-1 취업비자를 스폰서 받은 후 취업 영주권을 취득할 수 있지만, 이 방법은 전형적이면서도 여러 어려움이 따른다. 유학생 신분으로 시간적, 금전적 투자가 상당하기 때문이다. 또 취업비자도 무조건 나온다는 보장이 없어 불확실하다는 단점도 있다. 그리고 한국의 대학생이나 사회 초년생들이 많이 고려하는 J-1 인턴비자도 활용할 수 있는데, 아직은 이 비자로 취업비자나 영주권으로 활발히 연결되지는 못하고 있는 실정이다.
그래서 많은 사람이 보다 손쉽게 미국 고용시장에 뛰어들 수 있는 대안으로 E-2 비자나, 자금의 여유가 있다면 EB-5 투자이민을 고려하고 있다. 이 비자들은 자금력이 바탕이 되어야 하고 절차도 그리 쉬운 편은 아니지만, 조건과 자격이 충족되면 불확실성이 확실히 해결된다는 이점이 있어 미국에서 빨리 경제생활을 하고 싶은 사람들이 E-2나 EB-5를 선택하고 있는 것이다.

연령별로 선호하는 이민국
What age group migrates the most

적극적인 이민 정책, 세계 최대의 관심사

연령별로 선호하는 이민국을 설명하기 전에 각국의 이민 정책의 방향성을 먼저 짚어보자. 세계 모든 나라는 예외 없이 저출산과 인구 고령화를 시급히 해결해야 할 국가적 과제로 내세우고 있다. 세계에서 인구가 가장 많은 나라 중 하나인 중국도 이 문제에서 자유로울 수 없다. 그간 중국은 풍부한 노동력과 저렴한 인건비로 세계 2위라는 경제 대국의 성공신화를 이룩했지만, 지난 2017년 이후 생산가능인구의 감소로 선진국 반열에 오르기 전, 경제성장의 불꽃이 사그라질까 걱정하고 있을 정도다.
세계 최강국 미국도 마찬가지다. 미국의 인구는 현재 약 3억 3,000만 명으로 1930년대 이후 가장 낮은 속도로 인구가 늘고 있다. 저출산과 인구 고령화는 경제성장의 동력을 잃게 하고, 생산가능인구보다 부양해야 할 인구가 상대적으로 늘어난다는 점에서 심각한 위기의식을 가지게 한다. 물론 2100년까지는 선진국의 인구가 급감해도 아프리카나 남아시아 빈국들의 인구가 폭발적으로 증가할 것이기 때문에 세계의 총인구는 지속해서 늘어날 것으로 예상된다. 반면 선진국의 입장에서는 줄어드는 노동력을 충당하기 위해서는 적극적인 이민 개방 정책을 펼칠 수밖에 없는 실정이다.

•• 저출산 초고령화 사회의 변화

초고령화 사회에 진입하게 되면 일단 청년 고용 문제가 가장 큰 이슈로 부각된다. 청년들은 일자리를 걱정하고 결혼과 출산을 포기할 만큼 사회적 불안이 가중되는 것이다. 반면, 재력을 어느 정도 갖춘 중장년층의 경우, 경제력과 건강을 뽐내며 소비와 여가를 즐기는 액티브 시니어층이 점차 늘어나게 된다. 그래서 시니어용 화장품, 의료 건강 서비스, 피부관리 등 시니어층을 겨냥한 시장이 커나갈 것이고, 초고령 사회가 오히려 경제적 기회가 될 수도 있다는 분석도 있다.

청년층이 가장 선호하는 국가는?

20~30대가 선호하는 이민국

순위	국가
1위	미국
2위	캐나다
3위	호주

셀레나이민은 해외이민 트렌드 분석을 위해 그간 쌓여온 상담 데이터와 전문가들의 의견을 종합하여 연령별로 선호하는 이민국을 선정했다. 20~30대는 취업과 교육이 가장 큰 관심사이기 때문에, 그에 강점을 보이는 국가를 선호하는 경향이 있었다. 취업과 교육 분야가 두드러지기 위해서는 국가의 경제력이 뒷받침되어야 하고 생활환경도 청년층에게 매력적으로 다가와야 한다. 분석 결과에 따르면 미국, 캐나다, 호주 등이 20~30대에서 가장 선호하는 이민국으로 나타났다.

캐나다와 호주의 경우에는 청년층에게 워킹홀리데이라는 제도로 인해 더욱 친숙하게 다가올 수도 있다. 캐나다나 호주에서 워킹홀리데이를 경험했다면, 그 나라에 정착하고 싶다는 생각이 깊어지게 되고 실제로 다양한 경로를 통해 이민을 가고자 하는 청년층도 많다. 캐나다와 호주의 워킹홀리데이 제도를 간단히 살펴보자.

워킹홀리데이는 여행과 취업을 함께 할 수 있는 비자로, 노동력이 부족한 나라에서 상대국과의 상호 이해를 도모하기 위한 목적으로 외국의 청년들에게 12개월의 비자를 발급해 입국하게 하는 제도를 말한다. 나라마다 신청방법이나 신청인원은 다르지만, 캐나다 워킹홀리데이의 가장 큰 특징은 매년 4,000명의 선발인원 제한이 있다는 것과 CIC라는 사이트를 통해 계정을 만들고 신청하면 되는데, 여기에서의 선발이 무작위로 이루어진다는 점이다.

CIC에 프로파일을 제출한 신청자들은 무작위로 4,000명이 선발되고 이들에게는 인비테이션이 주어진다. 프로파일 제출 때는 여권만 있으면 가능하지만, 인비테이션을 받았다면 캐나다 워킹홀리데이 서류를 제출하고 신체검사 등을 받으면서 신청 및 결제하게 되는 프로세스다.

호주 워킹홀리데이는 신청자 제한이 없고 다른 나라보다 절차도 간편해 청년들이 가장 많이 찾는 나라 중 하나다. 천혜의 자연환경과 일자리도 많아 워라벨을 중요시하는 청년들이 이민가고 싶은 나라로 선호하는 있는 것이다. 또 2022년에는 코로나19 사태로 심각한 인력 부족을 겪던 호주에서 워킹홀리데이 비자를 소지한 입국자들에게 비자 신청비용 전액을 환급해주는 캠페인까지 펼칠 정도로 정책적으로도 권장하고 있는 프로그램이다.

미국은 전 연령층에서 선호하는 이민국으로 앞서 설명한 교육과 취업 등의 이유로 청년층에서도 인기가 높다. 미국의 영주권을 취득하는 방법으로는 가족 초청이민, 취업이민, 투자이민 등 크게 세 가지로 나누어볼 수 있는데, 가족 초청이민은 미국 내에 영주권자나 시민권자의 신분으로 거주하는 직계가족이 있어야 한다는 조건으로 대중적으로 접근할 수 없다. 그리고 투자이민은 비용적인 측면에서 청년층이 접근하기가 어렵다.

그래서 20~30대는 자신의 경력과 조건을 고려해 가장 적합한 취업이민 프로그램을 통해 미국 이민을 진행하는 경우가 많다. 그중에서도 미국 취업이민 2순위, EB-2 프로그램의 한 갈래인 NIW(National Interest Waiver)를 찾는 청년들이 많고, 이는 자신의 전문 분야에서 탁월한 능력을 갖추고, 성과를 이룬 경험이 있는 사람들에게는 가장 유리한 프로그램으로 소개되고 있다.

40~50대가 가장 선호하는 국가는?

40~50대가 선호하는 이민국

순위	국가
1위	미국
2위	캐나다
3위	호주, 유럽

40~50대에서 가장 선호하는 이민 국가로도 단연 미국이 압도적이었다. 이 연령층은 경제적, 자녀 교육, 생활환경 등의 이유로 미국을 선호하는 것으로 분석되었는데, 이민의 방법도 대체로 투자이민이라는 손쉬운 방법을 활용한다.

미국 생활의 장점으로는 '저렴한 식료품 가격', '깨끗한 환경', '여유로운 생활', '사생활의 보호', '흥미로운 여가 생활', '최고의 교육환경' 등을 꼽을 수 있다. 미국에서는 대개 집에서 식사를 해결하는데, 집에서 음식을 만들어 먹으면 매우 저렴하다고 느낄 정도로 식료품 가격이 싸다. 유기농이 아닌 이상 식료품 값이 대부분 저렴한데, 그중에서도 소고기는 한국에 비해 매우 저렴한 편에 속한다. 외식의 경우는 한국보다 비싸지만, 외식보다는 집에서 밥을 먹는 경우가 많기 때문에 식비가 큰 문제는 되지 않는다.

그리고 한국에서 쉽게 접할 수 없는 다양한 스포츠를 즐길 수 있고, 조금만 부지런하면 한국보다 저렴한 가격에 스포츠 강습도 받으며 여유로운 생활을 즐길 수 있다. 또 한국처럼 황사나 미세먼지 걱정 없이 화창하고 아름다운 날을 만끽할 수 있으며, 주말 근처 공원에 편하게 누워 일광욕을 즐기는 사람도 많다. 또 미국인은 사생활을 매우 중요하게 생각하기 때문에 자신의 사생활만큼 남들의 사생활에도 크게 간섭하지 않는다. 쓸데없는 구설수나 참견이 싫은 사람들은 사생활을 중요시하는 미국 생활에 매우 만족하곤 한다.

자녀 교육도 이 연령층에는 매우 중요하게 고려되는 요소다. 대개 미국 4년제 대학들은 한국에서 명문대학들과 비교해볼 때 입학은 상대적으로 쉬운 편이다. 자신이 공부하고자 하는 분야에 왜 공부하고자 하는지, 또 어떤 목표를 이루고 사회에 도움이 될 수 있을지, 그리고 그 분야를 공부하기 위해 어떤 사회적 활동을 했는지 등을 원서에 잘 녹여내면 성적이 조금 모자라도 받아주는 경우가 많다. 하지만, 입학에 비해 졸업은 까다롭거나 어려운 편이라, 한국 대학에서처럼 생활하면 졸업에 어려움이 생길 수 있으니 유의해야 한다.

초중등 교육은 한국과는 달리 사교육이 심하지 않고, 명문대를 가기 위해 성적 관리에 전적으로 올인하는 시스템이 아니다. 학습하는 절대적인 양도 한국에 비해 적은 수준이다. 자녀가 중학교 입학 이전 가족과 미국에 유학이나 이민을 간다면 언어나 문화 적응 문제도 쉽게 해결할 수 있을 것이다.

그렇다고 미국 생활이 마냥 좋은 점만 있는 것은 아니다. '높은 의료비용', '불편한 교통', '극복하기 어려운 문화나 언어 장벽' 등 해결하기 어려운 높은 장벽도 존재한다. 특히 의료제도의 경우에는 공공의료보다는 민간의료에 전적으로 의존하고 있으며 보험도 한국의 의료보험제도는 생각해서는 안 된다. 캐나다도 미국과 비슷한 이유로 40~50대에서 이민을 가고자 하지만, 의료혜택 측면에서는 미국보다는 캐나다 환경이 훨씬 좋다고 평가된다.

미국, 캐나다와 함께 유럽도 40~50대가 선호하는 국가로 분석되었다. 유럽은 갈수록 인기가 높아지고 있는데, 포르투갈, 그리스, 스페인 등 특히 골든비자 프로그램을 운영하는 나라의 인기가 높다. 이와 관련한 내용은 1편 2021 최고의 골든비자 편을 참고하길 바란다.

왜 미국 이민을 선택할까?

40~50대에서 미국 이민을 특히 선호하는 몇 가지 이유가 있다. 모든 연령층에서 미국 이민을 선호하지만, 40~50대는 경제적 여유도 있으면서 아직 은퇴 이전의 삶을 살고 있기 때문에, 자녀 교육과 비즈니스, 생활환경 등의 영향을 가장 많이 받게 된다. 이들이 미국 이민을 선택하는 이유는 구체적으로 다음과 같다.

1. 공교육 무료(사립, 공립 등 각종 교육적 혜택)
2. 미국 시민권자 대학 학비 혜택 또는 장학금 지급
3. 병역 유예 가능
4. 미국 내 사업과 취업 제한 없음
5. 의대, 법대 우선순위 입학 등

60대 이상이 가장 선호하는 국가는?

60대 이상이 선호하는 이민국

순위	국가
1위	미국
2위	포르투갈
3위	튀르키예

60대 이상이 선호하는 이민국은 은퇴 이후의 삶을 꿈꾸는 나라와 관련이 깊다. 이 내용은 추후 다룰 것이기 때문에 여기에서는 60대 이상이 선호하는 나라 중 최근에 인기가

급상승하고 있는 포르투갈의 생활을 자세히 알아보자.

60대 이상의 사람 중 이민을 가려는 사람들은 대개 경제적으로 여유가 있기에 편안한 노후 생활을 즐기고자 하려는 경향이 있다. 미국은 역동적인 나라로 유명하기에 노후 생활의 여유와는 관련이 있지 않다고 말하는 사람도 있지만, 광활한 영토와 깨끗한 자연환경으로 인해 여유로운 생활을 즐기기에 미국도 부족함이 없는 나라다. 또 미국에 자리를 잡은 자녀들의 초청으로 미국으로 가는 부모 세대도 많기 때문에 60대 이상의 사람 사이에서도 최고의 이민지로 꼽히고 있다.

유럽의 대표 은퇴 이민지 포르투갈도 미국과 마찬가지로 많은 은퇴자가 찾는 이민지다. 포르투갈은 몇 년 동안 은퇴 이후 생활하기 가장 좋은 나라로 1위를 기록한 바 있다. 유럽 대륙의 매력과 수 마일에 달하는 황금빛 모래사장, 초록빛 산지와 완만한 언덕, 세계 최고의 의료 서비스, 저렴한 생활비, 안전하면서도 활기찬 도시 등이 포르투갈이 최고의 은퇴 이민지로 꼽히는 이유다.

포르투갈은 학교에서 6학년 때부터 영어를 가르치기 때문에 많은 포르투갈인이 영어를 어느 정도 구사할 수 있어, 영어를 할 줄 아는 이민자들이 생활하기에 좋다. 또 포르투갈 전역의 영화관은 포르투갈 자막과 함께 종종 영어로 된 영화를 개봉하기도 한다. 또 포르투갈 정부는 외국인의 포르투갈 이주를 장려하기 위해 전국 학교에 무료 포르투갈어 수업을 제공하는데, 이 프로그램은 이민자들의 일상생활을 돕고, 풍요로운 생활을 가능하게 하려고 초등 수준의 현지 언어와 의사소통 기술을 제공한다.

아무래도 포르투갈에서 가장 유명한 도시는 리스본과 포르투다. 리스본은 다채로운 건물, 박물관, 궁전 등이 즐비하고 활기찬 밤 문화를 자랑한다. 구도심의 매력이 가득찬 리스본은 세계의 많은 사람이 모이는 곳으로, 유명한 유적지나 관광지 등 볼거리도 가득하다. 포르투갈에서 두 번째로 큰 도시인 포르투는 포트 와인 생산지로 널리 알려져 있고, 아름다운 강변으로도 유명하다. 두 대도시 모두 국외 거주자도 많고 관광산업의 발달로 인해 영어를 사용하는 사람도 쉽게 찾아볼 수 있다.

이민지 생활하는 데에 또 중요한 요소로 생활 물가를 들 수 있다. 포르투갈에서 은퇴 이후 생활하는 데에는 한 달에 얼마 정도가 필요할까?

어떻게 생활하는지에 따라 다를 수 있지만, 부부가 포르투갈에서 적당히 즐기면서 생활하기 위해서는 월 2,500달러 정도면 편안한 생활이 가능하다. 하지만, 리스본이나 포르투 등 포르투갈의 대도시에서는 2,500달러가 약간은 부족할 수도 있으니 월 3,000달러 정도로 예산을 잡고 이민 생활을 준비하는 것이 현명하다.

포르투갈 이민 상식

포르투갈에는 외국인이 이용 가능한 종합병원, 개인병원 시설이 잘 마련돼 있다. 종합병원의 경우에는 영어가 가능한 의료진이 많기 때문에 언어 문제는 걱정할 필요가 없다. 외국인이 가입할 수 있는 개인보험에 꼭 가입해야 하고, 응급전화(112)는 현지인뿐만 아니라, 외국인도 활용할 수 있다. 또 포르투갈의 부동산 가격은 저평가되어 있다는 평가가 많다. 다른 유럽 국가에 비해서도 부동산 가격이 낮은 편이라, 투자하기에도 좋다. 그래서 은퇴 이민을 고려하는 많은 사람도 투자와 이민을 동시에 진행하기 위해 골든비자를 선택하는 경우도 많다.

최소 투자금으로 갈 수 있는 국가
The cheapest citizenship by investment

가장 낮은 비용으로 최대의 만족을

이민을 준비하는 사람들이라면 해외이민국을 선택하는 데에 있어서 아마도 비용을 가장 중요한 요소로 꼽을 것이다. 아무리 생활 여건이나 교육, 인프라 등이 좋아도 자신이 생각한 적절한 비용과 맞지 않으면, 쉽사리 선택하기가 어렵다. 이번 장은 이민을 갈 때 비용을 가장 중요한 요소로 생각하는 사람들을 위해, 세계에서 가장 저렴한 투자이민 국가 3곳을 선정해 소개하겠다.
아무래도 가장 저렴한 투자로 이민을 가기에 적당한 방법으로는 앞서 설명한 카리브해 국가들이 운영하는 해외시민권 프로그램이 있다. '21세기의 보험'이라고 불리는 해외시민권은 1984년 세인트키츠네비스가 투자 프로그램에 의한 최초의 시민권을 도입한 이후, 도미니카 연방이 1993년에 도입했고 특히 2014년부터 투자 시민권 프로그램이 활성화되어 2020년에는 전 세계 14개국이 투자 시민권 프로그램을 운영하고 있다.
IMF는 해외시민권 프로그램에 대해 "해외시민권 프로그램을 운영하는 나라와 신청자들이 윈윈한다"라고 언급했을 정도로 투자 시민권 프로그램은 해당 국가에 많은 해외투자액을 유치하는 데 큰 도움을 주고, 경제성장의 동력이 되고 있다. 가령 세인트키츠네비스에 투자된 시민권 프로그램 투자액은 2013년부터 2020년까지 GDP의 약 25%의 비중을 차지할 정도다.
수속 기간이 매우 짧고 각종 세제 혜택이 있을 뿐만 아니라, 적은 투자금액으로도 명성을 떨치고 있는 해외시민권 프로그램을 운영하는 3개의 국가에 대해 알아보자. 최소 비용으로 최대의 만족을 얻고 싶다면 이들 국가에 주목해보자.

해외시민권과 복수 국적

대한민국은 원칙적으로 이중국적이 불가능하지만, 해외시민권 프로그램을 운영하는 국가들은 이중국적이 허용된다. 우리나라는 국적법에 정한 국적상실 사유로 한국 국적을 상실했던 사람 또는 복수국적으로 한국 국적을 이탈했던 사람은 대한민국 법무부에 국적회복을 신청해 심사를 거치면 한국 국적이 회복된다. 만 65세 이상은 '해외시민권과 대한민국 국적'의 이중국적 취득이 가능하다. 해외시민권 취득과 함께 한국 국적을 함께 보유하면 대한민국 국민으로서 받는 혜택을 동등하게 받을 수 있다. 주민등록증 발급도 가능하며, 한국 여권과 해외시민권 여권을 동시에 소지가 가능하다. 또 한국의 건강보험과 각종 어르신 우대 혜택도 누릴 수 있다.

최소 투자금 TOP3! 도미니카, 세인트루시아, 앤티가바부다

도미니카는 카리브해의 아름다운 자연 섬으로 열대우림의 특성을 지닌다. 사람들의 손길이 미치지 않은 무수한 강과 폭포가 있는 도미니카는 카리브해에서 가장 아름다운 섬 중 하나이며, 에메랄드빛 산과 청록색 바다가 어우러져 최상의 자연적 아름다움을 선사한다. 도미니카에는 세계에서 두 번째로 큰 온천이 있으며, 많은 산과 더불어 희귀한 식물과 동물, 새가 서식하고 있다.

도미니카는 해외시민권 프로그램을 지난 1993년부터 운영해오고 있으며, 국가 또는 부동산 발전에 기여하는 사람들에게 시민권을 부여하고 있다. 그리고 이 나라는 세계에서 가장 저렴한 시민권 프로그램을 운영하는 나라로 이름을 떨치고 있다.

먼저 부동산 투자 프로그램을 살펴보면, 부동산 투자로 도미니카 시민권을 취득하려면 주 신청자가 최소 200,000달러의 정부 승인 부동산에 투자해야 한다. 부동산은 3년 후에 매도할 수 있으며 시민권은 부동산 판매 후에도 소멸하지 않는다. 임대수익률은 4~5%이지만, 성수기에는 특정 지역에서는 7%까지 올라갈 수도 있다. 단, 도미니카 부동산 투자 프로그램은 정부가 승인한 프로젝트만으로 시민권을 취득할 수 있다는 점에 유의해야 한다.

도미니카 해외시민권 프로그램에는 정부 기금 프로젝트도 있는데, 이 프로젝트는 시민권을 취득하고자 하는 사람이 도미니카 정부에 100,000달러를 기부하면 시민권을 부여하는 것이다. 매년 5,000명 이상의 사람들이 도미니카 여권을 신청하는데, 많은 신청자가 국가 기부 프로그램을 이용한다. 도미니카 정부는 이 기부금을 활용해 관광, 농업, 여행, 학교, 스포츠, 연구, 교육 등과 같은 공공 및 민간 부문에 투자한다.

도미니카 정부 기부 프로그램

신청자	정부 기부
주 신청자	$100,000
주 신청자의 배우자	$50,000
주 신청자 형제자매	$50,000
배우자, 형제자매 이외의 부양가족	각각 $25,000
주 신청자+배우자+2명의 부양가족	$175,000

도미니카의 여권으로는 세계 119개국에 무비자로 입국할 수 있으며 세계 41위 여권으로 선정되기도 했다. 도미니카는 앤티가바부다, 세인트키츠네비스, 그레나다 및 세인트루시아, 몰타, 키프로스, 포르투갈에서 운영하는 모든 해외시민권 프로그램 중 가장 저렴하고 쉬운 접근 방법을 가지고 있다.

도미니카의 시민권은 평생 유효하다. 신청자에게 발급된 여권은 10년간 유효하며, 시민권은 영구적이기 때문에 여권은 계속해서 갱신할 수 있다. 그리고 도미니카 여권은 갱신을 위해서 그 나라에 직접 방문할 필요는 없으며, 또 도미니카에 현지 주소지를 등록할 필요도 없다.

도미니카 해외시민권 프로그램의 장점

- 세계에서 가장 저렴하고 인기 있는 투자 시민권 프로그램
- 시민권 취득 전후 도미니카 거주요건 없음
- 3~4개월의 빠른 여권 취득 가능
- 영국, 아일랜드 및 EU, 솅겐을 포함한 121개국 이상 무비자 여행
- 인터뷰와 언어 시험 없음
- 방문 필요 없음
- 10년 유효기간의 여권
- 양도소득세 및 개인 소득세 없음
- 공인 대리인을 통한 기밀 신청 절차

최소 투자금으로 이민을 갈 수 있는 두 번째 나라는 세인트루시아다. 세인트루시아는 2015년에 해외시민권 법 조항을 제정해 부동산이나 사업에 투자하는 외국인 투자자에게 경제적 시민권을 부여하고 있다.

중미 카리브해에 섬으로 이루어진 도서 국가 세인트루시아는 영연방의 하나로, 기후는 열대 해양성 기후로 고온다습하고 연중 기온의 변화도 심한 편이다. 경제는 농산물 수출과 관광산업에 기반을 두고 있으며, 최근에는 숙박시설과 관광 관련 프로젝트가 계속 증가하고 있다. 이로 인해 건설경기가 호조를 보인다.

세인트루시아의 해외시민권 프로그램에는 국가 기부금, 부동산 투자, 5년 보유 정부 채권, 비즈니스 직접 투자 등 총 4가지 투자 옵션이 있다. 세인트루시아의 국가 경제 기금은 도미니카와 마찬가지로 100,000달러의 기부금으로 시민권을 취득할 수 있다. 기금에 기부하는 방법은 세인트루시아에서 시민권 취득을 위한 가장 저렴하고 빠르고 쉬운 투자 방법이다.

도미니카 국가 경제 기금 프로그램

신청자	정부 기부
주 신청자	$100,000
주 신청자+배우자	$140,000
주 신청자+배우자+2명의 부양가족	$150,000
추가 부양가족	각각 $25,000

세인트루시아 부동산 프로젝트는 신청자가 브랜드 호텔, 리조트 등과 같은 정부에서 승인된 부동산 프로젝트 중 하나에서 최소 300,000달러의 부동산을 구입해야 한다. 신청자는 부동산 등록비, 시민권 처리 수수료, 실사 수수료 등과 같은 추가 수수료를 부담해야 한다. 이 외에도 국채 매입과 비즈니스 직접 투자 등도 있지만, 세인트루시아 시민권 프로그램에서는 가장 저렴하고 빠른 투자 방법인 경제 기금 프로그램을 많은 투자자가 활용하고 있다.

세인트루시아 여권의 파워를 살펴보자. 이 나라의 여권은 세계 125개국에 무비자 여행을 할 수 있고, 시민권 프로그램에 따라 발급된 여권은 5년 동안 유효하다. 세인트루시아 시민권은 평생 유효하며 자손들에게 전달할 수도 있다. 여권은 시민권이 유지되는 한 계속해서 연장할 수 있다.

세인트루시아 해외시민권 프로그램의 장점

- 2개월 이내의 빠른 처리
- 가족과 자녀를 위한 평생 시민권
- 영국, EU 솅겐 지역, 스위스, 독일 등을 포함한 125개국 무비자 여행
- 다른 정부와의 정보 교환이 없는 기밀 신청 절차
- 거주요건, 인터뷰, 언어 테스트 등이 없음
- 개인적인 방문 필요 없음
- 소득, 재산, 상속세 등 없음

마지막으로 소개할 최소 투자금으로 갈 수 있는 나라는 앤티가바부다이다. 앤티가바부다는 카리브해에서 투자로 인한 최고의 시민권을 제공하는 것으로 유명하다. 이 프로그램은 특히 중국, 방글라데시, 중동 및 아시아 사람들에게 인기가 있다. 여권은 5년 동안 유효하며, 5년 후 여권을 갱신하려면 5일 동안 앤티가바부다를 방문해야 한다.

이 나라의 해외시민권 프로그램에는 '국가 개발 기금', '대학 기금 옵션', '부동산 투자', '비즈니스 투자' 등 네 가지가 있다. 먼저 국가 개발 기금에 대해 알아보면, 당초 200,000달러 기금으로 운용되었지만, 코로나19 이후에는 50% 할인된 100,000달러의 기부금으로 시민권을 제공한다. 앤티가바부다는 다른 나라와는 다르게 주 신청인 외에 4인 가족까지 같은 기부금으로 시민권을 취득할 수 있다. 5인 이상의 가족은 125,000달러다(4인까지는 기부금이 동일하나, 5인 이상일 경우에는 1인당 $25,000이 추가된다).

앤티가바부다 국가 개발 기금

가족	4인 가족	5인 이상의 가족
기부금	$100,000	$125,000

2020년부터 앤티가바부다에 새로운 해외시민권 프로그램이 도입되었는데, 바로 대학에 기부하는 프로그램이다. 투자자들은 대학 기금에 150,000달러를 기부하게 되며, 이 기부금은 새로운 대학 캠퍼스를 조성하고 대학 교육을 육성하는 데에 쓰이고, 현지의 많은 청소년에게 교육적 이익이 돌아간다. 그리고 앤티가바부다에서 부동산 투자를 통해 시민권을 취득하기 위해서는 400,000달러 이상의 부동산을 매입해야 한다. 투자자는 5년 동안 부동산을 보유해야 하며, 이후 매매도 가능하다. 매각하더라도 시민권은 유지할 수 있다. 공동 투자도 할 수 있는데, 공동 투자는 각각 부동산에 200,000달러를 투자해야 한다.

마지막으로 사업 투자는 두 가지 옵션이 있는데, 첫 번째 개인 투자는 1,500,000달러를 승인된 사업에 투자하는 것이다. 두 번째 옵션은 공동 투자로 5,000,000달러에 달하는 승인된 사업에 공동 투자자들이 각각 400,000달러를 투자해야 시민권을 취득할 수 있다.

앤티가바부다 해외시민권 프로그램의 장점

- 일회성 투자로 가족을 위한 평생 시민권
- 영국과 아일랜드를 포함한 EU 셍겐 지역 무비자 여행
- 재산, 상속, 개인소득세 없음
- 개인 방문이 필요하지 않음
- 시민권 취득 전후, 거주할 필요 없음
- 인터뷰, 비즈니스 경험, 언어 시험 등이 없음
- 시민권 취득을 위해 3개월의 시간 소요
- 다국적 보유 가능

세계에서 가장 안전한 국가
The safest country in the world

아이슬란드, 뉴질랜드, 포르투갈: 안전한 국가로의 해외이민을 원한다면

해외이민은 자녀 교육, 평화로운 노후, 경제적 상황, 여가 등 여러 이유로 결정하게 된다. 특히 분쟁지역에 살거나 정치 경제적으로 매우 불안정한 나라에 있는 사람들은 보다 안전한 삶을 위해 이민을 선택하는 경우가 많다. 안전한 국가를 선택할 때는 그 나라에서 벌어지는 범죄, 전쟁, 사회경제적 상황 등 여러 요소를 고려해야 한다. 범죄율이 낮더라도 늘 전쟁의 위험이 도사리고 있다면 안전한 국가라고 할 수 없다. 또 전쟁의 위험이나 범죄의 정도는 낮지만, 정치 사회적으로 불안정한 사회라면 안전한 국가라고 인식하지 않을 것이다.

이런 다양한 요소를 고려해 세계에서 가장 안전한 국가를 선택할 때 참고할 수 있는 지표가 '세계 평화 지수(Global Peace Index, GPI)'다. 세계 평화 지수는 앞서 잠깐 설명했었는데, 좀 더 구체적으로 살펴보면서 안전한 국가로의 해외이민지 선택에 참고해 보도록 하자.

세계 평화 지수는 군사 예산, 무기수출, 폭력범죄의 정도, 전쟁 사상자, 조직범죄의 수준, 죄수의 규모, 사회 정치적 갈등, 잠재적 테러 공격 위험, 인접국이나 지역과의 상대적 관계 등 23개의 지표를 종합해 평화의 정도를 수치화한 것이다. 총 163개국을 대상으로 해당 국가가 얼마나 안전한지 혹은 얼마나 위험하지를 판단하는 기준으로 활용한다. 호주 시드니에 본사를 둔 글로벌 싱크 탱크인 경제평화연구소(IEP)가 매년 분석 자료를 발표하고 있다.

세계 평화 지수를 단순히 치안과 관련된 지표라고 착각하는 사람들이 많은데, 물론 폭력범죄 발생률, 조직범죄의 수준, 인구 10만 명당 살인건수' 등 치안과 밀접한 관련한 항목도 포함되어 있지만, 무기 수출입량, 핵무기 보유량, 군사력 등 시민의 일상생활과 크게 관련되어 있지 않은 항목도 포함되어 있다. 하지만 평화라는 개념이 치안보다는 더 큰 개념이고 여러 지표를 통해 종합적으로 판단하는 것이 바람직하기에 세계 평화 지수는 안전한 국가를 판단함에 있어 무리가 있어 보이지는 않는다.

세계 평화 지수의 특징

세계 평화 지수는 다음과 같은 경향을 나타낸다. 평화 지수는 그 나라의 총수입과 교육 수준과 상관관계가 있고, 정부의 투명성이 높고 부패가 적을수록 상위권에 속한다. 또 정치적으로 안정되고 면적이 작은 나라가 높은 순위에 랭크될 가능성이 크다. 세계 평화 지수에 대한 여러 비판도 있는데, 가장 대표적으로는 미국 등 강대국에 의해 군사적으로 비호를 받고 있는 나라의 현실이 제대로 반영되지 않는다는 점, 여성이나 아동에 대한 폭력행위가 평가에 포함되어 있지 않다는 점 등이다.

2022년 세계 평화 지수에 따르면 아이슬란드가 14년 연속 1위를 차지했다. 2위는 뉴질랜드, 3위는 포르투갈, 4위는 오스트리아, 5위는 덴마크, 6위는 캐나다, 7위는 싱가포르, 8위는 체코 공화국, 9위는 일본, 10위는 스위스가 순위에 올랐다.

가장 안전한 국가 중 상위권 국가를 살펴보면 대다수가 유럽 국가임을 알 수 있다. 유럽은 2009년 이후 안전성이 감소한 적이 없는 유일한 대륙이다. 특히 북유럽 국가인 노르웨이, 스웨덴, 덴마크, 아이슬란드, 핀란드는 매년 세계 평화 지수에서 높은 순위를 기록하고 있으며, 세계에서 가장 안전한 국가로 평가받고 있다.

2022 세계 평화 지수

순위	국가
1위	아이슬란드
2위	뉴질랜드
3위	포르투갈
4위	오스트리아
5위	덴마크
6위	캐나다
7위	싱가포르
8위	체코 공화국
9위	일본
10위	스위스
11위	슬로베니아
12위	아일랜드
13위	오스트레일리아
14위	핀란드
15위	스웨덴

출처: 경제평화연구소(IEP)

매년 최고의 가장 안전한 국가로 선정되는 아이슬란드는 북유럽 국가 중 치안은 최고 수준이라고 알려져 있다. 대도시 이외에는 경찰서 자체가 거의 없고, 이 나라 사람들은 운전할 때 반드시 규정 속도를 지키는 것으로도 유명하다. 아이슬란드는 천혜의 자연 환경 덕분에 겨울철 여행지로도 인기가 높다. 특히 다양한 온천과 용암 지대, 드넓은 빙하 지대와 대형 폭포는 사람들을 매료시키기에 부족함이 없다.

세계 평화 지수 2위를 기록한 뉴질랜드도 아이슬란드와 마찬가지로 아름다운 자연환경과 평화로운 분위기를 자랑한다. 특히 뉴질랜드 사람들은 자연보호 의식이 매우 높고, 길거리에 쓰레기를 버리면 많은 벌금을 내야 하는 것으로도 유명하다. 이 나라의 사람들은 정부가 시행하는 사회 시스템에 대한 신뢰도가 굉장히 높은데, 이런 점은 코로나19 상황을 대처하는 것만 봐도 잘 알 수 있다. 코로나19 팬데믹 상황에서 오랜 봉쇄령으로 많은 사람이 힘든 상황이었지만, 다른 국가에 비해 사람들이 정부의 지침을 잘 따라줘서 코로나 종식을 가장 일찍 할 수 있었다. 다만, 뉴질랜드는 호주를 제외하고 다른 국가와는 멀리 떨어져 있다 보니, 수입품의 가격이 비싸다는 점은 염두에 둬야 한다. 물가뿐만 아니라 인건비도 비싸다 보니, 웬만한 것은 스스로 해결하는 문화가 정착되어 있다.

마지막으로 알아볼 국가는 포르투갈이다. 2022 세계 평화 지수 3위를 기록한 포르투갈은 한국인이 선호하는 해외이민국에 자주 등장하는 국가로, 가장 안전한 국가에서도 상위권에 올랐다. 포르투갈의 치안은 안정적이라는 평가를 받는데, 다만 여행객 사이에서 소매치기와 같은 단순 범죄는 조심해야 한다. 유럽의 유명 관광지는 어디에서든 소매치기가 극성이기에 포르투갈이라고 해서 다를 것은 없다. 공공장소나 유명 관광지에서는 항상 소지품 관리를 잘 하는 것이 중요하다. 그리고 최근 해외이민을 생각하는 많은 사람이 테러 위험에 대한 걱정이 많은데, 포르투갈의 경우에는 현재까지 테러 사건이 일어난 적이 없다. 앞으로도 테러에 대한 위험이나 조짐은 보이지 않고, 정부에서도 혹시나 모를 테러 사건에 대한 예방을 잘 하고 있기에 포르투갈에서는 테러에 대해 걱정은 하지 않아도 된다.

해외이민을 준비하는 사람들, 세계에서 가장 안전한 도시에 주목하다

세계에서 가장 안전한 나라를 알 수 있는 지수도 있지만, 세계에서 가장 안전한 도시를 보여주는 지표도 있다. 영국 시사·경제 주간지 이코노미스트 계열사인 경제분석기관 이코노미스트 인텔리전스 유닛(EIU)은 각종 데이터를 바탕으로 세계 도시를 디지털 보안, 인프라, 개인 보안, 환경, 보건 등 5개 범주의 76개 지표를 양적 질적으로 분석해 세계에서 가장 안전한 도시 60위를 발표하고 있다. 이를 세계 안전 도시 지수(Safe Cities Index, SCI)라고 한다.

2021 세계에서 가장 안전한 도시

순위	도시명(국가)
1위	코펜하겐(덴마크)
2위	토론토(캐나다)
3위	싱가포르
4위	시드니(호주)
5위	도쿄(일본)
6위	암스테르담(네덜란드)
7위	웰링턴(뉴질랜드)
8위	홍콩
9위	멜버른(호주)
10위	스톡홀름(스웨덴)

출처: 이코노미스트 인텔리전스 유닛(EIU)

EIU는 지난 2015년부터 2년마다 안전 도시 지수 순위를 발표하고 있는데, 2021년에는 코로나19 팬데믹으로 인해 환경적 요소를 반영해 안전한 도시를 선정했다. 2021 세계에서 가장 안전한 도시로는 덴마크의 코펜하겐이 1위를 기록했고, 캐나다의 토론토는 2위, 도시국가 싱가포르는 3위에 올랐다. 코펜하겐, 토론토, 싱가포르, 시드니, 도쿄 등 도시 안전 지수에서 상위권에 오른 도시들은 모두 전반적으로 강력한 사회 결속력, 포용성, 사회적 신뢰 등이 어떤 상관관계가 있는지 보여준다.

1위를 기록한 덴마크의 수도 코펜하겐은 코로나19 이후 신설된 환경 안전 분야 항목에서 높은 순위를 기록했다. 새로운 항목은 대기질, 폐기물 관리, 도시 산림 보호, 지속 가능성 등을 측정하는 지수다.

안전 도시 지수에 따르면 도시의 부패 수치와 안전한 도시에는 높은 상관관계가 있음

이 드러난다. 세계에서 가장 안전한 도시 코펜하겐이 세계에서 가장 청렴한 국가로 꼽히는 덴마크의 수도라는 점만 봐도 쉽게 이해할 수 있는 대목이다. 코로나19 시기 동안 다른 국가에서 보여줬던 혼란이 덴마크에는 크게 없었고, 시민과 정부가 서로 신뢰했다는 점도 코펜하겐이 높은 순위를 기록할 수 있던 이유 중 하나였다.

세계에서 가장 안전한 도시 2위로 선정된 토론토는 캐나다에서 가장 큰 도시다. 토론토는 인프라, 기반시설 및 환경에서 높은 점수를 받아 2위에 올랐다. 토론토 시민은 개방적인 도시 문화의 분위기에 맞게 다문화주의를 거부감 없이 받아들이고 있다. 다양한 인종과 문화 집단이 교류하고, 성적 취향이나 종교가 달라도 사람들이 한데 어울리는 것이 이 도시에서는 일반적이다.

2021 세계에서 가장 안전한 도시 순위를 보면, 상위권에 오른 대부분의 나라가 코로나19 위기를 잘 극복한 나라의 도시로 알려져 있다. 3위 싱가포르는 코로나19 사태 초기 대응이 빨랐고, 4위 시드니도 코로나19 사태 이후 국경을 전면 폐쇄한 최초의 국가 중

하나로 엄격한 봉쇄령을 유지했다.

코로나19 시기가 아니었던 2019 안전 도시 지수를 살펴보면, 1위는 일본의 도쿄, 2위는 싱가포르, 3위는 일본의 오사카, 4위는 네덜란드의 암스테르담, 5위는 호주의 시드니였다. 2019년 1위에 오른 일본의 도쿄가 2021년에 5위로 하락하고, 5위권 밖에 있던 코펜하겐이나 토론토가 상위권에 오른 것은 코로나19 상황의 위기대처와 무관하지 않다. 향후에도 세계에서 가장 안전한 도시는 코로나19 사태의 영향으로 환경과 보건 항목이 뛰어난 도시가 선전할 것으로 예상된다. 코로나19 팬데믹은 도시민의 삶에서 보건과 환경이 얼마나 중요한지 깨닫게 하는 계기가 되었기 때문이다. 해외이민을 고려하는 사람들이 이민 국가를 결정했더라도 어떤 도시에 정착할 것인가를 고민하는 데에도 이러한 요소가 중요하게 작용한다.

●● 글로벌 파워 도시 지수(Global Power City Index, GPCI)

세계 안전 도시 지수 외에도 도시를 평가하는 지표로, 글로벌 파워 도시 지수가 있다. 글로벌 파워 도시 지수는 세계 주요 도시의 국제적 영향력을 측정하는 대표적 지수다. 경제, 문화교류, 생태환경, 연구개발, 교통 접근성, 거주 적합성 등 6개 분야를 측정한다. OECD, 유네스코, 국제금융기관 UBS 등 공신력 있는 국제기구의 통계자료와 자체 조사 결과를 종합해 순위를 발표한다. 2021 글로벌 파워 도시 지수에 따르면 1위는 영국의 런던, 2위는 미국의 뉴욕, 3위는 일본의 도쿄, 4위는 프랑스의 파리, 5위는 싱가포르가 차지했다.

의료 시스템이 좋은 나라

Countries with the best health care systems

'좋은 의료 시스템' 건강한 해외이민 생활을 위한 선택

코로나19 팬데믹 이후 해외이민을 고려할 때 건강한 일상생활과 이민지의 의료 시스템에 대한 관심이 커졌다. 코로나19 위기는 사람들에게 공적 의료 시스템에 대한 관심을 불러왔고, 높은 의료 기술도 해외이민에 있어서 중요한 고려 요소가 되었다.

다른 지표와 마찬가지로 의료 시스템도 어떤 국가가 세계 최고라고 딱 잘라서 말할 수는 없다. 지표에 어떤 요소를 반영하는지에 따라 의료 시스템 순위가 많이 달라지기 때문이다. 의료 기술, 의료진의 수, 의료비용과 환자 부담, 공공 의료와 민간의료의 비중 등 객관적으로 평가할 수 있는 데이터뿐만 아니라, 환자 만족도, 의료 서비스 지수 등 각종 주관적 지표로 인해 어떤 관점에서 바라보는지에 따라 순위는 계속 변하기 마련이다.

코로나19 이후 의료와 관련한 다양한 지표도 그 순위에서 많은 변화가 있었다. 특히 한국의 경우에는 빠르게 보급된 진단키트와 사회적 거리두기 등으로 세계 의료기술 순위에서는 괄목할 만한 순위 상승을 보인다.

존스홉킨스대학은 질병 예방, 감지 능력, 대응력, 의료 환경 제반, 의료 관련 법률 등 6개 항목을 점수화해 평가한 수치를 발표했다. 이 조사 결과에 따르면 미국이 질병 예방 능력, 감지 능력, 의료 환경, 의료 관련 법에서 세계 1위를 차지해, 종합 1위를 기록했다. 2위는 영국, 3위는 네덜란드, 4위는 호주, 5위는 캐나다, 6위는 태국, 7위는 스웨덴, 8위는 덴마크, 9위는 한국, 10위는 핀란드가 차지했다.

세계 의료 기술 수준

순위	국가
1위	미국
2위	영국
3위	네덜란드
4위	호주
5위	캐나다
6위	태국
7위	스웨덴
8위	덴마크
9위	한국
10위	핀란드
11위	프랑스
12위	슬로베니아
13위	스위스
14위	독일
15위	스페인

자료: 존스홉킨스대학

사람들은 이 순위를 보면 의아하게 생각할 수도 있다. 바로 미국이 1위를 기록했기 때문이다. 일반적으로 미국에서 생활한 사람들의 이야기를 들어보면 의료 환경이 그다지 좋지 않다는 평가가 많다. 물론 어떤 관점에서 보느냐에 따라 평가도 달라질 수 있다. 가령 의료 시스템의 하나인 보험제도를 보면 미국은 단일 건강 보험제도가 없고, 대부분의 병원과 의료기관이 사설(60% 비영리, 40% 영리)이기 때문에 겉보기에는 그리 좋은 시스템이라 판단하기는 어렵다. 또 선진국에서도 미국 의료 시스템을 이용하려면 상대적으로 비싼 요금을 지불해야 하며, 의료 비중이 한 해 GDP의 20% 정도에 육박할 정도로 크다.

하지만 미국은 민간 건강보험의 발달로 비용적인 측면에서는 좋은 평가를 받지 못하지만, 세계 최고의 병원이 미국에 몰려 있고, 의료 혁신 분야에서도 최고로 평가받아 고품질의 헬스케어를 받을 수 있다는 장점이 있다. 의료 기술과 고품질 헬스케어 측면에서는 세계 최고라고 해도 과언은 아니라는 말이다.

미국의 공적 건강보험

미국에 민간 건강보험만 있다고 착각하는 사람들도 있는데, 미국에는 전체 인구의 약 26%에 가입된 공적 건강보험도 존재한다.

1) Medicare: 연방정부에서 지원하고 운영되는 건강보험 프로그램으로, 만 65세 이상 시민권자 및 5년 이상 미국에서 거주한 영주권자를 대상으로 하는 공공 프로그램이다. 만 65세 이하 장애인이나 특정 질병군에서도 신청이 가능하다.
2) Medicaid: 저소득층 및 장애인을 위한 보험 프로그램으로 연방 및 주정부가 공동으로 재정을 지원하여 각 주에서 관리한다. 메디케이드의 경우 의료비 전액을 정부에서 보조한다. 개인의 연간소득을 기준으로 일정 수준 이하면 신청자격이 부여되고, 주 정부와 계약된 사보험 회사를 통해 건강보험 혜택을 받을 수 있다.
3) 그 외에서 미국의 공적 건강보험으로는 '아동을 위한 건강보험', '퇴역 군인용 보험', '미국 원주민을 위한 보험' 등이 있다.

의료 시스템을 평가하는 척도로 세계 의료 기술 순위 외에도 헬스케어지수라는 것도 있다. 이 지수는 현대 진단 및 치료 장비, 진료 보고 작성의 정확성과 완전성, 의료시설의 서비스, 의료기관의 대응과 진료대기 시간 등을 요소로 평가하고 있다. 2021 헬스케어지수에 따르면 1위 대만, 2위 한국, 3위 프랑스, 4위 일본, 5위 덴마크 등 일반적으로 좋은 의료 시스템을 갖춘 나라로 평가받는 국가가 상위권에 랭크되었다.

세계 헬스케어지수

순위	국가
1위	대만
2위	한국
3위	프랑스
4위	일본
5위	덴마크
6위	스페인
7위	오스트리아
8위	태국
9위	호주
10위	핀란드

자료: 세계 생활물가지수 데이터베이스 눔비오

헬스케어지수에서도 알 수 있듯이, 코로나19가 세계 의료계에 미친 영향이 적지 않다. 코로나19 팬데믹으로 의료 시스템이 갖춰지지 못한 나라에서는 공적 시스템이 빨리 붕괴해 혼란이 왔고, 의료 의존보다는 사회적 거리두기 강화 등을 통한 정책적 시스템에 더 힘을 기울이는 국가들이 많았다. 하지만, 헬스케어지수 상위권 국가들은 코로나19 초기부터 사회적 거리두기, 봉쇄 정책 등을 포함한 공적 의료 시스템이 적절히 작용했고, 그 결과 다양한 의료적 요소에서 높은 평가를 받았다는 것을 알 수 있다.

이처럼 한두 가지 척도로 그 나라의 의료 시스템의 양적 질적 평가를 하기에는 무리가 있다. 그렇더라도 우리가 의료 선진국이라 생각하는 몇몇 국가, 미국, 포르투갈, 캐나다, 영국, 호주 등은 최고의 의료 시스템을 갖출 만한 이유가 분명히 있다.

다음으로는 많은 해외이민자들이 선호하는 국가 중 의료 시스템으로 주목할 만한 나라인 포르투갈과 캐나다의 의료 시스템을 알아보자.

미국의 민간 건강보험

미국은 HMO(Health Maintenance Organization)와 PPO(Preferred Provider Organization), EPO & HDHP 플랜 등이 있다.

1) HMO: 네트워크 기반의 HMO는 주치의의 소견서를 통해 전문의를 이용할 수 있다. 가장 큰 장점은 PPO에 비해 보험비가 저렴하다는 것이다. 잔병치레가 없고 지병이 없어서 병원에 갈 일이 적은 젊은 층이 가입하기에 좋은 플랜이다.
2) PPO: 환자가 네트워크 안에서 주치의의 동의 없이 전문의를 볼 수 있다. 전문의 병원 선택을 중요하게 생각하는 가입자를 위해 설계된 프로그램이다. 보험료가 높지만, 네트워크 가맹점인 경우에는 비용이 저렴하다. 병원을 자주 방문하거나 자녀가 있는 경우, 의료 검진 및 치료를 보다 빠르게 진행할 수 있는 플랜이다. 현재 보험 가입한 직원의 절반 이상이 PPO를 사용하고 있다.
3) EPO & HDHP: 월 보험료가 HMO보다 비싸지만 PPO보다 저렴하고, HMO와 PPO를 혼합한 타입이다. 공제금액은 높이고 보험료를 낮춰 병원에 자주 가지 않는 젊은 층에 유리한 프로그램이다.

포르투갈, 작은 마을에서도 훌륭한 헬스케어를

포르투갈이 유럽에서 최고의 의료 시스템을 갖춘 나라라고는 단언할 수는 없다. 프랑스와 영국 등 여러 헬스케어 지표를 통해 포르투갈보다 높은 평가를 받는 나라들이 있기 때문이다. 하지만, 포르투갈은 유럽국에서도 전 세계 많은 사람이 이민을 꿈꾸는 나라로 해외이민자나 사회적 약자를 위한 좋은 의료 시스템과 훌륭한 의사들이 있다. 이는 의료 시스템 수준을 평가할 때 유럽에서 꾸준히 상위권에 위치하고 있는 원동력이기도 하다.

포르투갈은 전 지역에 걸쳐 좋은 시스템과 의료진을 갖췄다. 의료진을 양성하는 민호

대학, 보건서비스 학교, 코임브라 대학 등 우수한 교육기관에서 훌륭한 연구성과를 내고 우수한 인재를 배출하는 것으로도 유명하다. 특히 포르투갈에서 교육받은 수많은 의료진이 영국이나 다른 유럽국에서도 학업을 이어가거나 의료진으로 활동하는 등 활발한 활동을 이어가고 있다. 포르투갈에 이민을 간 사람들은 특히 포르투갈 대도시와 관광 지역에서 자신의 나라에서 경험한 것 이상의 좋은 의료 서비스를 받을 수 있다. 대부분의 나라가 작은 마을에서는 의료 서비스를 받을 가능성이 적은데, 포르투갈의 경우에는 작은 마을이더라도 그리 멀지 않는 곳에 훌륭한 의료 시설과 의료진들이 있을 가능성이 크다.

우선 포르투갈의 공공 의료와 민간의료에 대해 알아보자. 포르투갈 국민 보건 서비스는 시민과 임시 거주자를 포함한 영주권자에게 모두 제공된다. 포르투갈 ID 번호와 거주허가가 있으면 가까운 보건소에서 의료 카드를 발급받을 수 있다. 이 카드로는 포르투갈 내 의료 시스템을 이용할 수 있다.

유럽연합 국가의 시민도 해당 국가의 ID로 포르투갈에서 거주자에게 제공되는 것과 동일한 의료 서비스를 받을 수 있다. 그러나 본격적인 치료를 받기 위해서는 유럽 건강보험 카드가 있어야 한다. 이 카드는 EU 국가 거주자인 경우 자국 의료 서비스를 통해 신청할 수 있다. 해당 카드로 거주지가 아닌 유럽연합 국가를 여행하거나 임시 거주할 때 건강상에 문제가 생기면 현지에서 의료 서비스를 받을 수 있다.

포르투갈에는 IMS(Integrated Medical Emergency System)이라는 것이 있는데, 유럽 긴급 전화번호인 112로 전화하면 이용 가능하다. 대도시에서 긴급 상황이 생겼을 때 노란색 사동차가 빠르게 지나가는 것을 종종 볼 수 있다. 또 대도시뿐만 아니라, 소규모의 마을에서도 자원봉사 소방서와 기본적인 의료 서비스가 제공되기에 포르투갈 시민들은 자국의 의료 서비스에 대한 자부심이 높은 편이다.

포르투갈의 민간 보험은 대부분의 중상위 계층이 이 보험에 가입되어 있고, 최소한의 비용으로 민간병원 종합 네트워크를 언제든지 이용 가능하다. 간혹 클리닉이나 병원에서 공공이나 민간 치료를 제공하기에 환자는 상담을 위해 자신이 원하는 서비스 유형을 선택해야 한다. 민간 보험은 나이와 건강 상태에 따라 다르다. 특히 나이는 보험회사마다 다르지만, 일반적으로 제한이 있어 55세가 넘으면 되지 않는 곳도 있고 65세가 되면 보험 선택이 매우 제한적이다.

마지막으로 포르투갈의 약국에 대해 알아보자. 포르투갈에서 약국은 어렵지 않게 찾을 수 있으나, 두 가지 종류의 약국이 있다는 점은 유의해야 한다. 첫 번째 유형은 우리가 흔히 알 수 있는 전통적인 약국이다. 약은 처방전 없이 살 수 있는 약과 처방전이 필요한 약이 있는데, 이 약국에서는 두 가지 모두 취급한다. 이 약국은 국가 보건 서비스의 일부이며 처방전으로 조제되는 약의 경우에는 비용이 거의 들지 않는다. 처방전 없이 구입할 수 있는 약으로는 진통제, 제산제, 영양제, 보디케어제품 등이 있다. 두 번째 유형은 미국식 약국과 같지만 처방약은 취급하지 않는다. 첫 번째 약국과 비슷해 보이지만, 일상적으로 처방전 없이 구입할 수 있는 비타민, 두통약, 영양제 등을 구입할 수 있다.

영국과 호주의 의료 시스템

포르투갈 외에도 의료 시스템에 대해 사람들이 관심이 높은 국가에는 영국과 호주도 있다. 영국의 의료 시스템은 국민 건강 시스템(NHS)을 통해 전 인구가 가입하게 된다. 이 시스템은 세금으로 약 80%의 공공자금으로 조달하고 보건부가 운영한다. 20%는 국민보험으로 부담하고 나머지를 환자가 자기 부담금을 낸다. 영국의 모든 거주자와 유럽 건강보험 카드만 있다면 누구나 NHS 진료를 받을 수 있다. 1차 진료는 대부분 무료다.

다음으로 호주는, Medicare라고 하는 세금이 지원되는 보편적 무료 공공 건강보험 프로그램이 있다. 이 프로그램으로 모든 국민은 공립 병원에서 무료로 치료를 받을 수 있다. 치과와 일부 응급실 진료를 제외한 호주 국공립 병원 이용 시 의료 보험을 적용받을 수 있다. 이 메디케어 카드는 호주 시민권자와 영주권자, 뉴질랜드 시민권자와 호주에서 영주권 신청 직전의 비자인 Bridge Visa를 소지한 외국인들에게 발급된다. 그 외 외국인들의 경우에는 민간보험을 신청해야 한다.

공공 의료 시스템의 일반적 모델, 캐나다의 의료 시스템

캐나다의 의료 시스템은 공공 의료가 대부분이며 사회주의적인 요소가 매우 강한 분야다. 일각에서는 민간의료 시스템을 도입하자는 의견도 있지만, 대다수 캐나다 국민이 반대하고 있어 몇 가지 단점에도 불구하고 강력한 공공 의료 시스템을 유지하고 있다. 기본적으로 캐나다의 의료 시스템은 작은 치료에서부터 큰 병에 이르기까지 모든 진료, 검사, 처방, 수술, 재활 등이 무료다(치과 치료 제외). 이는 미국인들이 캐나다 의료 시스템에서 가장 부러워하는 부분인데, 즉, 병원에서 하는 모든 의료적 행위가 무료라는 말이다. 다만 병원 내의 약 처방은 무료이지만, 퇴원이나 치료 후에 필요한 약은 본인 부담금이 있다. 실제 병원에서 치료에 들어간 돈이 천문학적이었다고 하더라도 국가가 책임지고 무상으로 치료한다.

•• 패밀리 닥터(Family Doctor)의 이해

캐나다의 의료 시스템을 알기 위해서는 패밀리 닥터의 개념을 이해하고 있어야 한다. 패밀리 닥터는 가정주치의를 말하는데, 법적 제도는 아니지만, 캐나다에서 관행으로 이뤄지고 있는 의료 시스템이다. 패밀리 닥터가 있으면 그 의사와 예약 후 진료가 가능하고, 패밀리 닥터가 없으면 1차 의료기관인 '워크인 클리닉(Walk-in Clinic)'으로 예약 후 일반진료가 가능하다.

캐나다 의료 시스템이 아무리 무료라고 해도 소득에 따라 일정 부분 의료보험을 부담할 수도 있다. 캐나다의 의료제도는 기본 의료보험료(MPS: Medical Services Plan)로 연간소득에 따라 매월 청구한다. 하지만 가구 소득이 일정액 미만이라면 0달러를 청구하기에 소득 수준과 관계없이 모든 사람이 공공 의료보험에 가입해 의료 서비스를 받을 수 있는 구조다.

대부분 무료 의료 서비스이지만 치과와 안과 진료, 처방약, 앰뷸런스 이용 등은 공공 의료혜택에서 제외된다. 이 부분은 별도의 민간 의료보험에 가입해 커버할 수 있으나, 대부분 한국보다는 비용이 높은 편이다.

캐나다에서는 큰 병을 치료할 때 공공 의료 서비스가 빛을 발한다. 예상치 못하게 큰 사고나 질병에 걸렸을 때, 병원에 입원하여 수술을 받는 경우 모든 수술비와 입원비가 무료다(일반 병실 외 2인실이나 독실은 본인 비용 지급). 그리고 입원 기간에 받는 약 비용도 환자가 부담하지 않는다. 이런 시스템은 갑작스러운 질병에 걸렸을 때 닥칠 수 있는 경제적 위험부담을 크게 줄여 캐나다 사람들에게 큰 복지 혜택으로 다가가고 있다.

암에 걸렸다면, 모든 항암치료와 방사선 치료가 공공 의료보험에서 100% 커버된다. 다만 경구용 항암제를 자택에서 복용하며 치료를 하는 경우라면, 이 약 비용은 보험에서 제공되지 않는다. 이런 경우라면 민간 의료보험 등을 통해 의료비 지출을 줄일 수 있는

다른 방법을 찾아봐야 한다.

캐나다가 공공 의료 시스템으로 운영되다 보니, 큰 단점도 존재한다. 바로 즉각적인 병원 진료를 받는 것이 불가능하고, 오랜 대기기간이 있다는 점이다. 캐나다는 우선 1차적으로 병원에 가기 위해서는 패밀리 닥터나 워크인 클리닉을 예약해야 하는데, 캐나다의 워크인 클리닉은 일반적으로 예약제로 운영되고 선착순 방문으로는 한정된 인원만 당일 진료를 받을 수 있어서 당일 진료가 어렵다는 인식이 있다.
또 진료의 경우에도 한국은 종합병원에 갔다면 모든 검사를 병원 내에서 받을 수 있지만, 캐나다는 검사 자체가 세분화되어 있다. 각 분야의 역할을 담당한 부서나 센터에서 검사를 받고 다시 패밀리 닥터나 워크인 클리닉으로 보내주는 방식으로, 이런 시스템에 적응되어 있지 않은 사람들이라면 큰 불편을 느낄 수 있다. 하지만 이 같은 시스템은 과잉진료가 거의 없고, 위급한 상황에 처한 환자에게 집중할 수 있는 의료 시스템이라 의료의 공적 시스템이 제대로 작용하고 있다고 볼 수 있다.

캐나다에서의 약 처방과 비용

캐나다에서는 병원에 입원했을 때 받는 약은 무료이지만, 패밀리 닥터나 워크인 클리닉을 이용하고 처방전을 받을 경우 비용을 지불하게 된다. 처방전을 가지고 약국으로 가서 약을 처방받으면 한국과 비교해 약값이 꽤 비싸다고 느낄 수 있다. 특히 민간 실비 보험이 없다면 약값은 부담이 될 수 있을 만큼 대부분의 처방약 가격이 비싼 편에 속한다.

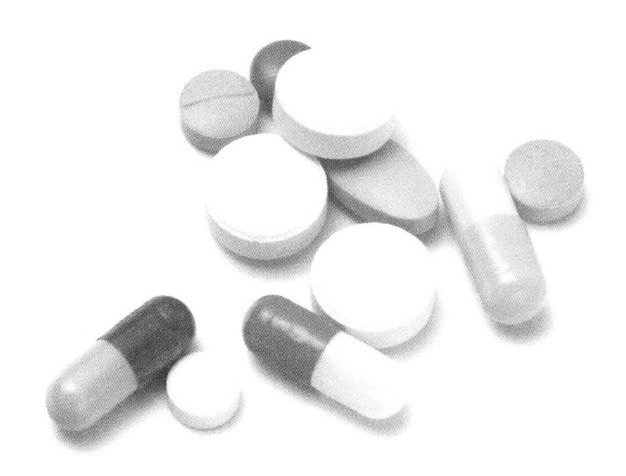

여행가기 좋은 나라
The best countries to travel

본격적인 여행의 시대, 코로나 이후 무엇이 달라졌나?

코로나 백신 접종률이 높아지고, 코로나19 시기 국가 간 봉쇄 정책이 거의 사라지면서 한동안 침체기를 맞았던 해외업계도 다시금 정상궤도에 오를 조짐을 보이고 있다. 한국의 경우 지난 2021년 코로나19 백신 보급 이후에 확진자 수가 감소세로 들어서면서 그해 11월부터 단계적 일상회복이 시작되었고, 정부 차원에서도 전국 숙박 할인권을 발행하는 등 우선 국내 여행을 중심으로 관광 회복을 도모하고자 했다. 그런데 2021년 말 코로나 오미크론 바이러스의 확산으로 코로나19 확진자 수가 다시 급증하면서 국내외 여행도 예년 수준을 회복하지는 못했다.

코로나19 이후 여행에서의 가장 큰 변화는 가족 단위의 여러 명이 가는 여행보다는 소규모 여행, 즉 나홀로 여행이 크게 증가했다는 점이다. 2021년 '혼자 여행을 계획하고 있는지'에 대한 설문에 전 세계인의 30%가 나홀로 여행을 계획하고 있다고 답할 정도였다. 이는 코로나19 팬데믹 이전에 비해 2배 이상 증가한 수치다. 또 코로나19 사태 이후 숙박업소에 1인으로 예약하는 비율은 전체 예약의 70%가 넘는 수준이었고, 2인 이상의 그룹 여행은 코로나 이전보다 대폭 감소한 것으로 나타났다.

그리고 코로나19 확산으로 사람들의 안전과 위생에 대한 인식 수준이 높아져 숙박시설 역시 안전하게 머물 수 있는 호텔과 리조트 등에 대한 수요가 증가했고, 오랜 기간 타지에 머무는 것보다는 짧게 다양한 곳으로 떠나는 여행을 선호하는 것으로도 조사되었다. 이러한 현상은 국내 여행뿐만 아니라 해외여행에서도 비슷하게 나타나고 있는데, 격리 면제와 사회적 거리두기가 완화되면서 해외로 여행을 가고자 하는 수요도 대폭 증가했다. 2022년 4월 한 달간 해외 항공권 예약이 전월 대비 130% 넘게 증가한 것으로 보면, 해외여행에 대한 수요는 계속해서 늘어날 것으로 예상되고 있다. 다만, 러시아-우크라이나 전쟁, 인플레이션 위기 등 전 세계 경기침체가 변수가 되고는 있지만, 자유로운 국제 이동이 불가능했던 코로나19에서 벗어난다는 해방감이 더욱 크게 작용하고 있어 2022년을 기점으로 해외여행의 수요증가는 당분간 지속될 것으로 생각된다.

코로나19 이후 여행객은 어디로 향하나?

2022년 4월, 인터파크투어에 따르면 격리 면제와 사회적 거리두기 완화 이후 3월 21일부터 4월 17일까지 해외 항공권 예약 분석을 한 결과, 해외 항공권 예약이 전월 동기간 대비 133% 증가한 것으로 나타났다. 주요 노선별 증가율은 대양주, 동남아, 유럽, 미주 노선이 각각 193%, 178%, 129%, 115% 상승했다. 괌이나 사이판 등 휴양지가 강세를 이어갔고, 유럽여행의 인기도 꾸준했다. 패키지여행도 늘어 동남아 32.8%, 유럽 22.7%, 괌/사이판 20.2%, 지중해 20% 등으로 분석되었다. 해외여행의 경우에는 항공 노선 운항이 회복 단계에 접어들어 급격히 늘어나고 있지는 않지만, 2022년 하반기 운항이 확대되면 해외여행 재개는 탄력받을 것으로 인터파크투어는 예상했다.

셀레나이민 선정, 2022 여행가기 좋은 나라

셀레나이민 선정, 2022 여행가기 좋은 나라

순위	국가
1위	스페인
2위	이탈리아
3위	그리스
4위	호주
5위	포르투갈

자료: 셀레나이민

여행가기 좋은 나라도 조사기관에 따라 순위는 천차만별이다. 비용, 안전, 볼거리, 먹거리, 숙소 등 어떤 형태의 여행을 선호하고, 어떤 점을 중요시 여기는지에 따라 여행가기 좋은 나라의 순위는 달라질 수밖에 없다. 셀레나이민은 해외여행에서 여행객들이 가장 중요시 여기는 요소를 종합해서 코로나19 시기를 전후로 사람들이 가장 많이 떠나고 있는 유럽권을 중심으로 여행가기 좋은 나라를 선정했다.

셀레나이민 전문가 집단의 분석 결과, 여행가기 좋은 나라 1위는 스페인, 2위 이탈리아, 3위 그리스, 4위 호주, 5위 포르투갈로 선정되었다. 호주는 유럽권은 아니지만, 젊은 층을 중심으로 여전히 워킹홀리데이나 유학, 이민 등으로 강세를 이어가고 있어 여행가기 좋은 나라 4위로 꼽혔다.

앞서 설명했듯이 최근 여행 동향은 단체나 그룹 단위의 여행보다는 소규모 혹은 나홀로 여행이 대세를 이루고 있다. 셀레나이민에서 선정한 여행가기 좋은 나라, 스페인, 이탈리아, 그리스, 호주, 포르투갈은 소규모나 나홀로 여행의 매력을 충분히 만끽할 수 있는 나라들이다.

사람들에게 최고의 여행지를 묻는다면 셀레나이민이 1위로 선정한 스페인을 꼽는 사람들이 많다. WTO에 따르면 스페인은 지난 2019년 세계에서 2번째로 인기 있는 관광지로 선정되었고, 당시 8,400만 명의 사람들이 이 나라를 다녀갔다. 이곳에서는 유대인, 기독교인, 이슬람교도의 영향을 받은 도시 세비야를 둘러보거나 가로수가 늘어선 바르셀로나 람블라 거리를 산책하는 등 다양한 볼거리와 즐길거리가 있어 세계인에게 꼭 가고 싶은 관광지로 큰 인기를 누리고 있다.

스페인에 대해 조금 더 알아보면, 스페인은 16~17세기에 해양에서의 강력한 무력과 식민지에서 얻은 부로 세계에서 가장 강력한 국가로의 지위를 확보했지만, 산업 혁명과 같은 기술혁신에는 뒤처지면서 그 위상은 점차 쇠퇴했다. 스페인은 1939년 내전으로 독재자 프란시스코 프랑코가 집권했으며 1975년 그가 사망한 후에야 국제적 발전에 발맞추기 위한 발걸음을 내디뎠다. 1986년 유럽 연합으로의 승격은 스페인의 기반시설, 산업 및 경제 정책의 현대화를 위한 도약이었다. 보다 개방적인 무역은 직물, 신발, 기계, 올리브 및 와인을 포함한 다양한 수출품에 대한 높은 수요를 가져왔다. 지난 2009년 스페인은 심각한 경기침체로 위기를 겪었지만, 노동, 연금, 교육 등 각 분야의 개혁으로 2014년부터 경제회복을 이루고 현재까지 제조업과 관광 대국으로 거듭나고 있다.

여행가기 좋은 나라 2위인 이탈리아는 한때 코로나19 바이러스의 진원지라는 인식이 있어 지난 2020년 여행 분야에서 1,000억 유로의 손실을 볼 것으로 예상되기까지 했다. 이런 이탈리아도 코로나19 팬데믹 이후 다시금 여행 분야에서 도약을 준비하고 있고, 세계의 많은 사람이 고대 유적지를 찾아 나서 이곳을 찾곤 한다.

이탈리아는 남중부 유럽 국가로 장화 모양의 국경이 지중해까지 이어진다. 이 나라의 역사적인 도시, 세계적으로 유명한 요리 및 지리적 아름다움으로 인해 매년 4천만 명 이상의 관광객이 찾는 인기 있는 여행지다. 이탈리아는 유럽에서 가장 높고 가장 활동적인 화산인 에트나산이 있는 곳이며 국경 안에 바티칸과 산마리노라는 두 나라가 있다. 유로존에서 네 번째 경제 규모를 자랑하는 이탈리아의 경제는 크게 두 개의 경제로 구분된다. 북부는 선진 산업의 발달로 이탈리아 경제를 이끌어가고 있으며, 남부는 산업보다는 농축산 등 1차 산업이 경제의 주를 이룬다. 레오나르도 다빈치의 예술작품에서부터 밀라노의 패션 하우스에 이르기까지, 이탈리아의 문화적 영향력은 매우 깊고 그리스, 에트루리아, 로마 문명의 잔재가 이탈리아 곳곳에 있어 세계 여행객들이 가장 사랑하는 국가 중 하나다.

다음으로 여행가기 좋은 나라로 3위 그리스를 알아보자. 그리스는 유럽 남동부에 위치하고 19세기부터 존재했던 독립국가다. 그리스의 문명은 역사상 가장 오래되고 가장 영향력 있는 문명 중 하나이며 고대 올림픽과 마찬가지로 민주주의의 개념을 창조하고 과학, 예술 및 철학 분야에서 서구의 토대를 마련한 것으로 알려져 있다.

그리스는 유럽 발칸반도의 최남단과 에게해, 이오니아해, 지중해에 걸쳐 있는 섬들의 집합체로 산, 언덕, 해안선의 풍경과 풍부한 문화유산으로 세계에서 사람들이 가장 많이 방문하는 국가 중 하나다.
그리스는 19세기 초에 오스만 제국에서 독립하고 독립을 선언했다. 1974년의 국민투표는 군주제를 폐지하고 현재의 의회 공화국을 만들었다. 관광산업에 힘입어 그리스의 서비스 분야는 고용과 국내 총생산에 가장 크게 기여하는 경제 부문이다. 또 다른 그리스의 주요 산업으로는 해운 및 농업 분야가 있다.

4위 호주는 영연방 중 하나로, 18세기 최초의 영국인이 정착하기 전 최소 40,000년 동안 원주민이 이 땅을 차지하고 있었다.
18세기 후반부터 호주는 영국, 켈트, 미국 문화의 영향을 받아왔는데, 그러나 최근 수십 년 동안은 비영어권 국가(주로 아시아 국가)로부터의 이민이 급증해 국가의 인구구조를 바꾸고 대중문화에도 큰 영향을 미치고 있다. 특히 호주는 전 세계에서 워킹홀리데이를 통해 젊은 층들이 활발히 유입되고 있으며, 그곳에서 다양한 문화교류와 활동이 이뤄지고 있다. 워킹홀리데이나 유학을 간 사람들이 호주의 매력에 빠져 그곳에서 취업하거나 이민을 하고자 하는 수요도 계속해서 지속되고 있다.
호주는 상대적으로 높은 국내 총생산과 1인당 소득을 가진 시장 기반 경제를 갖춘 부유한 국가로 인식된다. 경제는 서비스 부문과 상품 수출에 의해 주도되고 있다.
마지막으로 여행가기 좋은 나라 5위는 포르투갈이다. 포르투갈은 최고의 골든비자 프로그램, 각광받는 은퇴 이민지, 물가가 상대적으로 저렴한 나라 등으로 '해외이민 트렌드' 전반에 걸쳐 자주 다뤄진 국가다. 그만큼 유럽에서는 매력이 넘치는 나라로 손꼽히고 있고, 여행가기 좋은 나라에서도 상위권에 머물고 있다.
이베리아 반도 끝자락에 대서양으로 돌출되어 있고 동쪽으로 스페인이 접하고 있는 포르투갈은 시선을 바깥쪽으로 향하고 있는 나라다. 포르투갈의 역사는 12세기에 켈트족과 무어족 정착민을 축출한 후 대륙 국경 너머에 왕국을 건설하면서 시작해서 이 나라 사람들은 신대륙의 발견과 탐험에 깊이 빠져 있었다.

유럽 대륙의 최서단의 포르투갈은 강력한 해상력을 바탕으로 인도, 중국, 일본, 아프리카 해안으로 가는 무역로를 식민지화하고 건설했다. 바르톨로메우 디아스(Bartholomeu Dias), 바스코 다 가마(Vasco da Gama), 크리스토퍼 콜럼버스(Christopher Columbus), 페르디난드 마젤란(Ferdinand Magellan) 등과 같은 전설적인 탐험가들은 15세기와 16세기에 걸쳐 포르투갈이 세계로 뻗어 나가는 데에 큰 역할을 했다.

현재 포르투갈은 국가의 재정여건은 크게 건전한 편은 아니지만, 길게 뻗은 해변, 온화한 기후 및 15개의 유네스코 문화유산으로 인해 점점 더 인기 있는 방문 장소로 주목받고 있다. 이뿐만 아니라, 저렴한 물가와 사회기반 시설, 그리고 최고의 골든비자 프로그램을 갖추고 있어 매년 꾸준히 세계의 많은 사람이 포르투갈로의 이민을 준비하거나 계획하고 있다.

유럽여행에서 가장 주의해야 할 것

유럽은 세계에서 가장 크게 관광업이 발전한 나라가 많은 만큼 여행객을 대상으로 한 소소한 범죄도 많은 지역이다. 특히 소매치기는 유럽여행을 할 때 가장 주의해야 하는데, 그 수법이 날로 다양화되고 있어 유럽에 여행하려는 사람들은 이런 점을 미리 염두에 두고 여행을 가야 한다. 소매치기는 사람이 많이 붐비는 곳에서 주로 일어나는데, 대중교통을 이용하거나 유명 관광지에서 흔히 소매치기를 당할 수 있다. 또 카페에서는 가방이나 스마트폰을 테이블이나 의자에 올려두고 자리를 비우면 물건을 잃어버리기에 십상이다. 그리고 관광을 하며 거리를 걸을 때도 겉옷 주머니나 바지 뒷주머니에 귀중품을 넣어두면 소매치기를 당할 수 있으니, 가방 속이나 안주머니에 물건을 보관해야 한다. 이뿐만 아니라, 자원봉사자를 사칭한 소매치기, 팔찌 끼우는 소매치기, 지하철 티켓 구매 소매치기 등 소매치기의 수법도 날로 발전하고 있으니, 특별한 호의를 베풀면 일단 의심을 해봐야 한다.

저렴한 생활비, 물가 걱정 없는 나라
Cheap living cost countries

코로나19 이후 세계는 인플레이션 전쟁 중

코로나19 팬데믹 이후 전 세계에는 또 다른 재앙이 찾아왔다. 바로 인플레이션에 대한 위협이다. 급격한 물가상승에 더불어 미국 FOMC(연방 공개시장위원회)의 빅스텝과 자이언트스텝으로 연일 금리는 상승되고 있고, 중국의 봉쇄 정책으로 글로벌 공급망에 차질이 빚어졌으며, 이에 더해 러시아-우크라이나 전쟁으로 원자재 가격도 대폭 오르는, 전 세계 경제에 퍼펙트 스톰(Perfect Storm)이 불어 닥친 2022년이다.

퍼펙트 스톰은 원래 자연계에서 쓰는 용어다. 개별적으로 그다지 위협적이지 않은 자연재해가 동시에 발생하면 엄청난 파괴력을 가진다는 것을 의미하는 퍼펙트 스톰은 경제계에서는 두 가지 이상의 악재가 동시에 발생해 그 영향력이 심화되는 현상을 말하곤 한다.

2022년에 들어 전 세계 주식시장은 하락을 거듭했는데, 이는 코로나19 팬데믹 시기, 막대한 유동성으로 인플레이션이 발생한 원인이 가장 크다. 코로나19 시기에 세계 각국은 경제침체를 막기 위해 돈을 무제한적으로 살포했는데, 유동성의 증가는 화폐가치를 하락시키고 자산가치를 높인다. 즉, 통화량이 많아지면 수요공급의 법칙에 따라 물가가 오른다는 말이다.

시중에 무제한적으로 풀린 돈을 회수해 물가를 잡기 위해서는 금리를 올려야 하는데, 미국이 빅스텝과 자이언트스텝을 이어가며 금리를 인상하고 있지만, 물가는 좀처럼 잡히고 있지 않은 상황이다. 이런 여러 악재가 겹치면서 퍼펙트 스톰을 불러일으키는 것이다. 거기에다 러시아-우크라이나 전쟁으로 원자재 가격이 치솟고, 중국발 공급 부족 사태도 겹쳐, 세계 경제는 또 한 번의 경제위기를 대비해야 하는 지경에 이르렀다.

빅스텝과 자이언트스텝

2022년 4월 제임스 불라드 세인트루이스 연방준비은행 총재는 미국의 인플레이션이 심각하다면서 기준금리를 연말까지 4% 가까이 올려야 한다고 말했다. 기준금리를 그 정도로 올리기 위해서는 FOMC 때마다 빅스텝으로 올려야 하지만, 필요하다면 자이언트스텝도 고려해야 한다고 한다. 통상 금리는 경제에 영향을 최소화하기 위해 0.25% 포인트로 조정하는 것이 일반적이지만, 최근에는 인플레이션 수준이 워낙 높아 이보다 더 큰 폭으로 금리 인상을 단행하기도 한다. 경제계에서는 금리를 한번에 0.5% 포인트 올리는 것을 '빅스텝'이라고 말한다. '자이언트스텝'은 빅스텝보다 더 높은 0.75% 포인트 금리를 인상하는 것을 말하는데, 이런 금리 인상은 세계 경제의 큰 타격을 입힐 수 밖에 없다. 미국의 금리 인상은 세계 각국의 기준금리 인상을 불러오고, 개별국의 기준금리 인상은 특히 시중금리인 가계대출 금리를 대폭 인상시켜 경기침체와 더불어 서민경제에 큰 위협으로 다가올 수 있다.

세계 경기침체는 해외이민에도 영향을 미칠 수밖에 없다. 돈을 쓰는 시기가 아니라 보유하고 아끼는 시기이기 때문에 세계 여행과 이민을 비롯한 국제 이동의 위축을 가져온다. 경기침체가 있는 시기에도 여전히 주목할 만한 해외이민지는 여러 곳이 있다. 바로 상대적으로 물가가 저렴한 나라들이다. 단순히 물가만 싸다면 동남아시아나 개발도상국으로의 이민을 생각할 수 있지만, 삶의 질과 함께 생활 물가를 고려한다면 동남아시아를 고집할 이유는 없다.

삶의 질이 높으면서 물가가 상대적으로 저렴한 나라에 대한 통계는 발표하는 기관마다 다 다르다. 물가만을 고려한다면 생활 물가, 부동산 가격 등 비교적 객관적인 지표를 통해 비슷한 결과를 낼 수 있지만, 삶의 질이나 안전성까지 고려하면 조사하는 기관의 성향이나 조사방법에 따라 결과는 달라지기 마련이다.

그럼 지금부터는 삶의 질을 고려해, 해외이민을 가기에 적합한 생활 물가를 가진 몇 나라를 살펴보도록 하자.

안전하면서도 생활 물가가 저렴한 나라는 어디일까?

해외에서 생활하기 위해서는 고려해야 할 요소들이 한두 가지가 아니다. 언어 장벽, 비자, 문화, 생활 물가 및 안전 등 새로운 국가에서의 생활은 새로운 삶을 준비하는 것처럼 철저하게 알아보면서 준비해야 한다.

사람들이 해외이민을 갈 때, 저마다 지향하는 바가 다르기 때문에 어떤 점을 비중 있게 고려하는지도 다를 수밖에 없다. 특히 최근에는 전 세계 인플레이션의 심화로 물가가 저렴하면서도 안전한 나라를 찾으려는 사람들이 부쩍 늘었다.

해외 거주 커뮤니티 월드 패커스는 매년 전 세계 커뮤니티 이용자를 대상으로 거주하기에 안전하고도 저렴한 나라들을 소개하고 있는데, 2022년에는 1위로 체코 공화국, 2위 불가리아, 3위 알바니아, 4위 포르투갈, 5위 코스타리카, 6위 파나마 등이 선정되었다.

물가가 저렴하면서 안전한 나라 순위

순위	국가
1위	체코 공화국
2위	불가리아
3위	알바니아
4위	포르투갈
5위	코스타리카
6위	파나마
7위	멕시코
8위	태국
9위	말레이시아
10위	베트남

자료: 월드 패커스

유럽에서 이민 강국으로 떠오르고 있는 포르투갈도 안전하면서 물가가 저렴하기로 유명한 나라다. 온화한 날씨와 수많은 관광 명소, 그리고 저렴한 물가와 혜택이 큰 조세제도로 전 세계인이 포르투갈을 주목하고 있다.

포르투갈의 전반적인 물가는 한국보다 20% 정도 저렴하다고 생각하면 된다. 특히 식료품비와 주거비는 한국보다 상당히 저렴해 포르투갈로 은퇴 이민을 간 많은 사람이 만족하고 있다고 한다. 주거비의 경우에는 비싼 지역과 일반적인 지역으로 나눌 수 있는데, 일반적인 지역의 주거비용은 한국보다 25% 정도 저렴하고, 부동산이 비싼 지역의 경우에는 약 50% 주거비용이 저렴한 편이다. 이에 더해 수도, 가스, 전기 등 각종 공과금도 한국보다 저렴해 생활하기에 전혀 무리가 없을 정도다.

생활 물가에 있어 식료품 가격은 가장 큰 비중을 차지한다고 해도 과언이 아니다. 포르투갈의 식료품비는 한국보다 40~50% 저렴하며, 특히 와인이나 채소류 등은 어떤 품목이라도 부담 없이 구매할 수 있다.

포르투갈 시장 물가

품목(단위)	가격(한화 기준)
와인 1병	6,300원
빵 1개	1,200원
맥주 1병	1,500원
우유 1개	1,200원
달걀 1판	3,500원

포르투갈이 매년 은퇴 이민으로 좋은 나라 상위권에 오르는 이유에도 저렴한 물가가 한몫하고 있다. 실생활에 큰 영향을 미치는 공과금, 시장 물가, 주거비용 등이 다른 유럽 지역보다 비교적 저렴하고, 또 유명 관광지가 많은 데 비해 안전성이 높다 보니 은퇴 이민지로 각광을 받는 것이다.

파나마의 생활 물가

포르투갈과 같이 세계 은퇴 이민지로 유명한 나라 파나마도 생활 물가가 저렴한 편에 속한다. 파나마의 한 달 생활비는 4인 가족 기준으로 약 2,700달러(350만 원) 수준이고, 1인 생활비는 약 750달러(98만 원) 정도다. 물론 지역마다 차이는 있지만, 전반적으로 보면 한국의 서울에 비해 생활비는 약 30%, 주거비는 20% 정도 저렴하다.

은퇴 이후의 삶을 꿈꾸는 나라
Top retirement destination in the world

은퇴 이민, 이제는 하나의 문화로

최근 베이비부머 세대가 은퇴하기 시작하면서, 은퇴 이민에 대한 수요가 급증하고 있다. 고령화가 많이 진행된 선진국을 중심으로 은퇴 이민의 양상은 더욱 뚜렷하게 나타나는데, 평생 생활했던 익숙한 터전을 떠나 평화롭게 여유로운 노후를 즐기기 위해 떠나는 사람들이 그만큼 많아졌다는 것을 의미한다. 한국에서도 은퇴한 자산가, 혹은 좀 더 여유롭고 윤택한 노후 생활을 위해 은퇴 이민을 고려하는 사람들이 늘어나고 있다. 비단 자산가뿐만 아니라, 비교적 저렴한 옵션을 가진 은퇴 이민국도 차츰 많아지고 있어 중산층의 니즈도 어느 정도 충족되는 상황이라, 은퇴 이민에 대한 수요는 당분간 지속적으로 늘어날 것으로 전망된다.

외국에서 산다는 것이 쉬운 일은 아니다. 더군다나 젊은 층이 아니라, 은퇴 이후 떠나는 이민은 외국 생활이 길지 않은 사람들일수록 더욱 신중하게 접근할 필요가 있다. 은퇴 이민을 가고자 하는 나라의 언어, 문화는 물론 각종 복지제도를 철저히 조사해야 하고, 경제적 생활 계획도 철저히 세워야 한다.

그렇지만 최근에는 은퇴 이민이 하나의 문화로 자리 잡다보니, 은퇴 이민지로 유명한 나라에서는 세계 각국의 은퇴자를 위한 여러 유용한 제도를 마련하고 있다. 가령 파나마의 경우에는 미국의 은퇴자들이 가장 선호하는 은퇴 이민국으로 오랜 기간 명성을 이어가고 있다. 미국과 지리적으로도 가깝고 노후 생활을 하기에도 적절한 여러 사회적 제도를 갖추고 있기 때문이다.

그럼 지금부터 파나마를 비롯한 셀레나이민이 선정한 은퇴 이후의 삶을 꿈꾸는 나라를 살펴보자.

파나마와 코스타리카, 꿈의 은퇴 이민지

은퇴 이민을 가고자 하는 사람들은 생활비, 건강관리, 편의시설, 치안, 기후, 비자 요건 등 다양한 점을 고려해야 한다. 은퇴 이민의 여러 조건을 파악하는 데에 도움을 주기 위해 미국의 유명한 정보 저널 인터내셔널리빙은 매년 은퇴하기 좋은 나라를 선정해 발표하고 있다. 다만 해당 매체가 미국 정보지이기 때문에 여기서 추천하는 은퇴 이민지는 미국인에게 초점이 맞춰져 있다. 하지만, 인터내셔널리빙은 여러 판단기준을 바탕으로 매해 은퇴자들에게 유용한 정보를 제공하고, 은퇴자의 생활은 세계 어떤 사람이든 비슷하기에 한국인들에게도 도움이 될 수 있을 것으로 판단하여 그 자료를 기준으로 은퇴 이민지를 추천하고자 한다.

2022 은퇴 이민지 랭킹

국가	비자/레지던스	기후	의료	생활비	최종 점수
파나마	100	80	88	82	86.1
코스타리카	91	80	97	88	85.1
멕시코	88	86	90	91	83.8
포르투갈	64	88	96	84	83.3
에콰도르	90	87	81	92	83.1
콜롬비아	88	87	93	92	81.7
프랑스	68	82	84	78	78.3
몰타	86	63	72	75	75.7
스페인	60	72	96	81	75.3
우루과이	76	58	76	79	74.6

출처: 인터내셔널리빙

1위부터 10위까지의 최고의 은퇴 이민지 목록을 보면, 파나마가 비자/레지던스, 기후, 의료, 생활비 등 모든 영역에서 단연 압도적인 것을 확인할 수 있다. 파나마는 최고의 은퇴 이민지로 매년 3위 안에 랭크되는 국가인데, 미국에서 지리적으로도 가깝고 물가도 저렴하고, 은퇴 이민지로서의 인프라도 잘 구축된 나라이기 때문에 매력적인 이민지로 손꼽히고 있다.

또 온화한 기후와 아름다운 바다는 사람들의 시선을 사로잡기에 충분하고, 도심은 반짝이는 스카이라인과 아름다운 파나마 베이로 둘러싸여 있다. 파나마 시민은 물론 관광객들도 파나마 도심으로 운동, 피크닉을 위해 이곳으로 몰린다. 도시의 외곽에는 '아메리카의 허브'로 알려진 토쿠멘 국제공항이 있는데, 이 공항을 통해서 미국 전역으로 향하는 직항편과 캐나다, 유럽 등지로 손쉽게 떠날 수도 있다.

파나마는 한국 사람들에게는 낯선 곳으로 여겨진다. 중남미 지역이라 치안이 좋지 않다고 생각하는 사람들도 많지만, 중남미 중에서는 파나마가 가장 치안이 좋은 것으로 잘 알려져 있다. 그리고 현지 사람들은 대체로 친절하고 물가도 낮고 기후도 좋아 세계의 많은 사람이 사랑하는 국가 중 하나다.

파나마가 은퇴 이민지로 유명세를 떨치는 데에는 은퇴자에게 꼭 맞는 의료 서비스도 한몫한다. 파나마에서는 어디에 정착하든, 훌륭한 병원이 한 시간 이상 떨어져 있지 않다. 의사들도 매우 친절하고 환자들이 보살핌을 받고 있다는 인상을 주는 것으로 알려져 있다. 그리고 유사시에 적절한 대처를 하기 위해 환자들에게 의사의 연락처를 알려주며 회복기간에 직접 연락도 할 수 있다.

파나마에서는 파나마 영주권을 받을 자격이 있는 외국인을 위해 연금 프로그램을 운용하는데, 파나마 연금에 가입하면 영화 관람부터 항공권 구매까지 생활이나 편의에 필요한 영역에서 최대 50%의 할인을 받을 수 있다. 다양한 할인 혜택에는 영화, 콘서트, 극장 등 엔터테인먼트 비용 할인, 식당 할인, 호텔 숙박비 할인(월~목), 대중교통 요금 할인, 국내외 항공권 할인, 처방약 할인, 치과/안과 할인 등 그 분야도 매우 많다.

이 외에도 파나마는 상속세, 증여세와 지방세 등이 면제되는 세금 혜택도 크고, 최고 수준의 사립학교와 저렴한 교육비로 주민들의 높은 만족도를 이끌어내고 있다. 또 파나마 정부의 친기업 정책으로 다국적 기업이나 이민자들의 활발한 투자가 이뤄지고 있으며 외국인에 대해서도 우호적인 정서를 갖추고 있어 은퇴 이후 살아가기에 최적의 조건을 갖추고 있는 것으로 판단된다.

파나마 은퇴 이민은?

파나마 영주권 취득에는 여러 방법이 있는데, 예전에 한국인들이 가장 많이 활용했던 방법에는 우호 국가 비자라는 것이 있었다. 미화 5천 달러를 예치하고 파나마 현지에 사업체를 설립해 영주권을 취득하는 방법이었다. 하지만 이 비자는 2021년에 중단되고 현재는 파나마 부동산 20만 불 이상 구매나 은행 예치를 통해 비자를 취득한다. 그리고 파나마에는 은퇴자를 위한 이민 경로도 있는데, 국가나 금융회사 등으로 받는 연금이 매월 미화 1천 불 이상이라는 것을 증명하면 된다. 연금 증명만 된다면 나이 제한도 없다. 만약 연금이 1천 불에 미치지 못한다면, 가령 연금이 미화 750불이면 10만 불 정도의 부동산을 구매해 투자하면 비자를 취득할 수 있다.

파나마 다음으로 은퇴 이후의 삶을 꿈꾸는 나라로 선정된 국가는 코스타리카다. 파나마와 같이 중남미에 위치한 이 나라는, 중남미가 종종 정치적 불안에 시달리는 것과는 다르게 비교적 안정적이라는 평가를 받는다. 낮은 생활비, 친절한 지역 주민, 저렴한 의료, 광대한 부동산, 그리고 아름다운 자연환경으로 유명하기도 하다.

코스타리카는 1948년 군대를 폐지했을 때 전 세계에서 주목을 받았고, '중앙아메리카의 스위스'라는 별명도 얻었다. 군 예산은 교육과 의료에 투입되어 모든 국민을 위한 교육과 의료를 실시하고 있다.

코스타리카에는 공공과 민간의 두 가지 의료 시스템을 갖추고 있다. 지역민은 민간보험 구매를 통해 공공 의료와 민간 의료 서비스를 동시에 받을 수 있으며, 미국과 유사한 시스템으로 운영되지만, 가격은 코스타리카가 훨씬 저렴하다. 전국에 수많은 민간 의료 시스템이 갖춰져 있고, 공공 의료 시스템은 29개 이상의 병원과 250여 개의 지역 클리닉이 있어 어떤 곳에 정착하더라도 의료 서비스를 이용할 수 있다.

부부 기준으로 한 달에 2,000달러에서 2,500달러면 편안한 생활을 하기에 무리가 없다. 이 금액에는 편의 시설, 냉난방, 식료품 구매, 엔터테인먼트 비용, 교통 및 건강 관리비, 임대료 등이 포함된다. 만약 한 달 생활비 3,000달러 이상이라면 꿈의 은퇴 이민지에 걸맞은 편안하고 안락한 생활을 즐길 수 있다.

이곳이 은퇴 이민지로 주목받는 이유는 은퇴자들이 더 건강한 생활을 하기에 적합하기 때문이다. 낚시, 골프, 승마, 하이킹, 서핑, 요가 등 다양한 신체활동을 즐길 수 있고, 현지에서 재배된 다양한 고기류와 채소류 등으로 건강한 식사도 가능하다. 체중을 줄이고 혈압을 낮추거나 정신적 신체적 건강을 찾고자 하는 사람들이 가장 많이 찾는 곳이 바로 코스타리카다.

코스타리카는 코로나19 이후 투자자를 위한 비자 취득 비용을 200,000달러에서 150,000달러로 이민의 문턱을 낮췄고, 세계의 퇴직자를 끌어들이기 위해 다양한 은퇴자 친화적 법률을 재개정하는 등 많은 노력을 기울이고 있다.

•• 코스타리카는 어떤 나라?

코스타리카는 중미의 작은 나라로, 우리에게는 커피 생산지로 널리 알려져 있다. 한국의 절반 정도의 면적에 약 480만 명의 인구가 살고 있다. 군대를 폐지해 평화의 나라로 불리며, 보건과 교육 분야에 투입하는 예산이 영국보다 높은 것으로도 유명하다. '풍요로운 해변'이라는 뜻의 코스타리카는 이름처럼 아름다운 자연환경이 잘 보존되어 있고, 영국 신경제재단이 선정하는 '행복지수' 세계 1위를 세 번이나 차지했다.

은퇴 이민, 포르투갈과 스페인을 주목하라!

인터내셔널리빙이 선정한 최고의 은퇴 이민지 10위 권 중에 우리가 주목할 만한 국가로는 유럽의 포르투갈과 스페인이 있다.

스페인은 높은 의료 수준, 저렴한 물가, 풍부한 생활 편의 시설, 문화 시설 등 은퇴자들이 금전적인 부담 없이 여유로운 생활을 할 수 있다는 장점이 있지만, 포르투갈에 비해서는 인기도가 떨어지는 편이다. 두 국가 모두 골든비자 프로그램을 운용하지만, 스페인은 포르투갈에 비해 절차나 조건이 조금 까다로워 포르투갈의 프로그램을 선택하는 사람들이 많은 것이다. 또 포르투갈은 정치 사회적으로 비교적 안정된 모습을 보이는 반면, 최근 4년간 4차례의 입법 선거가 실시된 스페인은 불안정한 정치 체제를 보이고 있어 포르투갈이 더 좋은 은퇴 이민지라는 평가를 받는다.

•• 스페인 골든비자 프로그램

2013년에 도입된 스페인 골든비자 프로그램은 50만 유로의 부동산을 구매해 거주권을 취득하는 프로그램으로, 골든비자 유지와 연장을 위한 거주요건은 없다. 다만 EU 영주권을 취득하기 위해서는 골든비자 취득 후 5년 실거주(매년 183일 이상 거주)해야 하며, 시민권은 골든비자 취득 후 10년 연속 실거주(매년 183일 이상 거주)해야 신청이 가능하다. 시민권 신청을 위해서는 언어 및 문화 시험도 봐야 한다.

앞서 포르투갈 골든비자 프로그램이나 생활상에 대해서는 여러 차례 언급했으니, 여기에서는 오직 은퇴자를 위한 포르투갈 프로그램을 살펴보자. 포르투갈 골든비자 프로그램과 달리 은퇴자를 위한 D7비자는 투자 없이 실제 포르투갈로 이주할 사람들을 위한 비자 프로그램이다. 즉 은퇴 이민에 최적화된 비자라고 할 수 있다.

D7비자는 포르투갈 패시브 인컴 비자로, 은퇴자를 포함해 정기적인 소득을 받는 EU국가 외의 시민에게 포르투갈에 합법적으로 거주할 수 있는 자격을 주는 비자다. 일정 금액의 소득 증명과 거주 조건을 충족하는 이들에게 자격이 주어지지만, 1년에 연속해서 6개월 이상 혹은 8개월 비연속 거주의 요건이 있기에 은퇴 후 포르투갈에 직접 거주할 사람들에게 적합하다.

소득증명 금액은 1년에 8,460유로 이상을 증빙할 수 있어야 하고, 이민국에 증빙할 때 연금은 가장 보장된 패시브 인컴이기에 심사 시에 매우 유리하다. 소득증명에는 종류가 명확히 정해져 있지는 않지만, D7비자의 핵심은 포르투갈 외에 고정적, 정기적으로 들어오는 소득을 증빙하는 것이기에 연금을 포함해, 임대수익, 배당수익, 프리랜서의 경우에는 사업소득 등이 포함된다. 최소 소득 요건은 동반 신청자 수에 따라 달라진다.

포르투갈 D7비자 소득 조건

주 신청자	배우자	자녀
최저임금의 100% * 연간 8,460 유로 이상	최저임금의 50% * 연간 4,230 유로 이상	최저임금의 30% * 연간 2,358 유로 이상

표에 명시된 금액은 포르투갈 정부가 지정한 최소 소득 요건이기에 통상 그보다 1.5~2배의 소득증빙을 권장한다. 소득증명뿐만 아니라, 포르투갈 현지 은행 계좌에도 일정 금액을 예치하는 것이 좋으면 2~3만 유로를 추천하고 있다.

포르투갈 D7비자 서류

- 여권(최소 6개월 이상 유효한 여권)
- 여권 사진 2매
- 주민등록등본(영문) 또는 공과금 영수증: 현 주소지를 증명할 수 있는 서류
- 6개월 상당 정규 소득 혹은 패시브 인컴 증명할 수 있는 소득증명서
- 6개월 상당의 은행 명세서
- 포르투갈 은행계좌
- 소득금액증명원, 근로소득원천징수영수증
- 90일 이내 발급한 범죄 경력회보서(출신 국가, 1년 이상 거주국)
- 해외여행자 보험(최소 3만 유로 보장되는 것)

Global Migration Trends

PART 3

2023 해외이민 트렌드

Global Migration Trends

2023 해외이민 트렌드

2022 인기 이민국 주요 이슈

The outlook on immigration in 2022

2022 EB-5 미국투자이민 신규접수

2022년 EB-5 미국투자이민의 신규접수가 드디어 가능해졌다. 2022년 3월 15일 제정된 'EB-5 개혁 및 청렴법'에 따라 2022년 5월 15일부터 EB-5 미국투자이민의 청원서 I-526 접수가 재개될 듯 했으나 미 이민국은 기존에 승인받았던 리저널센터들이라도 새롭게 재지정을 받아야 한다는 발표를 함으로써 재개가 잠정 중단되기도 했었다.

이에 대해 베링(Behring) 리저널센터는 이민국을 상대로 소송을 제기했고 2022년 6월 24일 캘리포니아 북부 연방법원은 이민국의 재지정 절차에 대한 효력이 잠정 중단되도록 하는 '예비적 금지명령'(Preliminary injunction)을 내렸다. 이로 인해 법원의 최종판결이 내리기 전까지 당분간 I-526 신규접수가 가능해진 것이다.

이번 예비 금지명령 판결문에 따르면 예비 금지명령은 다음 조건 중 하나가 충족될 때까지 유지된다.

(1) 본 소송의 최종 약식판결이 나올 때까지 또는
(2) 법에서 규정하는 행정적인 절차를 거친 이민국의 합리적인 결정이 나올 때까지

이민국은 리저널센터들에 추가적으로 'EB-5 개정법'에 따라서 행정적인 절차를 요구할 가능성이 있지만, 이 같은 새로운 행정절차나 최종판결 전까지는 미국투자이민 신규접수가 가능해졌다.
판결을 내린 차브리아(Chhabria) 판사는 이민국의 재지정 절차 결정으로 인해 리저널센터들은 막대한 경제적 손해를 입게 되고, 이 손해가 이민국이 얻는 공적인 이익(public interest) 대비 크기 때문에 예비적 금지명령을 내린다고 판결에 명시했다.
또한, 이민국이 새로 개정된 법에 따라 기존에 있던 리저널센터들의 승인이 모두 무효화되었다고 법을 해석한 것은 법률상의 오류가 있다고 지적했다. 이로 미루어 볼 때 이민국이 항소한다고 하더라도 승소할 가능성은 낮아 보인다. 본 재판이 진행되기 전에 이민국과 리저널센터가 합의점을 찾을 것으로 예상된다.
2019년에도 이민국에서 발표했던 투자금을 90만 불로 상향 조정한 'EB-5 현대화 규정'이 소송을 통해 무효화된 적이 있었는데 당시에도 약식 판결(summary judgement)로 마무리가 되었던 것으로 보아, 이번에도 이민국이 법원의 명령을 받아들여 기존 리저널센터들에 대한 재지정 취소로 최종 합의 결정을 내릴 가능성이 매우 크다. 올해 제정된 투자이민 개혁법은 투자금은 TEA 지역은 80만 불, 그 외 지역은 105만 불로 인상이 되었지만, 새 법안을 통해 수속기간 단축, 리저널센터에 대한 관리 감독 강화, 투자자 보호조치 확대, 안전성 강화 등 투자자들을 위한 환경이 개선되었다. 따라서 미국투자이민을 준비하고 있는 사람들은 이전보다 더 나은 환경에서 안정적으로 투자이민을 진행할 수 있게 되었다.

2022 새롭게 변경된 포르투갈 골든비자

2022년 포르투갈 골든비자의 새롭게 변경된 내용 중 가장 중요한 부분은 바로 주요 해안지역(리스본, 포르투, 알가르베 등)에 비거주용, 즉 상업용 부동산으로만 투자가 가능하다는 점이다.

포르투갈 골든비자는 '거주권' 비자이며 골든비자 취득 후 5년 후에 영주권 혹은 시민권 신청을 할 수 있어 사실상 EU 시민권 취득을 위한 가장 쉬운 방법 중 하나로 수년 전부터 큰 인기를 끌고 있다. 새롭게 변경된 포르투갈 골든비자 프로그램을 조금 더 자세히 알아보자.

가장 큰 변화는 바로 '리스본, 포르투, 알가르베' 같은 주요 해안도시의 거주용 부동산 매입으로 골든비자 신청이 불가능하고, 거주용 부동산 매입으로 포르투갈 골든비자 프로그램을 진행할 경우에는 앞서 언급된 주요 해안도시 이외의 지역에만 부동산 매입으로 골든비자 취득이 가능해졌다. 다만, 비거주용 부동산은 지역과 무관하게 어디든 투자가 가능하다.

부동산 이외의 투자옵션의 투자금액도 올랐다. 은행 예치는 개정 전 100만 유로에서 개정 후에 150만 유로, 펀드 투자와 법인설립은 35만 유로에서 50만 유로로 변경되었다.

포르투갈의 향후 부동산 투자 전망은 긍정적으로 평가된다. 따라서 골든비자 신청용 투자조건을 만족하기 위한 부동산 투자가 아니라, 부동산 투자의 측면에서도 충분히 투자가치가 있다.

2022년 변경된 개정안으로 인해 주요 해안지역의 거주용 부동산 취득이 불가능하다는 점에서 걱정하는 사람들도 많지만, 포르투갈에 이주하여 실거주 목적이 아니라면 이전과 큰 차이가 없을 것으로 판단된다.

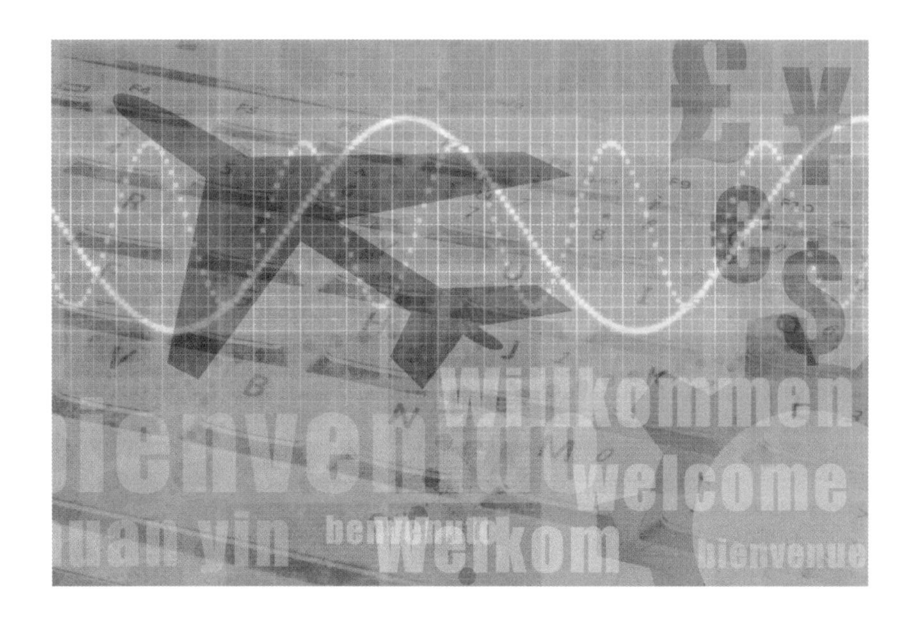

영국, Tier 1 투자자 비자 경로 폐쇄 발표

2022년 2월 17일 자로 영국 내무장관은 국가 안보 우려를 이유로 외국인 투자자를 위한 Tier 1 투자자 비자 경로를 즉시 폐쇄한다고 발표했다. 현재 투자이민 비자를 소지한 투자자는 2026년 2월 17일까지 연장 신청이 가능하다. 우크라이나와 러시아 전쟁의 여파로 더 많은 이민 개혁이 필요하다는 이유로 급작스러운 조치를 했다. 2022년 하반기에 좀 더 강화된 투자이민 프로그램이 나올 것으로 예상된다.

키프로스 정부 영주권 프로그램 개혁 착수

지중해에서 세 번째로 큰 섬인 키프로스는 튀르키예 남쪽과 그리스 남동쪽에 위치하고 있으며, 소득세율과 법인세가 다른 유럽 국가에 비해 낮고, 상속세가 없기에 사업가들이 정착하기에 아주 유리한 국가로 유명하다. 키프로스 정부는 2022년에 영주권 프로그램 개혁 착수를 했다. 주요 변경 사항은 은행 예치금과 의료 보험 등의 요구 사항을 폐지하고 투자 옵션을 추가할 것이라고 예상하고 있다.

튀르키예, 투자금액 인상

튀르키예 정부는 2022년 6월 13일부터 기존 부동산 취득으로 시민권을 취득하는 투자금액을 최소 25만 불에서 40만 불로 인상했다. 투자자는 투자금을 일시불로 지급해야 하며 3년간 부동산 판매가 금지된다. 시민권 신청 단계 및 절차는 변경되지 않았다.

유럽연합, 바누아투 여권 소지자 비자 면제 협정 전면 중단

유럽연합은 바누아투와의 비자 면제 여행 협정을 전면 중단하기로 결정했으며 2023년 2월 4일부터 적용될 예정이다.

2021년 4월, 유럽연합은 바누아투 시민권 신청자의 실사에 대한 개혁 요청을 받아들여 시행하겠다고 했음에도 불구하고 바누아투 여권 소지자가 유럽연합을 여행하기 위해서는 솅겐비자를 받아 여행을 해야 한다.

신규 이민자 늘리려는 캐나다

캐나다 정부가 새로 발표한 2022-2024 이민 계획에 따르면 최대 451,000명의 영주권을 발급한다고 했다. 실제 경제 및 노동 분야에 새로운 이민자를 대폭 수용하여 정체된 경제상황을 활성화하고자 하는 목적이 있다.

카리브해 지역의 시민권 프로그램

그레나다, 세인트키츠네비스, 도미니카 연방, 앤티가바부다 등 카리브해 지역의 국가들은 러시아인과 벨라루시아인의 시민권 신청을 더 이상 허용하지 않을 것이라 발표했다.

말레이시아, MM2H 신규 접수 재개

말레이시아 정부가 지난 2022년 3월 1일부터 MM2H 비자의 신규 접수를 재개했는데, 새로운 조건은 다음과 같다.

1. 부동산을 제외한 유동 자산이 1.5밀리언 링깃 이상(약 4억 5천만 원 이상)
2. 유동 자산 중 1밀리언 링깃을 은행에 정기예금으로 예치(약 3억 원 이상)
3. 월 소득이 4만 링깃 이상(약 1,200만 원 이상)

2023 글로벌 이민업계의 트렌드: *Uglobal

본 내용은 Uglobal Immigration Magazine에서 제공한 정보를 기반해 작성되었다. Uglobal Immigration Magazine은 투자에 의한 영주권(RBI) 및 시민권(CBI) 시장의 세계 최고의 무역 간행물 중 하나다. 글로벌 투자 이민을 위한 교육, 네트워킹 및 마케팅 플랫폼인 Uglobal 사가 제공하는 간행물이다. 플랫폼은 시장의 투명성을 높이는 동시에, 투자이민에 관심이 있는 사람들을 연결하기 위해 만들어졌다. Uglobal Immigration Magazine은 CBI 및 RBI 업계의 숙련된 전문가가 작성하고 상호 검토 및 이사회 승인을 거친 콘텐츠를 출간한다.

코로나19 팬데믹의 여파로 전 세계 투자자들은 가장 강력한 파워를 가진 여권을 비롯해 더 안정성이 있고, 보안 및 생활 수준이 높은 지역에 주목하고 있다. 코로나19로 인한 제약, 정치적 불안 및 기후 변화로 새로운 추세가 나타나고 있으며, 이러한 현상은 2023년에도 계속될 것으로 예상된다.

이민에 대한 투자자의 관심 급증

업계 전문가들은 전 세계적으로 외국 투자와 제2 여권에 의한 체류허가 수요가 계속 늘어날 것으로 내다보고 있다. 대다수 부유한 투자자들은 여권이 하나인 것에 더 이상 만족하지 않고, 더 나은 경제적 기회가 있는 지역에서 살며 일하기를 원하고 있다. 가령 미국인들이 투자이민 국가로 유럽, 특히 포르투갈에 큰 관심을 기울이고 투자처로 선택하는 것 또한 새로운 추세로 볼 수 있다.

디지털 노마드 비자

코로나19 팬데믹은 전 세계 사람들의 업무 방식을 변화시켰다. 이에 발맞춰 이동과 원격 근무가 급증하면서 디지털 노마드 비자를 출시하는 국가가 증가했다. 이 추세는 계

속될 것으로 예상되며, 많은 글로벌 기업들도 디지털 기술을 계속 활용하여 원거리에 있는 전 세계의 직원과 고객을 연결하며 디지털 노마드 시대를 가속화하고 있다. 이 현상은 일상의 영역으로도 확장하고 있는데, 예를 들어 비즈니스-레저 여행자는 디지털 노마드의 일종으로, 영주권을 취득하지 않고 일반적인 휴가보다 더 오랫동안 해외에서 생활하고 일하는 형태다.

미국으로 가는 빠른 길 E-2

EB-5 리저널센터의 프로그램이 재승인됨에 따라 많은 투자자가 가족을 미국으로 이주시키기 위해 EB-5 비자 경로를 지속해서 선택하고 있다. 그중 일부는 미국으로 이동하기 위해 미국과 E-2 조약을 맺은 국가의 시민이 활용할 수 있는 E-2 비자를 가교로 선택하기도 한다. E-2 비자의 처리 시간은 EB-5보다 짧고 최소 거주요건도 없다. 그래서 많은 투자자가 EB-5 비자를 기다리는 동안 합법적으로 미국에서 살고 일할 수 있는 경로로 E-2를 활용하고 있다.

숙련 취업비자

혁신적인 아이디어를 가진 발명가와 재능 있는 근로자 및 졸업생에게 발급되는 비자로 지속적인 성장을 기대할 수 있다. 각 국가는 경제에 가장 도움이 될 만한 인력을 유치하기 위해 전 세계적으로 경쟁하고 있다. 예를 들어, 캐나다에는 창업 비자라는 것이 있다. 또 재능 있는 근로자를 위한 비자 제도도 확대되고 있는데, 영국, 독일, 호주 등이 대표적이다.

유럽에 대한 이민업계의 전망

자금세탁 및 보안 문제에 대한 우려로 유럽 의회는 투자이민 프로그램을 단계적으로 폐지하려는 시도를 하고 있지만, 실제로 업계에 어떤 영향을 미칠지는 아직 불확실하다. 이런 상황 속에서 비자 소지자의 최소 체류 요건과 같이 신청자에 대한 보다 엄격한 절차와 요건을 가진 새로운 종류의 비자가 유럽에서 만들어질 것으로 예상된다.

미국 변호사가 보는 미국 이민: *Austin Kim 변호사

1983년, 초등학교 6학년이 되던 해에 가족을 따라서 미국 샌프란시스코시로 이민을 왔다. 당시에는 어렸기에 가족이 왜, 그리고 어떻게 이민을 오게 되었는지 몰랐다. 그래도 다행인 것은 어릴 때 이민을 와서 미국 생활에는 빨리 적응할 수 있었다. 초등학교나 중학교 때 이민을 오면 적응을 빨리 하면서도 한국어를 잊지 않는 장점이 있는 듯하다. 지금은 캘리포니아주, 산타아나시에 있는 법무법인 H and H Law를 운영하고 있다. 산타아나는 한국 사람들이 익히 알고 있는 어바인시에서 북쪽으로 10분 떨어진 오렌지카운티의 행정도시다. 우리 law firm에서는 미국 이민법을 전문적으로 다루고 있다. 그 중에서도 미국투자이민(EB-5)을 중심으로 운영이 되고 있다. Law firm의 투자이민 고객들은 대부분 한국, 중국, 또는 베트남 국민이다. 그러다 보니 나는 많은 시간을 외국에서 보내는 것 같다. 예전에는 중국을 많이 갔었고 이후에는 베트남을, 그리고 지금은 한국을 자주 간다.

미국이라는 나라는 국가가 형성될 때 이민자로부터 세워졌기에 미래에도 계속 이민자들의 영향을 크게 받을 것으로 생각된다. 미국은 지속해서 세계의 지식인들과 전문가들이 이민을 올 수 있도록 매력적인 정책을 세워나갈 것이고 외국의 투자금을 통해서 고용창출을 일으킬 것이다. 그렇기 때문에 미국은 정치 경제적으로 꾸준히 성장할 것이며, 이러한 모습이 세계 여러 나라의 사람들에게 큰 관심을 불러 모을 것이라 생각한다.

미국 이민은 크게 두 가지로 나눌 수 있다. 내가 처음 미국으로 올 수 있었던 것처럼 가족을 통해서 진행되는 가족초청, 그리고 고용을 통한 취업이민이다.

고학력과 특별한 경력, 기술, 수상경력 등이 있으면 취업이민을 통해서 영주권을 받을 수 있다(EB-1, EB-2, NIW 등이 있다). 학사학위나 경력으로 신청할 수 있는 EB-

3(professional 또는 skilled)와 학력과 경력이 전혀 필요하지 않는 EB-3 other(비숙련) 취업이민도 있다. 미국에서 영주권 사기에 얽힌 이야기도 많은데, 그중 가장 흔한 사례가 취업이민과 관련이 있다. 손쉽게 영주권을 받을 수 있다고 말하는 것을 믿고 많은 금액의 수수료를 요구하는 회사에서 이민을 진행하는 경우 종종 문제가 생기는 듯하다. 직접적인 취업을 통해서 받는 영주권은 아니지만, 미국 사업체에 투자를 해서 그 사업체의 고용 창출을 통해서 받을 수 있는 영주권, 즉 EB-5 투자이민도 있다. 1990년도(1992년도에는 리저널센터 프로그램의 시작)에 시작된 미국투자이민은 지난 30년간 많은 어려움과 변화가 있었다. 하지만 EB-5 투자이민을 통해서 미국 경제가 얻은 투자금(2008년과 2021년 사이만 해도 USD $37 billion이 EB-5 투자금으로 사용됨)과 고용 창출은 대단한 성과다. 그래서 이 프로그램을 더 활발하고 지속적으로 진행하기 위해서 2022년 3월 15일 미국투자이민 개혁을 통과시켰다. 이전에 미국투자이민을 진행한 고객 중에 많은 투자자가 문제없이 미국투자이민을 통해서 영주권을 받았고 투자금도 회수했다. 100% 완벽할 수 없는 일이기에 영주권 문제나 투자금 회수에 많은 문제를 겪은 사람들도 있다. 이러한 문제를 최대한 해결하기 위해서 통과된 것이 2022년 미국투자이민 개혁법이다. 미국투자이민은 90% 이상이 리저널센터 프로그램을 통해서 진행된다. 하지만 이 프로그램은 파일럿 프로그램으로 매년 재승인을 받아야 하는 어려움이 있었고 리저널센터의 부실한 관리·감독 등으로 인한 사업실패가 영구 영주권을 받지 못하거나 투자금을 회수 못하는 것으로 이어지는 일도 종종 벌어졌다. 이러한 일들을 최대한 줄이고 프로그램이 재승인되지 않거나 지연되는 우려를 막기 위해서 의회가 2022년 미국투자이민 개혁법을 통해서 리저널센터의 책임을 더 강화했다. 그리고 2027년 9월 30일까지 리저널센터 프로그램을 연장해서 2027년 9월 안에 접수되는 청원서는 만약 리저널센터 프로그램이 2027년 후에 연장되지 않더라도 영주권 진행에는 문제가 없도록 조치했다. 또한, 투자이민을 미국 내에서 진행하는 경우 투자이민 신청과 영

주권 신청(I-485)을 동시에 할 수 있게 해서 영주권 받는 기간을 줄일 수 있게 되었다. 미국투자이민을 진행하는 투자자들을 보호하는 목적으로 2022년 투자이민 개혁법이 통과되었지만, 영주권 취득과 100% 투자금 회수를 위해서는 투자자 개인의 추가적인 노력이 필요하다. 미국투자이민은 반드시 경력과 전문 지식이 많은 이민 서비스 회사와 해야 한다. 이런 회사들이 안전한 프로젝트를 제공할 수 있고 가장 경력이 많은 리저널센터와 협력할 수 있다. 그리고 투자금 $800,000에 대한 자금출처 서류와 EB-5 신청서를 성공적으로 많이 접수한 law firm과 같이 진행할 것을 권한다.

외국 출장을 하면서 항상 느끼는 것은 아직도 외국인들이 자녀 교육을 위해서, 비즈니스를 위해서, 또는 제2의 삶을 찾기 위해서 가장 많이 선호하는 나라가 미국이라는 것을 깨달았다. 외국에서 자주 보는 미국에 관한 뉴스는 총기사건, 타인종 증오범죄 등이다. 어느 지역에 사는지에 따라서 차이는 있겠지만, 대부분 미국인들은 이러한 뉴스를 피부로는 못 느끼면서 생활한다. 이것은 아마 미국에서 북한 관련한 뉴스를 볼 때마다 걱정이 되어서 서울에 있는 친척들에게 연락했는데, 정작 한국인들은 아무런 일 없는 것처럼 이야기하는 것과 비슷하다. 그래서 너무 걱정할 필요는 없다. 조심은 해야겠지만, 새로운 기회와 삶이 더 중요하다는 사실을 생각해보면 미국인들과 같이 큰 문제로 여기지 않을 수 있다. 아무튼, 마지막으로 당부하고 싶은 말은, 워낙 많은 사람이 미국이민을 선택하기에 너무나 많은 이민 전문 기업이 있다. 그중에서 보석을 찾는 방법은 의외로 간단하다. 얼마나 안전하고 얼마나 전문적인지를 따져보면 쉽게 보일 것이다.

2023 유럽권 투자이민 프로그램의 변화와 전망: *LATITUDE

본 내용은 Latitude에서 제공한 정보를 기반해 작성되었다. Latitude는 투자이민 전문가들로 구성된 해외 영주권 및 시민권 컨설팅 전문회사다. 지난 20년간 Latitude는 유럽권 국가를 대상으로 투자이민 프로그램에 대한 자문을 제공했으며, 해외 투자를 고려하는 전 세계의 고객에게 투자 전략 컨설팅을 진행해왔다. Latitude는 기존 투자이민의 방식에서 벗어나 혁신적인 방법으로 맞춤형 투자이민 전략을 제시함으로써 이민업계에 새로운 동력을 불어넣고 있다.

2022년은 투자이민 시장의 큰 전환점이 되는 한 해였다. 러시아-우크라이나 전쟁으로 러시아의 15%, 우크라이나의 42%가 넘는 재력가들이 전쟁으로부터 안전한 지역 또는 경제적으로 안정적인 곳으로 이주했다. 코로나 시대에 경제적인 안정성을 찾는 플랜B의 필요성이 대두되면서 시민권 시장은 전례 없는 호황을 누렸던 반면, 해외 이동이 어려워진 이민 시장은 주춤했다. 그간 세계 투자이민 시장을 주도해왔던 중국은 여행금지 조치로 인해 투자이민계의 큰손 자리에서 잠시 물러난 상태다. 미국인들은 유럽의 골든비자와 D7비자를 통해 포르투갈로 몰렸으며, 가상화폐 비과세 국가로도 알려져서 많은 가상화폐 자산가가 포르투갈로 유입되었다.

매력적인 세금(0~5%) 제도를 가진 UAE는 가장 많은 재력가의 선택을 받았다. 지난 2019년에 도입한 골든비자 프로그램은 다양한 투자이민 옵션을 제공하며 러시아, 인도, 아프리카와 다른 중동 국가의 새로운 시민권 옵션을 원하는 재력가들을 흡수했다. 또한, UAE는 유명 디자이너브랜드, 럭셔리 부동산, 최고급 쇼핑몰과 최고의 국제학교가 있어서 가족이민에 좋은 선택지가 되었다.

포르투갈은 2021년 말에 해안 인근의 인구밀도가 높은 도시들에 대한 골든비자 신청을 제한했다. 또한, 포르투갈 이민청(SEF)의 불미스러운 사고들로 인해 2022년 상반기는 골든비자 프로그램이 제대로 운영되지 않았기에 많은 골든비자 신청자에게 불편함을 주었다. 그렇지만 실제 이주를 생각하는 많은 미국인과 남미인의 D7비자 신청은 크게 늘어, 포르투갈 이민은 지속적인 성장세를 유지했다. 유럽 시민권을 취득하기 위한 가장 효율적인 옵션이 있고, 1년에 7일이라는 매력적인 거주요건으로 포르투갈 골든비자는 자산가들의 최고의 선택지 중 하나로 자리매김했다. 한국 사람들에게도 포르투갈은 이민지로서 매우 매력적이다. 대부분의 포르투갈 사람이 영어에 능숙하다는 점도 긍정적인 요소고, 환상적인 날씨와 안전한 치안, 그리고 저렴한 물가와 훌륭한 의료 시스템 등도 장점이다. 무엇보다 상속세와 증여세가 없는 포르투갈은 절세 플랜을 세우려는 사람들에게 큰 인기가 있다. 다만, 비교적 높은 소득세와 부가세는 단점으로 꼽힌다. 그 밖에 호주와 싱가포르, 스위스 등은 세계 최고의 자산가들에게 여전히 큰 인기를 얻고 있다. 싱가포르는 아시아의 대부호에게 매력적인 투자처이자 이민지이지만, 영주권을 취득하는 것은 점점 어려워지고 있다. 스위스도 수많은 세계의 자산가에게 선택받는 나라이며, 최근에는 가상화폐법 개정으로 인해 더 많은 자산가를 유혹하고 있다. 반면 미국과 캐나다는 자산가들에게 예전보다는 덜 매력적인 나라가 되고 있다. 아직도 미국과 캐나다는 가장 많은 자산가가 이주하는 나라이지만, 세법과 이민법이 개정되면서 자산가들의 혼란을 야기했다. 캐나다는 더 이상 순수 투자이민을 받지 않는 대신, 스타트업 비자를 홍보하고 있다. 영국 또한 Tier 1 투자이민 프로그램을 폐지했기에 투자이민자들의 입지가 크게 줄었다.

2022년 투자이민의 화두는 기본권이었다. 삶의 가장 기본이 되는 것 중 하나인 안전을 위협받는 모습을 러시아-우크라이나 전쟁을 통해 다시 한번 세계는 주목했다. 그리고 아직 끝나지 않은 코로나19를 통해 이동의 자유, 가족과 자산을 보호하고 지키는 것 등이 삶에서 무엇보다 중요하다는 사실을 인지하게 되었다. 그래서 많은 자산가가 자신들의 안전한 미래와 환경을 선택하기 위해 이중국적도 모자라, 삼중, 사중 국적으로 대응했다. 이러한 생각은 특히 미국인과 유럽인 사이에서 넓게 퍼져나갔다.

2022년 2월 24일 러시아-우크라이나 전쟁이 발발한 순간, 우크라이나의 자산가들은 플랜B를 실행에 옮겨야 했다. 상상하고 싶지도 않은 전쟁이 실제로 시작되었고, 이로 인해 자산가들은 미리 준비해 놓은 이주 옵션을 바로 실행에 옮겼다. 이미 많은 것을 잃었지만, 자산도 어느 정도 다른 나라에 분산시켜 두었기 때문에 다시 시작할 기회는 있었다. 전 세계의 많은 자산가가 이러한 전쟁을 보면서 플랜B에 대한 준비를 다시 생각하게 되었다. 기회가 있었을 때 플랜B를 준비하지 못한 사람들은 결국 현 상황에서 벗어나기 위해 선택할 수 있는 것이 크게 없었다.

세계 각국의 이민법 변화에도 예의주시해야 할 시점이다. 역사적으로 살펴보면, 세계의 이민 시장은 위기를 겪을 때 성장해왔다. 각국의 이민법은 대체로 두 가지 이유로 개혁적인 방향으로 변화하는데, 첫 번째는 자국에 해외의 자산가들을 유입시켜 경제를 활성화하기 위해, 두 번째는 국가의 인력난을 이민자로 채우기 위해서다. 지난 3년간 이어진 팬데믹과 최근의 러시아-우크라이나 전쟁을 통해 세계 경제는 자원공급에 어려움을 겪으면서 심각한 경제적 타격을 입고 있다. 특히, 투어리즘에 의존하던 카리브해의 섬나라들은 상황은 더욱 어려운 실정이었다. 세계에서 가장 오래된 시민권 프로그램을 운영하는 것으로 유명한 세인트키츠네비스의 경우도 일시적으로 4명의 시민권을 한 명의 시민권 가격으로 받을 수 있는 '이벤트'를 진행했으며, 세인트루시아 시민권도 '할인행사'를 진행하고 있다. 많은 국가가 팬데믹을 겪으면서 생긴 재정적자를 보충하기 위해 다양한 투자이민 프로그램을 선보일 것으로 예상되는데, 경제적으로 어려움을 겪고 있는 나라일수록 더욱 그렇다. 팬데믹 기간, 카리브해 시민권 프로그램은 여러 개혁 조치를 통해 유례없는 성장을 기록했다.

이 시기, 튀르키예 시민권 프로그램 또한 많은 관심을 받았다. 튀르키예는 인구 구조상

높은 성장을 이루어야 하는 상황임에도 불구하고, 리라화의 폭락과 높은 물가상승 등으로 매우 불안정한 모습을 보였다. 그러나 불안정한 상황에서도 매년 50%가 넘는 부동산 투자 수익과 25만 불이라는 매력적인 투자 시민권 가격으로 엄청난 인기를 누렸다. 튀르키예는 2022년 6월에 시민권 투자비용을 40만 불로 인상했다. 튀르키예 투자이민은 가격이 상승했지만, 아직도 매력 있는 옵션이다. 하지만 튀르키예는 세계의 많은 사람이 주목하는 투자처임에도 불구하고 한국인들에게는 크게 인기를 누리지는 못했다.

유럽의 골든비자는 앞으로도 계속 변화할 것으로 예상된다. 유럽의회에서는 키프로스가 시민권 투자를 이용한 자금세탁에 협조한 일로 인해 시민권 프로그램을 폐지하게 된 후, 투자이민에 대한 강력한 관리 조치나 폐지를 언급해왔다. 비슷한 시기 헝가리와 몰도바 투자이민 프로그램도 셧다운 되는 등 키프로스와 운명을 같이 했다. 가장 성공적인 유럽 시민권 프로그램을 운영해왔던 몰타는 유럽의회를 상대로 소송을 준비하고 있다. 골든비자 프로그램이 유럽 전체가 합의한 대표적 투자이민으로써 운영되었지만, 일부 국가에 투자이민자들이 몰리면서 유럽의회에서는 투자이민을 받는 국가에 별도의 세금을 부과하는 등 유럽 전체를 위한 형평성을 요구하고 있다. 투자이민자들의 자격요건이 더욱 까다롭게 볼 여지가 있고, 영주권 및 시민권을 취득하기 위한 거주요건도 강화될 가능성도 있다. 아직 현실화되기까지는 복잡한 절차 등을 거쳐야 하기에 시간적인 여유는 있어 보이지만, 유럽 골든비자를 고려하는 사람들은 규제가 강화되기 전에 서둘러 투자이민을 준비할 것을 권한다.

유럽에서의 투자이민에 대한 규제 강화 조짐과는 별개로 개별 국가는 다양한 프로그램들을 선보이고 있다. 가령 스페인은 세금혜택을 주는 디지털노마드를 위한 새로운 스타트업 프로그램을 통한 이민 프로그램을 제안하고 있으며, 바누아투는 부동산 투자를 통한 시민권 프로그램을 새로 선보이며 그동안 이슈가 되었던 시민권 프로그램에 대한 신뢰도를 높이는 데 노력하고 있다. 파키스탄 또한 주변 국가인 아프가니스탄 등 다양한 국가의 자산가들에게 제안하기 위한 시민권 프로그램을 준비하고 있다.

포르투갈 골든비자 및 기타 거주권 : *Cristina Silva Dias 변호사

포르투갈은 지난 10년 동안 "골든비자" 프로그램을 운영해 왔다. 비 EU 국민은 무엇보다도 유럽의 셍겐 지역을 구성하는 26개국 내에서 이동할 수 있는 자유에 매력을 느낀다. 날씨, 요리, 자연의 아름다움, 따뜻한 사람들, 보안은 골든비자 프로그램을 위해 포르투갈을 선택하는 또 다른 이유이다. 하지만, 골든비자 취득을 위한 대부분의 투자가 두 주요 도시인 리스본과 포르투에 있는 부동산에 집중되었다는 이유로 포르투갈 정부가 최근 골든비자 프로그램의 일부를 재정립할 필요가 있음을 알게 되었다. 포르투갈은 최근 개정안을 통해 투자자들의 관심을 리스본과 포르투 외에 다른 곳으로 돌리려 하고 있다. 방문객들이 번잡한 도시에서 멀리 떨어진 포르투갈 시골의 매력을 발견한 것으로 보아 어느 정도 성공한 것으로 보인다.

그럼에도 불구하고 리스본과 포르투 및 이 개정안의 영향을 받은 기타 지역에도 여전히 기회가 있다. 골든비자 취득과 관련하여 다년간의 경험을 쌓은 변호사인 Cristina Silva Dias는 "모든 것은 투자 의도에 달려 있다"라고 말한다. "주거용 부동산을 구입하시려면, 대도시 밖으로 눈을 돌려야 한다. 그러나 관광을 위해 투자할 계획이라면 리스본과 포르투 등의 지역에서도 투자가 가능한 프로젝트가 많이 있다."

간혹 골든비자 신청이 부동산 구매에만 국한되지 않는다는 사실을 간과하는 경우가 있다.
즉, 골든비자는 회사에 직접 투자, 투자 펀드 또는 벤처캐피털 펀드의 매수, 회사 및 일자리 창출, 연구 또는 예술 분야에 투자로도 골든비자 취득이 가능하다. Cristina Silva

Dias는 "각 옵션에는 신중하게 고려해야 하는 특성이 있다."라고 말한다.

영주권 취득 경로로 골든비자를 선택하는 것조차 신중하게 고려해야 한다. 거주권 취득을 위한 다른 경로도 있기 때문이다. 코로나 이후 다양한 국적의 사람들이 군중이나 코로나로 인한 폐쇄를 피하기 위해 포르투갈을 선택했고 장기 거주를 선택하는 사람들도 많았다. 또한 "디지털 노마드"의 개념이 유행되었다. 이것은 독자의 상황이 아닐 수도 있지만, 포르투갈에서 일하거나 은퇴하는 것이 목적이라면, 골든비자 이외에도 다른 선택권이 있다는 점을 고려해 볼 가치가 있다.

디지털 노마드 비자는 보통 자신의 일과 포르투갈이 제공하는 삶의 질을 결합하고자 하는 젊은 사업가나 특별한 기술 전문 지식을 가진 사람들에게 적합하다. 불로소득으로 생활하는 은퇴자에게도 흥미로운 옵션이 열려 있다. 단, 젊은 사업가이건 은퇴자이건, 연간 포르투갈에 머무는 일수가 더 많을수록 포르투갈에 더 헌신적이라고 사료된다.

Silva Dias Legal은 리스본에 기반을 두고 있지만, 국내외 기업과 개인 고객님들께 포르투갈 어디에서든 포르투갈 관할권 내에서 다분야 법률 서비스와 고품질 자문을 제공하고 있다. 비자 준비 과정은 대부분은 온라인으로 시작하지만, 특정 요구 사항과 유효 날짜가 있는 여러 절차에 맞추어 문서를 직접 제출해야 하는 경우도 있다. 직접 방문해야 하는 절차를 위해서는 해당 절차에 동행해 줄 수 있는 경험이 있는 변호사를 선임하는 것이 도움이 된다.

Global Migration Trends

PART 4

해외부동산 투자 열풍

Global Migration Trends

해외부동산 투자 열풍

글로벌 부동산 투자자금의 흐름과 전망

부동산 자금의 흐름

아시아 태평양 지역(APAC), 북미 및 유럽으로 향하는 지역 간 글로벌 자본 흐름은 2021년 하반기에 전년 대비 60% 증가한 775억 달러를 기록하여 글로벌 상업용 부동산 투자 시장의 강력한 회복을 나타냈다. 특히 유럽은 지역 간 자본 유입이 가장 많았고 북미는 유출이 가장 많았다. APAC은 유입과 유출의 격차가 가장 컸다.

교차 지역 글로벌 자본의 45%가 산업 및 물류 자산을 대상으로 하며 모든 지역에서 해당 부문에 대한 기록적 투자가 이루어졌다. 사무실은 두 번째로 가장 표적이 된 부문으로 전 세계 교차 지역 투자의 34%를 차지했다.

2021년 하반기 북미 지역 간 자본 유입은 총 273억 달러로 2016년 하반기 이후 최고 수준이었다. 싱가포르 투자자는 주로 미국 산업 및 물류 자산을 대상으로 이 지역에서 활동했다. 유럽의 유입은 전년 대비 41% 증가한 미화 410억 달러, APAC 유입은 8% 증가한 미화 96억 달러로 지난 10년 동안 반기 중 최고 수준이다.

이 시기 투자자들이 선호하는 지역을 살펴보면, 대체로 외국 투자자들은 미국에서는 뉴욕, 보스턴, 시카고, 로스앤젤레스, 워싱턴 D.C를 주목했다. 미국인 투자자들은 런던, 밀란, 시드니, 베를린, 파리를 투자지로 선호하는 것으로 나타났다. 한편 아시아 지역 투자자들은 뉴욕, 런던, 시카고, 보스턴, 워싱턴 D.C에 대한 투자 비율이 높았다. 아시아 투자자들은 공격적인 투자로 자본 유입 대비 유출이 가장 높았다. 유럽인들은 뉴욕, 보스턴, 로스앤젤레스, 시드니, 올랜드 순으로 투자를 활발히 진행했다.

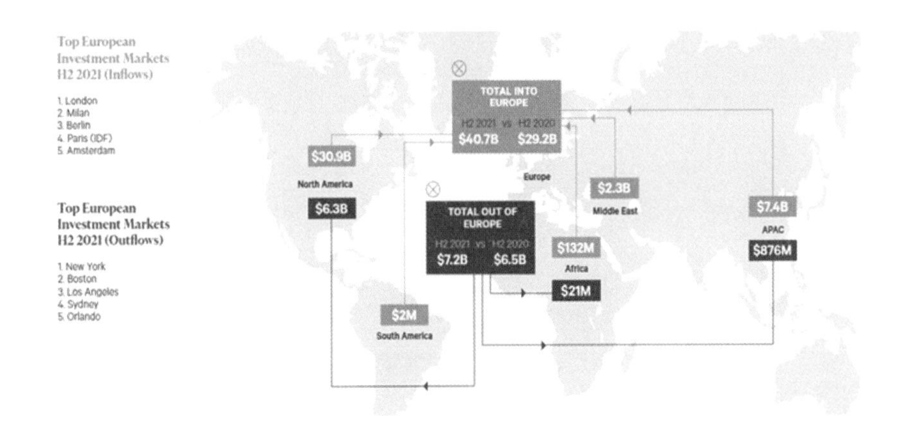

2023 해외부동산 시장의 흐름

세계 부동산 시장의 바로미터가 되는 미국 부동산 시장을 중심으로 흐름을 살펴보고, 앞으로의 시장을 전망해보겠다. 최근 2년 동안 미국 부동산 시장은 매우 뜨거웠다. 팬데믹 기간 거의 제로에 가까운 금리가 지속되면서 주택 가격 상승세가 계속 이어졌던 것이다.

전국 부동산 중개인 협회(National Association of Realtors)에 따르면 기존 주택 가격은 2021년 5월부터 2022년 5월까지 14.8% 급등했으며 사상 처음으로 400,000달러를 넘었다. 이는 2020년 3월 코로나19 바이러스 확산이 시작된 이후 45%나 넘게 오른 가격이다. 당시 전문가들은 집값 조정 시기가 올 것이라 예측하면서도 서브프라임모기지 사태로 촉발된 금융 위기와 유사한 주택 시장 붕괴 가능성은 매우 낮다고 내다봤다. 그 이유는 주택 재고가 여전히 부족하고 낮은 모기지 이자율로 혜택을 본 기존 주택 소유자가 부동산을 팔지 않을 가능성이 있기 때문이었다.

2022년 초에는 주택 가치가 떨어지면서 주택 시장이 결국 냉각될 것이라 경제학자들은 예측했다. 주택 가격이 소득보다 훨씬 더 빠르게 상승하여 경제적 부담을 안고 있으며, 2021년 8월 이후 모기지 이자율이 두 배로 뛰었기 때문이다. 그러나 이러한 예측에도 불구하고 집값은 계속 치솟기만 했다. 미국에서 가장 주목받았던 대도시 플로리다주 푼타고다의 사례가 대표적이다. 전국 부동산 중개인 협회에 따르면 2021년 1분기부터 2022년 1분기까지 이곳의 집값은 34.4%나 치솟았다. 다음으로 빠르게 성장하는 도시인 플로리다주 오칼라, 유타주 오그덴은 같은 시기에 각각 33.8%, 30.8% 집값이 올랐다.

이 시기 부동산 전문가들은 3가지 이유로 주택 시장이 붕괴하지 않을 것이라 분석했다. 첫 번째는 주택 재고가 사상 최저 수준에 가깝다는 이유에서다. 주택 재고 부족으로 바이어가 주택 가격을 올릴 수밖에 없는 형편으로 이어진다는 설명이다.

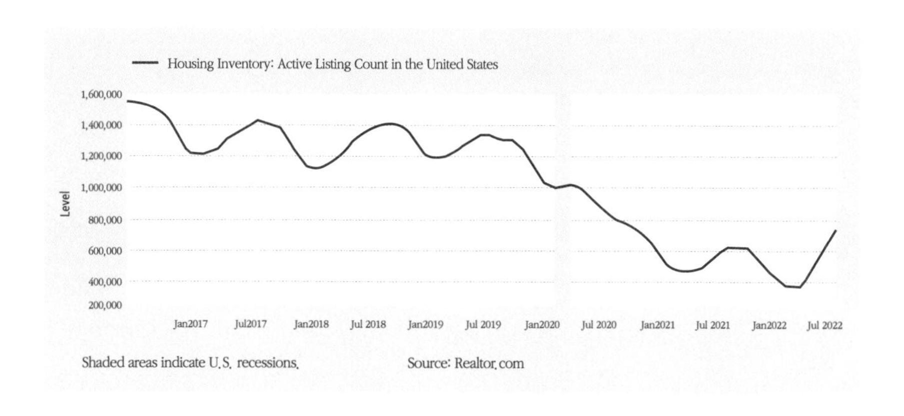

두 번째는 건축업자들이 수요를 충족할 만큼 빠르게 주택을 건설할 수 없다는 것이다. 가격 상승의 근본적인 원인은 수요 증가에 따른 공급 부족이었다. 건축업자들이 더 많은 주택을 시장에 내놓을수록 더 많은 주택 소유자가 판매를 결정하고 잠재 구매자가 시장에서 가격이 매겨지면 수요와 공급이 균형을 되찾을 수 있는데, 이런 균형이 하루아침에 되지 않을 것이라고 보고 있다.

세 번째는 인구통계학적으로 시장을 바라보면 밀리니얼 세대를 중심으로 구매자가 늘어나고 있기에 가격이 쉽게 떨어지지 않을 것으로 전망했다. 또 코로나 시기 재택근무가 증가하면서 사람들은 더 큰 장소를 필요로 했고, 이 시기 히스패닉(Hispanic)이 주택 구매에 나선 것도 가격을 끌어올린 동력으로 작용했다.

그러나 2022년 3월 이후 부동산 시장에 찬물을 끼얹는 상황이 벌어지게 된다. 미국 연방준비제도(Fed)가 기준금리를 인상하기 시작한 것이다. 7월부터는 기준금리를 1994년 이후 가장 큰 폭인 75bp를 인상했다. 금리 인상 이후 모기지 이자율도 상승함에 따라 부동산도 큰 영향을 받고 있다. 전문가들은 30년 모기지가 2022년 내에 5%에서 6%로 변할 것으로 예측했으며, 이는 1년 전 2.86%의 거의 두 배에 달하는 수치다.

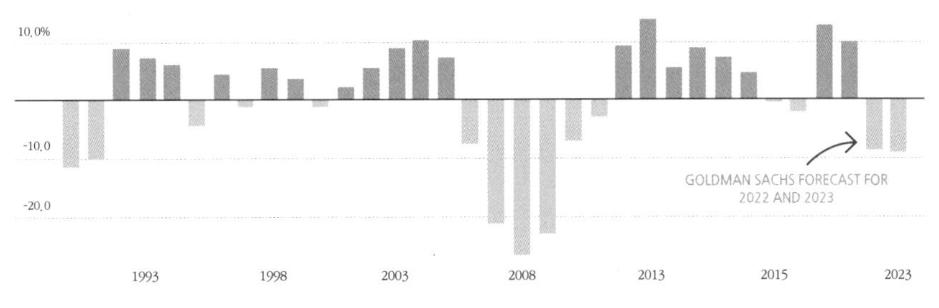

CHART : LANCE LAMBERT SOURCE : U.S. BUREAU OF ECONOMIC ANALYSIS, GOLDMAN SACHS

신용평가사 무디스의 분석가들은 높은 모기지 이자율과 경제위기로 인해 전국적으로 주택 가격이 약 5% 하락할 수 있다고 말하기도 했다. 투자 은행들도 무서웠던 미국 주택 시장의 호황기가 대체로 2022년에는 끝날 것으로 예측했다. 신규 주택 판매(22% 감소), 기존 주택 판매(17% 감소) 및 주택 GDP(8.9% 감소)에서 급격한 감소를 전망하고 있는 것이다.

이런 관점에서 보면, 2023년에도 부동산 시장 하락세를 예상할 수 있다. 부동산 전문

가들은 2023년 신규 주택 판매(8% 추가 하락), 기존 주택 판매(14% 추가 하락), 주택 GDP(9.2% 추가 하락) 등 시장 전 분야에서 추가적인 하락을 전망했다.

하지만, 이러한 하락 기조가 지속되지는 않을 것이라는 게 전문가 사이의 중론이다. 단기적인 하락(2년 이내)은 분명 존재할지라도, 시간이 흐를수록 화폐의 가치보다는 실물자산, 즉 부동산의 가치가 커질 수밖에 없는 구조이기에 단기적인 시간과의 싸움이라고 보는 관점이 많다.

한국인들이 가장 선호하는 부동산 투자국

1위 미국

HPI 및 Case-Shiller 동향 및 예측 그래프는 2000년부터 현재까지 HPI 및 Case-Shiller Index에 대한 전국 연도별 백분율 변화를 향후 1년의 예측과 비교하여 보여준다. 미국의 주택 붐은 8년 동안의 강한 집값 상승에도 크게 수그러들지 않고 있다. 코로나 시기, 지속적인 저금리와 팬데믹의 영향을 완화하기 위한 정부의 대규모 경기부양책과 주택 공급 부족이 큰 영향을 미쳤다.

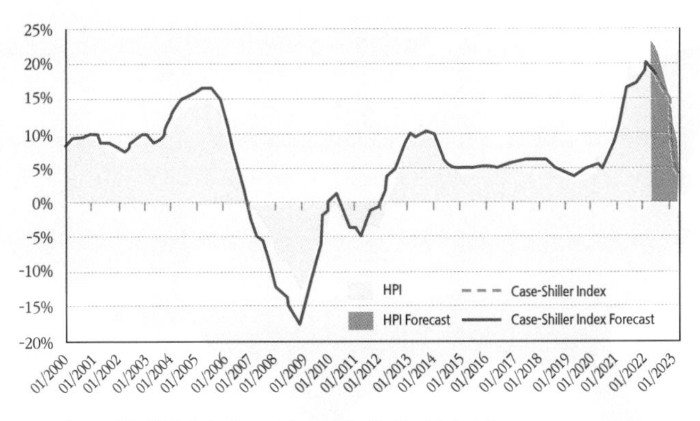

Source : Case-Shiller Index Forecast data provided by Moody's Analytics

팬데믹 기간에는 주택 가격이 급격히 상승했지만, 2023년은 집값 상승세가 둔화할 것으로 예상하고 있다. 급격한 인플레이션에 따른 전 세계 시장의 금리 인상이 주요 원인으로 꼽히고 있다. 주택 시장이 둔화되면서 조정이 일어나는 2023년 여름이 구매 적기가 될 수도 있을 것으로 판단된다.

전국적으로 주택 가격은 2021년 6월부터 18.3% 상승하여 125개월 연속 전년 동기 대비 상승했다. 연간 상승률은 여전히 강했지만 2개월 연속 전월 대비 둔화하는 모습이다. 이는 부분적으로 높은 모기지 이자율과 경기 침체에 대한 우려로 인한 구매자 수요 감소를 반영했기 때문이다. CoreLogic은 2023년 6월까지 전년 대비 상승률이 4.3%로 하락하여 2010년에서 2020년까지 주택 가격 상승이 장기 평균에 근접할 것으로 예상한다.

다음으로 주요 지역의 임대수익률을 살펴보면, 맨해튼 부동산 시장은 굳건하게 버티고 있고, 뉴욕에서는 스튜디오의 임대 수익률이 두드러진다. 뉴욕에서는 투자용으로 매입하는 경우는 큰 사이즈보다 작은 사이즈의 콘도가 상대적으로 큰 수익률을 볼 수 있다. 스튜디오는 한 달에 약 $2,700에 임대할 수 있으며 약 7%의 임대 수익률을 얻을 수 있다. 방 1개짜리 아파트는 한 달에 약 $3,500에 임대할 수 있으며 임대 수익률은 약 4.4%이고, 방 3개짜리 아파트의 임대수익률은 약 2.4%이다.

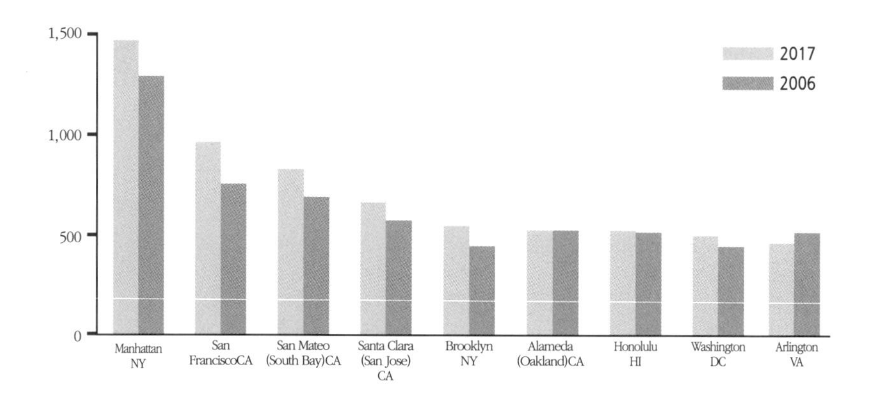

2위 포르투갈

포르투갈 경제성장률은 2019년 2.2%, 2018년 2.6%, 2017년 3.5%, 2016년 2%의 수치를 보였지만, 코로나19 사태로 2020년에는 1년 전보다 크게 하락해 -8.4%를 기록했다.

Banco de Portugal은 2022년 경제가 4.8%의 실질 GDP 성장률을 기록할 것으로 예상하지만, 여전히 팬데믹 이전 수준으로 돌아가기에는 충분하지 않아 보인다. 국제통화기금(IMF)과 유럽연합 집행위원회(EC)의 전망은 훨씬 더 보수적이며 각각 4.4%와 4.5%의 완만한 성장을 예상한다.

포르투갈에서는 외국인의 부동산 소유에 대한 제한이 없으며 거래 비용이 일반적으로 낮다. 포르투갈은 최소 500,000 유로 상당의 부동산을 구입하는 비EU 시민에게 5년 거주 허가를 부여하여 소지자가 일하거나 공부하고 솅겐 국가로 여행할 수 있도록 한다. 그들은 5년 후에 영주권을 신청할 수도 있다.

포르투갈 리스본 아파트의 임대수익률은 양호한 편으로 5.4~6.2%를 기록하고 있다. 리스본의 부동산 시장은 유럽권에서도 저평가되어 있었는데 현재는 합리적으로 가격이 책정되어 있다는 견해가 많다. 상대적으로 말하자면, 리스본 주택 가격은 아직도 유럽에서 가장 낮은 가격 중 하나다. 가령 엘리트 지역에 있는 85㎡의 리스본 아파트를 구입하는 데 약 200,000유로가 들 수 있고, 120㎡ 리스본 아파트 구입 비용은 약 300,000 유로, 250㎡ 리스본 아파트 비용은 약 840,000 유로이다.

리스본 지구의 아파트 수익률은 4.5%에서 6.7% 사이이며, 특히 작은 유형의 아파트가 더 많은 수익을 본다. 이것은 좋은 수익률과 구매 가격이 다른 유럽의 수도에 비해 매력적이지만, 그간 투자자들의 관심이 리스본에 집중되지 않았다는 점에서 비롯된다.

리스본의 빌라는 아파트와 비슷한 임대수익률을 보인다. 예를 들어 Cascais 아파트는

6.7%의 수익을 올릴 수 있고, 이에 못지않게 Oeiras의 주택은 6.15%의 놀라운 수익을 낼 수 있다. 이러한 임대수익률 수치는 장기적인 관점에서 분석된 것이기에 단기 임대는 이보다 더 높은 수익을 올릴 수 있다.

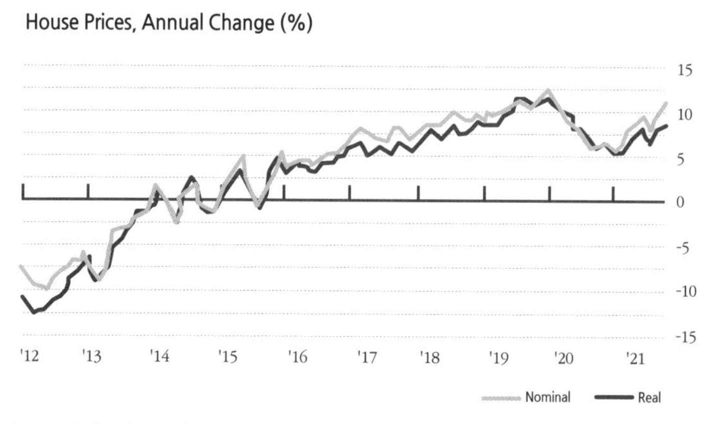

Source : INE, Glibal Property Guide

3위 튀르키예

튀르키예 부동산은 위기이자 기회라고 인식된다. 튀르키예에서 부동산을 매입하는 외국 투자자의 27%는 튀르키예 시민권을 목표로 투자한다. 투자자 4명 중 1명은 시민권을 신청하는 셈이다. 튀르키예에서 부동산을 매입한 사람의 57%는 즉시 입주 가능한 아파트를 선호하고 그중 32%는 분양 중인 아파트를 매입한다. 부동산을 매입한 경우 보유 기간은 5~7년이며, 5년 이상 보유하고 매각한 경우 튀르키예는 부동산 양도소득세가 없다.

2023년에는 튀르키예 부동산 시장의 붐으로 150억 달러 이상의 부동산 투자가 이어질 것으로 예상하고 있다. 튀르키예 중앙은행(CBRT)에 따르면 튀르키예의 전국 주택 가격은 2021년 1분기까지 1년 동안 30.6% 급등하여 ㎡당 평균 TRY 4,054(502 달러)에 달했다. 2020년 4분기에는 전년 동기 대비 32.6%, 3분기에는 28.1%, 2분기에는 23.7%, 1분기에는 15.1% 증가했다.

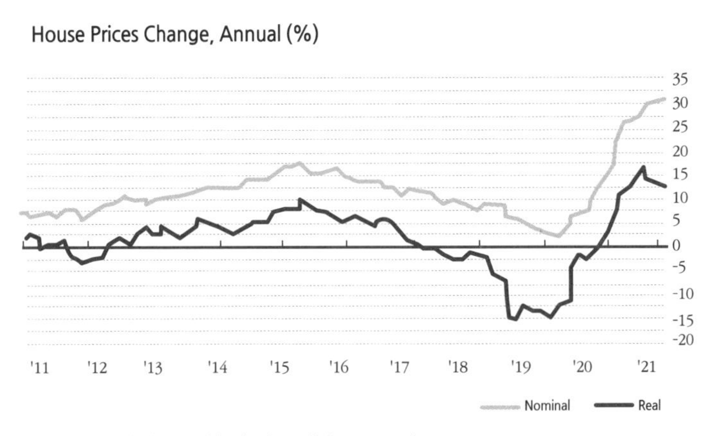

Source : Central Bank of the Republic of Turkey, Glibal Property Guide

그러나 실질 주택 가격 상승률은 지속적인 높은 인플레이션으로 인해 2021년 1분기까지 13%로 훨씬 완만하다. 분기 기준으로 전국 주택 가격은 2021년 1분기에 4.3% 증가했지만, 인플레이션을 감안할 때 실제로 변동이 없었다고 볼 수 있다.

튀르키예에서 가장 큰 도시이자 가장 비싼 주택 시장인 이스탄불의 평균 주택 가격은 2021년 1분기까지 ㎡당 TRY 6,312(782 달러)로 한 해 동안 20.8%나 상승했다. 인플레이션을 감안하면 주택 가격은 전년 대비 4.5% 상승한 셈이다.

이스탄불에서 아파트의 총 임대수익률(세금, 공실 비용 및 기타 비용 제외)은 임대 부동산의 구매 가격에서 얻은 수익으로 2%에서 4.7% 사이이며, 임대수익률은 소형 아파트가 중대형 아파트보다 훨씬 더 높다.

Global Migration Trends

PART 5

미국 세법 완벽 분석

Global Migration Trends

미국 세법 완벽 분석

미국과 한국에서의 세법상 거주자 판단

한국의 세법상 거주자 판단은?

Key point!

미국으로 이민을 갔지만 한국에서도 세법상 거주자로 분류되어 세무 의무를 이행해야 하는 경우가 있다. 해외거주자라면 한국의 세법상 거주자 판단기준을 반드시 이해하고 있어야 한다.

한국의 '상속세 및 증여세법'에 따르면 상속세는 상속을 받는 사람(상속인)이 거주자인지, 비거주자인지에 따라 과세대상 재산이 달라지고 공제금액에서도 상당한 차이가 발생한다. 증여세에서도 수증자, 즉 증여를 받는 사람이 거주자인지, 비거주자인지에 따라 역시 과세대상 재산이 달라지고, 증여세 공제 인정 여부도 달라진다. 이처럼 한국의 '상속세 및 증여세법'에 있어서 피상속인이나 수증자가 거주자인지 여부에 따라 과세 범위와 금액에서 상당한 차이를 가져오기 때문에 거주자 여부 판단은 무엇보다 중요하다.
국내 세법상 거주자 여부는 '소득세법' 제1조의 2 및 동법 시행령 제2조에 따라 판단한다. '거주자'란 국내에 주소를 두거나 183일 이상 거소(居所)를 둔 사람을 말한다. 이때 '주소'는 국내에서 생계를 같이 하는 가족 및 국내에 소재하는 자산의 유무 등 생활관계의 객관적 사실에 따라 판정한다. 계속하여 183일 이상 국내에 거주할 것을 통상 필요로 하는 직업을 가지거나, 국내에 생계를 같이 하는 가족이 있고 그 직업 및 자산상태에 비추어 계속하여 183일 이상 국내에 거주할 것으로 인정되는 때에 주소가 있는 것으로 인정될 수 있다.
'생활관계의 객관적 사실'을 판단하는 데에 고려되는 요소를 좀 더 구체적으로 살펴보면, 국내거소신고, 거주형태(자가 또는 임대차), 가족의 거주, 그 가족이 생계를 같이 하는지, 보유 부동산의 취득목적(주거용 또는 투자용), 직업, 주민등록 여부, 시민권이나 영주권 취득, 출입국 기록, 운전면허, 국민연금, 건강보험, 재산 내역, 각종 회원권 사용내역, 보험료 납입, 휴대폰 보유, 국내 신용카드 사용, 국내계좌 보유, 자녀의 학교 및 유치원 신청, 병원 기록, 송금기록, 종교 활동, 사망 장소, 사업현황, 주요활동 장소, 보유주식, 사업자등록, 재산세 납부 내역 등으로 다양한 요소가 있으며, 이러한 사실을 종합적으로 고려하여 '주소'를 두었는지 여부를 판단한다.
반면, 국외에 거주하거나 근무하는 사람이 외국의 국적을 가졌거나, 외국 법령에 의하여 그 외국의 영주권을 얻은 사람이 국내에 생계를 같이하는 가족이 없고 그 직업 및 자산상태에 비추어 다시 입국하여 주로 국내에 거주하리라고 인정되지 않을 때는 국내에 주소가 없는 것으로 본다. 즉 거주자로 인정이 되지 않는 것이다.
만약 어떤 사람이 국내에 '주소'를 둔 것으로 인정된다면 183일 등의 거주기간이 필수는 아니라는 점은 유의할 필요가 있다.

한편, '거소'는 주소지 외의 장소 중 상당 기간에 걸쳐 거주하는 장소를 말한다. 주소와 같이 밀접하고 일반적인 생활 관계가 형성되지 않은 장소인 것이다. 183일 이상 국내에 거소를 둔 경우에도 '거주자'로 인정될 수 있는데, 이 경우에는 반드시 183일 이상 '거소'를 둔 것으로 인정이 되어야 거주자로 인정받을 수 있다는 점에서 '주소'와 차이가 있다. 다만, 아직 국내에 주소를 두기 전이고 거소에서 183일 거주요건을 채우기 전이라고 하더라도, 만약 비거주자가 국내에 영주를 목적으로 귀국하여 국내에서 사망한 경우에는 거주자로 볼 수 있다.

국내 거주자 판단 요소

구분	거주자 판단 요소
직업	- 근로 제공 또는 기업의 임원 등재 장소 - 주요한 소득 발생 장소
가족	- 동일한 생활자금으로 생계를 같이하는 가족이 있는 장소 - 가족의 직장 근무지
자산	- 주요한 자산 소재 국가 - 상시 거주할 수 있는 주택 보유 장소
정주의 의사	- 직업이 단기간 근로 제공 계약인지, 장기간 체류하면서 근무를 제공하는계약인지 - 주택 보유 또는 장기체류 장소 임대차 계약
세금납부	- 거주자로서 전 세계 모든 소득을 신고하고 있는 장소
경제 및 법률 관계	- 영주권, 시민권 취득 - 국내 금융기관 계좌 개설 및 거래 - 국내 신용카드 사용 - 국민건강보험 가입 및 의료혜택 - 금전대차거래 또는 부동산 계약서상 주소지 - 국세 및 지방세 신고 주소지 - 군대 면제 여부

정리하자면 비거주자가 거주자로 되는 시기는 상황에 따라 다른데, 가령 장기간(183일 이상) 국내에서 활동하는 직업을 가진 때나 국내에 생계를 같이 하는 가족이 있고, 그 직업 및 자산상태에 비추어 계속하여 183일 이상 국내에 거주할 것으로 인정되는 때는 '주소'를 가진 것으로 보아 그 사유가 발생한 날에 거주자가 된다. 만약 '주소'가 아니라, '거소'를 둔 경우에는 183일이 되는 날에 거주자가 된다. 즉 한국에 주소가 있는지 없는지에 따라 거주자가 되는 시기가 달라진다는 의미다.

예를 들어 한국에서 2년을 거주한다고 했을 때, 직업을 가지고 2년을 거주하면 거주자로서 2년을 거주한 것이지만, 직업이 없이 거소를 두고 2년을 거주하면 183일까지는 비거주자로, 그다음 1년 반은 거주자로서 거주한 셈이다.

미국의 세법상 거주자 판단은?

Key point!

미국 영주권자는 현재의 거주지와는 관계없이 영주권을 취득해 미국에 도착하는 순간부터 미국 세법상 거주자가 된다. 이에 미국 세법상 거주자가 된 사람은 세무에 있어 의무를 다하여야 한다.

미국에서 상속세와 증여세를 납부하는 데에 있어서 납세자가 미국 세법상 거주자인지 여부는 과세대상 재산이 달라질 수 있고, 공제 범위가 달라지기 때문에 거주자 판정 여부는 중요한 의미를 가진다.

특히, 미국 세법상 거주자가 통합세액공제(Unified Tax Credit)를 활용할 경우, 2022년 기준으로 증여와 상속을 합쳐 평생 $12,060,000의 공제를 받을 수 있다. 해당 금액 범위 이내로 상속과 증여가 이뤄진다면 사실상 증여세와 상속세를 염려할 필요는 없다. 그리고 경우에 따라 살아있는 배우자의 상속재산에 대해서는 사용되지 않은 망인의 상속세 면제상당금액을 이용할 수도 있는데, 이를 활용하면 최대 $24,120,000(= $12,060,000 x 2명)까지 상속재산 가액에서 차감할 수도 있다.

반면 미국 세법상 비거주자라면 통합세액공제를 활용할 수 없다. 증여의 경우 연간 증여세 면제액(Annual Gift Tax Exclusion)인 증여자 1인당 각 수증자에 대한 $16,000(2022년 기준)만 인정받을 수 있다. 상속세의 경우 망인이 비거주 외국인으로 미국 내 소재한 유산이 $60,000을 초과한다면 상속세 신고를 해야 하며, 공제의 경우도 제한된 일부 공제(기부금 공제, 살아 있는 배우자가 미국 시민권자인 경우 배우자 공제 등)만 허용되고, $13,000의 통합세액공제만 인정된다. 결국, 미국에서의 거주자 인정 여부는 사실상 과세 여부를 결정하는 것이나 마찬가지다.

소득세의 관점에서 살펴보자. 미국은 다른 나라와는 달리 미국에 살지 않는 비거주자라고 하더라도 미국 국적으로 가지고 있다면 전 세계 소득에 대해 과세를 하는 제도를 가지고 있다. 이를 Worldwide tax system이라고 하는데, 대다수 나라는 Territorial tax system이라고 해서 비거주자는 본국 이외의 나라에서 발생하는 소득에 대한 납세 의무가 없다.

가령 대한민국 시민권을 가진 사람이 미국에 취업해서 돈을 버는 경우라면 어디에 세금을 납부해야 할까? 미국에서 취업한 사람이 미국에서 일정한 거주기간 요건을 충족하게 되면 한국의 입장에서는 비거주자에 해당한다. 그 사람은 국적과 상관없이 한국 세무당국에 미국에서 벌어들인 소득에 대해 소득 신고를 하지 않아도 된다. 그렇다면 미국 시민권을 가진 사람이 한국에 취업해서 돈을 버는 경우는 어떨까? 한국에서 일하는 미국인은 미국 국적을 가지고 있기 때문에 외국(한국)에서 벌어들인 소득을 미국 국세청에 신고해야 한다. 즉, 미국은 납세자가 실제 거주하는 곳이나 실질적 생활 기반이 어디인지에 기초해 과세하는 형태가 아닌, 미국 국적자 여부를 따지는 '법적 신분'에 기반해 과세하는 독특한 국가다.

그런데 미국은 소득세를 부과하는 거주자 판단기준과 상속이나 증여에 대해 과세하는 거주자 판단기준이 다르다. 우선 미국 소득세법상 미국 거주자를 살펴보면, ① 미국 시민 ② 미국 영주권자 ③ 미국 내 일정 거주기간 요건 채운 자 등으로 객관적인 기준에 따라 거주자 여부를 판단한다.

소득세법상 미국 거주자를 판단하는 세 번째 기준인 일정 거주기간 요건을 자세히 살펴보자. 미국은 시민권이나 영주권이 없더라도 미국 세법상 거주자로 여겨지는 외국인들도 FBAR 규제 대상이 된다. FBAR는 1970년 Bank Secrecy Act(미국 은행보안법, BSA)에 의해 만들어진 제도다. 미국 재무부(Department of Treasury) 산하 기구인 FinCEN(Financial Crimes Enforcement Network, 금융범죄단속국)에서 불법 자금을 막기 위해 만들어졌는데, 신청 대상이 되는 미국인(미국 거주자 포함)과 법인은 매년 FBAR 신고를 해야 한다.

외국인이 미국에 세금 신고 의무가 발생하기 위해서는 즉, 거주자가 되는 요건은 '183일 거주' 여부에 달렸다. 이를 구체적으로 설명하자면, 미국 세법상 거주자는 두 가지 요건을 동시에 만족해야 하는데, ① 세금보고 연도에 31일 이상 미국에 체류 ② 세금보고 연도를 포함한 최근 3년간 미국 체류일수가 183일 초과가 그 요건이다. 183일 계산법은 다음과 같다.

세금보고 연도 거주일 + 직전연도 거주일의 1/3 + 전전연도 거주일의 1/6 ＞ 183

외국인이 미국에서 거주일 기준을 충족했다면 다음의 비자를 소유하면서 미국에 거주하는 사람은 대부분 FBAR 규제 대상이다.

E, L, H, R : 투자나 취업 목적 비자는 세법상 거주자로서 규제 대상
J, Q : 과거 6년 중 2년 이상 해당 비자로 거주했을 경우 규제 대상
F, M : 해당 비자로 5년 이상 거주할 경우나 해당 비자로 이미 세금 신고를 거주자 신분으로 했을 경우 규제 대상

이처럼 신분 요건이 충족되었다고 해서 반드시 신고 의무가 발생하는 것은 아니다. 계좌와 한도 요건을 모두 충족하면 신고를 해야 한다. 신고대상 계좌로는 해외의 금융 계좌인데, 은행 계좌, 투자 계좌, 뮤추얼 펀드 또는 유사 집단 투자 펀드, 상품선물이나 옵션거래 계좌, 현금가액을 지닌 보험약관, 그 외 금융기관에 의해 유지되는 모든 계좌가 대상이다. 여기서 말하는 해외 금융 계좌는 미국과 미국령 밖에 위치하는 계좌를 의미한다. 가령 미국계 은행이더라도 한국지점의 계좌에 예금하고 있다면 이는 FBAR 목적상 해외 금융 계좌에 해당한다.
그리고 미국 시민권자나 영주권자, 거주자가 해외 금융 계좌 각각의 연중 최고 현금가액을 합해 $10,000을 초과하는지에 따라 신고 의무가 결정된다. 즉, 모든 계좌의 연중 최고 계좌 가액을 더했을 때 $10,000이 넘는지 판단해 신고 여부를 결정하면 된다.

한편, 소득세와 달리 상속세 및 증여세 목적상 미국 거주자 여부를 판단하는 것은 사망 시 또는 증여 시 미국에 주소지(domicile)가 있는지 여부를 요건으로 한다.
미국에 주소지(domicile)가 있는지 여부는 모든 사실관계와 정황을 고려하여 판단하도록 되어 있으며, 단편적으로 적용하는 객관적인 판단기준이 있는 것은 아니다. 일반적으로 고려되는 사항으로는 거주기간, 주택 소유 여부, 가족 구성원의 주거지, 사회적 관계(봉사활동, 종교 활동, 친구 관계 등), 경제적 관계(은행 계좌, 직장, 사업체 등), 영주권 소유 여부 등이 있다. 이 중 한두 가지 사실이나 정황만으로 판단하지 않고, 여러 상황을 종합적으로 고려하여 판단한다.

주소지(domicile)

(1) The term "resident" in the transfer tax context is different from the definition of "resident" in the income tax context. Residence in the transfer tax context is based on the individual's "domicile." Domicile is defined as living within a country with no definite present intent of leaving. Determining domicile for estate and gift tax purposes is fact specific. Once a non-citizen establishes the United States as their domicile, they remain a United States domiciliary until a new domicile is established. If there is doubt as to the location of domicile, there is a rebuttable presumption that the decedent was domiciled within the country where he or she resided. See Treas. Reg. §20.0-1(b)(1).

(2) If an examiner is examining a return of a decedent who was not a United States citizen, residence for estate tax purposes must be established by determining the decedent's domicile at the time of death. The examiner will need to research current United States and foreign laws, and applicable estate tax treaties, to determine the correct transfer tax treatment for the decedent.

(3) If there is a question about the decedent's domicile at the time of death and the decedent was a resident of a U.S. possession, the examiner may contact International Accounts at the Philadelphia Service Center to determine whether Form 8898, Statement for Individuals Who Begin or End Bona Fide Residence in a U.S. Possession, was filed by the decedent prior to death.

미국의 개인 소득세

Key point!

미국 세법상 거주자는 전 세계에서 벌어들이는 모든 소득에 대해 미국 연방정부에 매년 4월 15일까지 개인 소득세 신고를 해야 한다(신청 시 6개월 연장 가능). 이뿐만 아니라, 본인이 거주하고 있는 주의 세법에 따라 주정부에도 소득세 신고를 해야 한다. 다만, 일부 주는 소득세가 없는 주도 있으므로 이민을 계획한다면 이런 부분도 면밀하게 살피는 것이 좋다.

미국의 개인 소득세는 미국 국세법(IRC, Internal Revenue Code)에 근거해 징수하고, 미국 대부분의 주는 독자적으로 주정부 소득세를 부과한다. 이들 지방정부의 소득세는 일반적으로 연방정부의 개인 소득세 과세표준을 기준으로 계산된다.

과세대상 소득

미국 세법상 미국 거주자는 출처를 불문하고 모든 소득이 개인 소득세 과세대상이며, 미국에서 얻은 소득뿐만 아니라 한국 등 외국에서 얻은 소득에 대해서도 납세의무를 갖는다. 즉, 미국 세법상 거주자는 전 세계에서 얻는 소득에 대해 미국에 소득세를 신고하고 납부해야 하며, 주요 보고대상 소득은 다음과 같다.

(1) 근로소득
(2) 금융소득(이자소득, 배당소득 등)
(3) 양도소득(주식 및 부동산 등)

세법상 소득으로 판단이 되기 위해서는 해당 소득이 확정적이고 수치로 표현 가능해야 하며(Fixed and determinable), 납세자와 직접적으로 관련이 있는 소득이어야 한다(Effectively Connected Income).

신고금액 계산방법

1년간의 모든 소득에서 비과세 소득을 차감하여 총소득(Gross Income)을 구한 후, 여기에 소득공제(Deduction from Gross Income)를 차감하여 조정총소득(Adjusted Gross Income, AGI)을 구한다.

소득공제(Deduction from Gross Income)에는 표준공제(Standard Deduction) 혹은 항목별 공제(Itemized Deduction)를 선택할 수 있으며, 공제방식이 결정되면 조정총소득(AGI)에서 해당 공제금액을 차감하여 과세금액(Taxable Income)을 계산하게 된다.

표준공제(Standard Deduction)는 신고유형에 따라 세법에서 규정된 일정 금액을 공제하는 것인데, 공제항목이 적은 사람에 대하여 최소한의 공제를 허용하기 위한 것이다. 2021년 기준 표준공제액을 신고유형별로 살펴보면, 부부합산(Married Filing Jointly)은 $24,800, 가장(Head of household)은 $18,650, 부부별도(Married Filing Separately) 또는 독신(Single)은 $12,400이다.

항목별 공제(Itemized Deduction)는 세법상 규정된 금액이 아닌, 실제 발생한 비용을 기준으로 공제하는 방법이며, 공제가 가능한 주요 항목은 다음과 같다.

(1) 의료비: 납세자, 본인, 배우자, 부양가족을 위해 지출한 의료비에 대해 연간 조정 총소득(AGI)의 7.5%를 초과하는 금액
(2) 세금: 주정부 또는 지방정부에 납부한 소득세, 재산세(다만, 2025년까지 공제금액은 $10,000을 초과할 수 없음)
(3) 모기지 이자: 주택구입 대출의 경우 $750,000까지의 금액에 대해 발생하는 대출금 이자
(4) 재해손실: 건별 $100 초과 재해손실 금액에서 조정총소득(AGI)의 10%를 초과하는 금액

(5) 기부금: 공익성 자산단체(교회, 학교 등)에 대한 기부금(다만, 총조정소득(AGI)의 60%까지만 공제 가능하고, 2020년의 경우에만 총조정소득의 100%까지 공제 가능)

이렇게 과세금액이 산출되면 과세금액 및 신고유형에 따른 세율을 적용하여 산출세액을 구한 후, 다시 세액공제(Tax Credit), 원천징수세액(Tax Withheld), 중간예납세액(Estimated Tax Payments) 등 기납부세액을 차감하고, 가산세(Penalty)를 가산하여 최종 납부 세액(Tax Payable or Tax Refundable)을 산출한다.

2021 소득 구간별 세율표

2021			
세율	개인보고($)	부부합산보고($)	가장($)
10%	0-9,950	0-19,900	0-14,200
12%	9,950-40,525	19,901-81,050	14,201-54,200
22%	40,526-86,375	81,051-172,750	54,201-86,350
24%	86,376-164,925	172,751-329,850	86,351-164,900
32%	164,926-209,425	329,851-418,850	164,901-209,400
35%	209,426-523,600	428,851-628,300	209,401-523,600
37%	523,601-	628,301-	523,601-

주요 세액공제(Tax Credit) 항목을 살펴보자.

(1) 외국납부세액 공제(Foreign Tax Credit): 해외소득과 관련해 외국에 납부한 소득세가 있는 경우 일정 산식에 의하여 계산한 금액을 공제
(2) 육아비 공제(Child Tax Credit): 2021년 12월 31일 기준 자녀가 17살 이하인 경우에는 자녀 당 $3,000, 자녀가 6살 이하일 경우에는 자녀 당 $3,600 공제(다만, 부부합산(Married Filing Jointly)은 $150,000, 독신(Single)은 $75,000, 가장(Head of Household)은 $112,500 이하의 조정총소득(AGI)을 갖는 경우에 공제 가능 금액 전부가 공제됨)

(3) 근로장려금 공제(Earned Income Credit): 활동 소득이 있는 저소득자를 대상으로 일정 금액을 공제
(4) 최저한세 공제(AMT Credit): 개인 납세자의 경우 이전에 납부한 최저한세에 대한 미래 연도의 세액공제 대상이 될 수 있음

가산세(Penalty)에는 지연신고(월 5~25% 한도)나 지연납부(0.5~25% 한도) 등이 포함된다.

신고 및 납부

연도 중에 원천징수(Withholding) 및 중간예납(Estimated Tax Payments)에 의해 일정 부분을 미리 납부한 후에, 다음 해 4월 15일까지 개인소득세 과세표준과 세액을 최종 신고한다. 세액을 정산해 과소납부 세액은 추가 납부하거나, 과다납부 세액은 환급받게 된다.

Form 4868(Application for Automatic Extension of Time to File US Individual Income Tax Return)을 제출했다면 자동으로 6개월간 신고기한이 연장된다. 하지만, 신고기한을 연장했다고 해서 납부기한이 연장되지는 않기에 세금은 4월 15일까지 납부해야 한다. 지연납부에 대해서 이자와 벌금이 발생하기에 연장 신청 시에는 예상 납부세액은 계산해 납부하도록 하는 것이 좋다.

세금신고는 전자신고 또는 서면에 의한 우편신고로 하게 되며, 우편신고는 신고 마감일까지 우편물에 접수일자 소인이 찍혀야 기한 내 유효한 신고가 된다.

미국의 양도소득세

key point!

미국 거주자라면 주택이나 주식 등의 양도차익·차손에 대해서도 개인 소득세 신고 시, 별도의 서식을 작성하고 이를 소득에 포함해 신고해야 한다. 한국에서는 양도소득세가 분리과세이기 때문에 별도의 시기에 신고한다. 하지만 미국은 1년에 한 번 개인 소득세 신고에 양도소득과 관련된 모든 내용을 포함해 신고하기 때문에 납세자로서 신고해야 하는 내용을 잊지 않도록 주의를 기울여야 한다.

과세대상

투자목적 여부에 상관없이 미국 세법에 따로 명시된 몇몇 자산 외의 개인이 소유하고 있는 모든 자산(Capital Assets)을 양도해 발생하는 소득(Capital Gains)이 양도소득세 과세대상이다. 이러한 자산에는 부동산, 동산, 투자증권, 귀금속, 수집품, 사업용 자산 등 거의 모든 자산이 포함된다.

자산 양도 시 양도가액과 취득가액의 차액이 양도소득이나 양도차손에 해당한다. 양도소득은 양도차손과 상계되며, 순양도소득 혹은 순양도차손은 조세채무를 계산할 때 중요한 수치다.

신고 및 납부자

양도자가 시민권자, 영주권자, 거주 외국인 등 미국 세법상의 '미국인(US person)'에 해당하면 일반적으로 전 세계에서 발생한 양도소득에 대하여 납세의무를 진다. 전 세계 소득에 대하여 미국에서 납세의무를 부담할 경우 소득세를 계산할 때 국외 원천소득과 관련해 외국에 이미 납부한 세금 중 세법에서 정한 한도 내의 금액은 외국납부세액으로 소득세액에서 공제받을 수 있다. 양도자가 비거주자라도 미국 내의 부동산 또는 부동산에 대한 권리의 양도소득에 대하여 납세의무가 있다. 양도소득이 발생하면 다음 해 4월 15일까지 소득세 신고 시에 함께 신고해야 한다.

양도소득세의 계산

양도소득세를 산출하려면 우산 자산의 보유 기간을 고려해야 한다. 보유 기간이 1년 이하인 자산을 처분해서 발생한 소득은 단기양도소득(Short-term Capital Gains, 이하 STCG)로 분류하고, 보유 기간이 1년이 넘는 자산을 처분해서 발생한 소득은 장기양도소득(Long-term Capital Gains, 이하 LTCG)으로 분류한다.

STCG는 일반소득과 합쳐 일반세율(2021년 귀속연도의 경우 10~37%)을 적용해 세액을 계산하는데, 일반적으로 LTCG에 적용되는 세율은 최고 20%다. 가령 어느 고소득자의 일반소득에 적용되는 최고세율이 37%라 할지라도 그 납세자의 LTCG에 적용되는 일반적인 세율은 20%라는 말이다. 최고 일반소득세율이 15%를 초과하지만 37% 미만인 납세자는 LTCG에 대하여 15%의 세율을 적용하여 세액을 계산한다.

또한, 일반소득세율이 10~12%인 납세자에게는 LTCG에 대해 면세 특혜가 주어진다. 즉, 일반소득세율이 12% 이하인 납세자는 이 기간 LTCG에 대해 소득세를 납부하지 않아도 된다. 다만, 납세자의 LTCG 소득이 일반소득과 비교하여 12% 세율층을 넘는 LTCG에 대해서는 다른 소득이 없어도 15%나 20%의 세금을 납부해야 한다.

예를 들어, 부부합산으로 보고하는 어느 부부의 2021년 LTCG가 $55,000이었고 다른 소득이 없었다면, 일반소득세율 12% 세율층에 속하므로 LTCG 전액에 대해 면세를 받는다. 그런데 이 부부의 LTCG 소득이 $90,000였다면 $81,050까지는 면세이나, $81,050을 초과하는 $8,950($90,000 - $81,050)에 대해서는 15%의 세율을 적용해 $1,342.50를 납부해야 한다.

‖ 2021 소득 구간별 세율표 ‖

소득구간		일반소득세율	LTCG 소득세율
개인보고($)	부부합산보고($)		
0-9,950	0-19,900	10%	0%
9,950-40,525	19,901-81,050	12%	0%
40,526-86,375	81,051-172,750	22%	15%
86,376-164,925	172,751-329,850	24%	15%
164,926-209,425	329,851-418,850	32%	15%
209,426-523,600	428,851-628,300	35%	15%
523,601-	628,301-	37%	20%

양도손실 공제

양도 시 발생한 손실은 다른 양도소득이 있으면 서로 상계한다. 그러고도 순양도손실(Net Capital Losses)이 발생하면 일반종합소득에서 공제할 수 있다. 단, 공제 한도액은 연간 $3,000이다(부부 별도신고의 경우 $1,500). 이번 연도에 공제하지 못한 순양도손실은 다음 해 이후로 이월되어, 양도소득이 있는 경우 그 소득과 먼저 상계하고 그래도 상계하지 못한 순양도손실은 매년 $3,000을 한도로 일반종합소득에서 이월 공제할 수 있다.

손실을 이월할 때는 단기양도손실 혹은 장기양도손실의 성격이 그대로 남는다. 다음 해로 이월하는 장기양도손실은 다음 해의 장기양도소득과 먼저 상계하고 나서 다음 해의 단기 양도소득과 상계하는 식이다.

예를 들어 어느 부부의 2021년 일반 종합소득이 $50,000이라고 가정해보자. 그 부부가 2009년에 $20,000에 취득한 주식을 2021년에 $10,000에 양도하여 $10,000의 손실이 발생했다면, 연간 $3,000을 일반종합소득 $50,000에서 차감하여 소득세 과세표준($47,000)을 계산한다. 이 경우 공제받지 못한 양도손실 $7,000은 이월하여 2022년부터 다른 양도소득이 있으면 우선 서로 상계하고(한도 없음), 그러고도 순양도손실이 남으면 연간 $3,000을 한도로 일반종합소득에서 공제할 수 있다.

주거용 자택에 대한 혜택

주거용 자택(Principal Residence)을 처분했을 경우 부부합산보고 납세자는 양도소득 $500,000까지, 그 이외의 납세자는 $250,000까지 면세 혜택이 주어진다. 혜택을 받기 위해서는 반드시 지난 5년 사이 2년 이상을 소유하고 2년 이상 주거용 자택으로 사용해야 한다. 2년 거주 규정은 지속해서 거주해야 한다는 뜻은 아니고, 지난 5년 사이 아무 때나 24개월 이상을 주거용 자택으로 사용하면 된다. 면세 혜택은 거주자뿐만 아니라 비거주자에게도 적용된다.

예를 들어 부부합산으로 보고하는 어느 부부가 $300,000에 구입한 주거용 자택을 11월 30일 $750,000에 처분했고, 2016년부터 2021년까지 5년을 주거용 자택으로 사용했다면 2년 이상 거주 규정을 충족하였으므로 양도소득 $450,000 전액에 대해 면세 혜택이 주어진다.

미국의 상속세 과세제도

Key point!

소득세법상 미국인 여부를 판정하기 위해서는 영주권 여부나 체류일수를 기준으로 판단하지만, 상속 및 증여세의 목적상 미국 거주자가 되기 위해서는 사망이나 증여 시 미국에 본적지(Domicile)가 있을 것을 요건으로 한다. 피상속인이 미국 상속세법상 거주자라면 통합공제방식에 따른 면제상당금액은 $12,060,000이 된다. 만약 피상속인(사망자)이 비거주 외국인으로서 미국 내에 소재하는 유산이 있어 상속세가 부과되는 경우에는 제한된 일부 공제(기부금 공제, 살아 있는 배우자가 미국 시민권자인 경우 배우자 공제 등)만 허용된다.

과세대상

전 세계의 모든 상속재산이 과세대상이며, 사망일 또는 사망 후 6개월이 된 때의 시가(Fair Market Value)가 당해 연도의 상속세 면제 한도를 초과할 때 상속세가 부과된다. 피상속인(사망자)이 비거주 외국인(Nonresident Alien)인 경우에는 미국 내에 소재하거나 미국과 관련 있는 상속재산(U.S. Situs Property)이 상속세 과세대상이다.

상속 및 증여세의 목적상 미국 거주자가 되기 위해서는 사망이나 증여 시 미국에 본적지(Domicile)가 있을 것을 요건으로 하고 있다. 소득세법상 미국인 여부를 판정하기 위해 영주권 여부나 체류일수 기준 등 보다 객관적인 기준을 사용하고 있는 것과 달리, 상속 및 증여세법에서는 사망 또는 증여 시점에서 거주자의 본적지가 어디에 있는지를 기준으로 미국 거주자 여부를 판단한다. 본적지 존재 여부는 모든 사실관계와 정황을 고려하여 판단하고 있으며 단편적으로 적용할 수 있는 판단기준이 마련되어 있지 않다. 일반적으로 고려되는 사항으로는 거주기간, 주택 소유 여부, 가족 구성원의 주거지, 사회적 관계(봉사활동, 종교 활동, 친구 관계 등), 경제적 관계(사업체, 자동차, 직장, 은행

계좌 등), 영주권 소유 여부 등이 있다. 본적지에 관한 판단은 한두 가지 사실이나 정황만으로 판단할 수 없다는 점을 유념해야 한다. 가령 미국 영주권을 가지고 있더라도 미국에 본적지가 있다고 단정할 수 없다.

상속세법 시행규칙에서는 "사람들이 이후에 이동해서 나갈 것이라는 명확한 의사가 현재 상황에서 없는 한 어떠한 장소에 살고 있으면(심지어 잠시 살더라도) 'Domicile'을 가지게 된다", "항구적으로 머물고자 하는 의도가 없이는 domicile이 성립되지 않는다", "일단 domicile이 성립되면 그 domicile을 실제 떠나지 않은 상태에서 훗날 domicile을 바꾸겠다는 의도를 갖는 것만으로는 domicile이 바뀌지 않는다"라는 등 'domicile'에 대해 설명하고 있다.

2018년 이후 시행된 "The Tax Cuts and Jobs Act"에 따르면 미국 시민 또는 미국 상속세법상의 거주자가 이용할 수 있는 통합공제(United Credit)방식에 따른 상속세 및 증여세 면제상당금액(Exemption Equivalent)은 상속과 증여를 합쳐 2011년도 기준 $10,000,000이며 인플레이션과 연동된 2022년도분 상속 및 증여세 면제상당금액(Exemption Equivalent)은 $12,060,000이 된다. 피상속인이 2022년 사망하는 경우 살아있는 배우자의 상속재산에 대해서는 사용되지 않은 피상속인의 상속세 면제상당금액을 이용할 수 있다. 따라서 결혼한 부부는 먼저 사망한 배우자가 자신의 상속세 면제상당금액을 이용하지 못하고 사망했더라도 최고 $24,120,000까지는 상속재산 가액에서 차감할 수 있는 셈이다. 상속 및 증여세 면제상당금액을 초과하는 상속이나 증여에 대해서는 40%의 상속세나 증여세가 부과된다.

피상속인이 비거주 외국인이라면 미국 내에 소재하는 유산(부동산, 동산, 주식, 사채, 조합지분 등)이 $60,000을 초과하는 경우 상속세 신고를 해야 한다. 또한 피상속인(사망자)이 비거주 외국인으로서 미국 내에 소재하는 유산이 있어 상속세가 부과되는 경우에는 제한된 일부 공제(기부금 공제, 살아 있는 배우자가 미국 시민권자인 경우 배우자 공제 등)만 허용되고, $16,000(2022 기준)의 통합세액공제를 받을 수 있다.

상속재산의 범위

상속세 과세대상이 되는 상속재산에는 피상속인이 사망 시 소유한 모든 재산, 사망 시 이전키로 한 재산, 취소 가능 신탁의 재산, 생명보험 수령액, 부적합한 증여 및 매도로 이전한 재산, 공동 소유권의 피상속인 지분, 피상속인이 수익자를 지명할 수 있는 권리(Power of Appointment)를 가진 신탁의 재산권 등이 포함된다.

피상속인이 생전에 연간 증여세 면제액을 초과하여 증여한 금액은 상속재산 가액에 가산된다. 단, 취소 불가능한 신탁(Irrevocable Trust)은 상속재산에서 제외된다. 상속세 과세대상이 되는 상속재산은 유언 또는 분배와 관련된 지역 법에 국한되지 않는다.

납세의무자

상속세 보고 및 납세는 '유언 집행인(executor)'이 한다. '유언 집행인'에는 유언 집행인(the executor)은 물론, 대리인(personal representative) 혹은 관리인(administrator)을 포함하고 있으며, 신탁(trust) 등을 통해 상속이 이루어져 법원 절차를 거칠 필요가 없는 경우에는 피상속인의 재산을 상속받는 자 또는 기관을 말하기도 한다.

유산(the decedent's estate)은 피상속인과는 별도의 납세의무를 가진 개체로 따로 납세자 번호(EIN)를 발급받아야 하며, 상속 절차가 이루어지는 동안 유산으로부터 발생하는 소득을 신고하고 그에 대한 세금을 납부해야 한다.

과세표준 및 세액의 계산

상속세 과세표준은 피상속인이 소유한 총상속재산가액을 산정한 후, 장례비용, 유언 집행비용, 부채 등을 차감한다. 거기에 배우자 공제(Marital Deduction), 기부금 공제(Charitable Deduction), 주정부 상속세 공제(State Death Tax Deduction)를 차감한 과세대상 재산가액을 산출한 후, 피상속인이 1976년 이후 증여한 과세대상 증여가액을 합산한다. 여기에 누진 상속세율(최고 40%)을 적용하여 잠정 상속세액을 산출한다.

잠정 상속세액에서 통합세액공제(Unified Tax Credit)와 기타 세액공제(기납부 증여세 등) 등을 차감하면 최종 상속세 납부세액이 산출된다. 통합세액공제액을 활용하면 2022년 기준 상속세 면제상당금액 $12,060,000까지 상속재산가액에서 차감할 수 있다. 다만 증여세에서 통합세액공제를 활용한 경우 그만큼 상속세에서 활용할 수 있는 한도가 줄어들게 된다.

동일한 재산에 대하여 외국에서 상속세를 납부한 경우, 이중과세를 방지하기 위해 타국에 실제로 납부한 세액 또는 동재산가액에 상당하는 미국 상속세액 중 적은 금액을 한도로 해서 외국납부세액으로 상속세액에서 공제가 인정된다.

배우자 공제(Marital Deduction)는 배우자가 미국 시민권자인 경우 배우자가 실제 상속받는 재산의 가액(즉, 시민권자인 배우자에게 상속하는 재산에는 상속세가 부과되지 않음)이고, 배우자가 영주권자나 비거주자인 경우 적격신탁(Qualified Domestic Trust)을 통한 상속을 제외하고는 배우자 공제를 받을 수 없다.

세대생략세 (Generation Skipping Transfer Tax, GST Tax)

GST Tax는 상속세 및 증여세와 별도로 부과되는 세금으로, 조부모로부터 손자손녀(또는 증손자 증손녀)에게 유언 또는 신탁에 의해 재산이 넘어갈 때 부과되는 세금이다. GST Tax는 37.5세를 초과하여 연하인 제3자에게 재산이 넘어갈 때도 부과된다.

미 의회는 1976년 후세대에 증여나 유증을 하기보다 손자손녀 또는 증손자 중손녀에게 직접 증여나 유증을 함으로써 한 세대 혹은 그 이상의 세대가 상속세를 회피하는 것을 방지하기 위하여 GST Tax를 입안했다.

GST Tax는 기증자보다 두 세대 이상 아래인 세대의 수취자에게 부를 이전하는 것에 대해 두 계층의 세금(상속세의 별도부과 및 최고세율을 이용하여)이 부과되는 효과를 낸다. 예를 들면, 조부모가 손자손녀에게 증여를 할 때 증여 대상물에 대해 증여세와 GST Tax가 동시에 부과될 수 있다. GST에 대한 면제상당금액은 2011년 기준으로 $10,000,000이며 인플레이션과 연동되고, 면제상당금액을 초과하는 액수에 대해서는 40%의 세율이 적용된다. 따라서 2022년에 이루어진 GST에 대해서는 40%의 세율과 $12,060,000의 면제상당금액이 적용된다.

신고 및 납부

상속세 납부의무자는 상속개시일(사망일)로부터 9개월 이내에 상속세 신고(Form 706)를 하고, 세금을 납부해야 한다. 상속세는 일시에 현금으로 납부하는 것이 원칙인데, 예외적으로 피상속인의 사업체가 상속재산의 35% 이상일 경우에는 상속세를 분할 납부하는 제도가 있지만, 법령에서 정하는 모든 기준을 충족해야 한다.

비거주 외국인(nonresident alien)이 사망했는데 미국 내에 소재하는 유산이 있어 상속세가 부과되는 경우에는 역시 상속개시일로부터 9개월 이내에 상속세 신고(Form 706-NA)를 하고, 세금을 납부해야 한다.

상속세 신고 시 제출할 서류는 피상속인의 사망 확인 서류, 유언장이 있는 경우 유언장 사본, 주정부 상속세 납부확인 서류, 재산평가 서류, 증여세 보고 서류 등이다.

주정부 상속세

미국의 많은 주정부는 2001년 연방 세법 개정 이후 상속세를 부과하는 법을 신설하여 주정부 상속세 보고 및 납세를 요구한다. 주정부 상속세는 많은 변화가 있고 또한 연방정부 상속세(estate tax)와는 다른 개념의 상속세(예를 들어, inheritance tax)를 부과하는 경우도 있으므로, 각 주정부의 상속법에 대한 자세한 사항은 세무 전문가와 상담할 필요가 있다.

미국의 증여세 과세제도

Key point!

증여를 할 때 한국은 수증자가, 미국은 증여자가 증여세를 부담한다. 증여자가 미국 상속 및 증여세법상 거주자인 경우에는 전 세계 모든 증여재산에 대해 증여세 보고 및 납세의무가 있고, 비거주 외국인이라면 미국 내 소재한 자산을 증여한 경우 납세의무가 발생한다. 연간 증여세 면제액(Annual Gift Tax Exclusion)은 증여자(Donor) 1인당 각 수증자(Donee)에 대하여 $16,000(2022년 기준)이다. 통합세액공제(Unified Tax Credit)를 활용할 경우, 2022년 기준으로 증여와 상속을 합쳐 평생 $12,060,000을 공제받을 수 있다.

납세의무

미국은 증여계약에 의해 재산을 무상 또는 낮은 가액으로 이전하는 증여자(Donor)가 증여세 납세의무자가 된다. 증여자가 미국 시민 또는 미국 증여세법상 거주자인 경우에는 전 세계의 모든 증여재산에 대하여 증여세 보고 및 납세의무가 있고, 증여자가 비거주 외국인이라면 미국 내에 소재하거나 미국과 관련이 있는 자산(U.S. Situs Property)을 증여한 경우에만 납세의무가 있다.

한국과 미국의 증여세 제도 차이에서 발생하는 사례

한국은 수증자(Donee, 받는 사람)에게 증여세를 과세한다. 수증자가 한국 거주자인 경우에는 전 세계에서 증여받은 재산에 대하여 한국에 증여세 납세의무가 있고, 수증자가 한국 비거주자인 경우에는 한국에 있는 자산 및 특정 국외 소재 재산을 증여받았을 때 한국에 증여세 납세의무가 있다.

한국 또는 미국에서 증여가 이루어진다면 증여자가 미국 시민인지 여부, 증여자가 어느 나라 거주자인지, 수증자가 어느 나라 거주자인지, 재산이 어느 나라에 있는지에 따라서 표에서 보는 바와 같이 여러 사례가 발생할 수 있고, 이중과세가 발생할 수도 있으니 주의 깊게 살펴봐야 한다.

증여자 거주지	수증자 거주지	재산* 소재지	미국 증여세	한국 증여세
미국	미국	미국	과세**	비과세
미국	미국	한국	과세	과세
미국	한국	미국	과세	과세
미국	한국	한국	과세	과세
한국	미국	미국	과세	비과세***
한국	미국	한국	비과세	과세
한국	한국	미국	과세	과세
한국	한국	한국	비과세	과세

* '재산'은 유형재산뿐이라고 가정

** '과세'는 한국의 경우 증여재산공제, 미국의 경우 Unified Tax Credit 등 각종 공제를 적용한 결과 납부할 증여세가 없는 경우에도 포함하는 바, 양국에서 '과세'라 하더라도 실질적으로 이중과세가 발생하지 않는 경우도 많음

*** 단, 2013.1.1. 이후 증여분부터는 비거주자가 국내 소재 재산뿐만 아니라, 거주자로부터 증여받은 국외 예·적금 등 해외금융계좌에 보유된 재산과 국내 소재 재산을 50% 이상 보유한 외국법인의 주식을 증여받을 경우에는 증여세가 과세됨

증여세 공제

연간 증여세 면제액(Annual Gift Tax Exclusion)은 증여자(Donor) 1인당 각 수증자(Donee)에 대하여 $16,000(2022년 기준)이다. 즉, 한 명의 증여자가 한 명 또는 여러 명에게 각각 $16,000 이하를 증여하는 경우 증여세 보고 및 납세의무가 면제된다는 의미다. 예를 들어 아버지가 3명의 자녀에게 각각 $16,000을 증여하는 경우(총 $48,000)

증여세가 면제되고, 증여세 보고를 할 필요가 없다. 연간 증여세 면제액은 사용하지 않아도 누적되지 않는다.

또한, 증여한 금액을 5년에 나누어서 보고하는 것도 가능하다. 증여자는 Form 709에 포함되는 Schedule A에 증여한 금액을 1/5로 나누어 매년 보고할 수 있다.

상속세에서도 설명했듯이 미국 세법상 거주자가 통합세액공제(Unified Tax Credit)를 활용할 경우, 2022년 기준으로 증여와 상속을 합쳐 평생 $12,060,000을 공제받을 수 있다. 해당 금액 범위 이내로 상속과 증여가 이뤄진다면 사실상 증여세와 상속세를 염려할 필요가 없다. 증여세에서 통합세액공제를 활용하는 경우 상속세에서 사용할 수 있는 통합세액공제가 줄어든다. 증여자가 비거주 외국인인 경우 통합세액공제를 활용할 수 없다.

그리고 연간 증여세 면제액($16,000)을 초과하여 증여하는 경우 납부할 증여세가 없더라도 세금보고는 반드시 해야 한다.

비과세

재산이 무상으로 이전되는 경우라 하더라도 부부 간 증여, 자선단체에 대한 기부, 정치단체에 대한 기부, 인가된 교육기관의 교육비(수업료)를 직접 교육기관에 지급하기 위한 증여, 의료비를 직접 의료기관에 지급하기 위한 증여는 증여세 과세대상이 아니다.

단, 증여를 받는 배우자가 미국 시민권자(U.S. Citizen)가 아닌 외국인이라면 연간 $16,000의 증여세 면제액(Annual Exclusion) 대신 연간 배우자 공제 금액인 $159,000(2021년 기준)을 증여가액에서 차감해준다.

과세표준 및 세액의 계산

증여세 과세표준은 연간 증여재산 총액에서 연간 증여세 면제액, 배우자 공제, 자선단체 기부 공제 등을 차감하여 과세대상 증여가액을 산출하고, 그 이전의 과세대상 증여가액 누계액을 더해 평생 과세대상 증여가액(Lifetime Taxable Gifts)을 구한다. 여기에 누진세율(최고 40%까지)을 적용하여 산출한 세액에서 그 이전의 과세대상 증여가액에 대한 세액을 차감하여 잠정 증여세액을 산출한다.

잠정 증여세액에서 사용하지 않은 통합세액공제(최대 통합세액공제 - 이전증여에 대한 통합세액공제)를 차감하면 당해 연도에 납부해야 할 증여세가 산출된다.

2022년 기준 $12,060,000까지 세금을 납부하지 않고 증여를 할 수 있다. 다만, 증여세에서 통합세액공제를 활용한 경우 그만큼 상속세에서 활용할 수 있는 한도가 줄어든다.

신고

증여자가 미국 시민권자 또는 증여세법상 거주자인 경우 특정 수증자에게 연간 증여세 면제액보다 많은 재산을 증여한 때에는 증여일이 속하는 연도의 다음 해 4월 15일까지 증여세 신고서(Form 709)를 제출해야 한다.

증여재산의 가액이 연간 증여세 면제액보다 적더라도 부부가 함께 분할증여(Split Gifts)를 한 때에는 납부할 증여세가 없더라도 증여세 신고서를 제출해야 한다.

증여재산이나 상속재산을 양도했을 때 양도차익 계산

증여받은 재산을 양도했을 때 양도차익 계산에 있어서 취득원가(Tax Basis)는 증여자의 원가(Carry-over Basis)이기 때문에 증여자 및 수증자가 소유한 기간에 발생한 자본 이득 전체에 대해 양도소득세를 내야 한다.

상속받은 재산을 양도했을 때 양도차익 계산에 있어서 취득원가(Tax Basis)는 상속받을 당시의 시가(Stepped-up Basis)가 되기 때문에 피상속인(사망자)의 생전에 발생한 자본이득에 대한 양도소득세가 과세되지 않는 결과가 된다.

해외거주자로부터의 증여 및 상속 보고

미국 세법상의 미국인이 미국 비거주자(nonresident alien)로부터 연간 $100,000을 초과하여 증여나 상속을 받은 경우, 또는 $16,388(2021년 기준)을 초과하여 외국 법인 또는 외국 Partnership으로부터 증여를 받은 경우, 또는 외국신탁(Foreign Trust)으로부터 직접 또는 간접적으로 분배를 받거나, 외국신탁에 투자하거나, 또는 외국신탁과 거래를 한 경우 다음 해 4월 15일까지 소득세 신고 시에 Form 3520(annual Return to Report Transactions with Foreign Trusts and Receipt of Certain Foreign Gifts)을 보고해야 한다.

기한 내에 Form 3520을 보고하지 않으면 매월 지급받은 금액의 5%(최고 35%)에 상당하는 페널티를 부과한다.

주정부 증여세

상속세와 다르게 증여세를 부과하는 주정부는 많지 않다. 하지만, 주정부 증여세의 경우 많은 변화가 있을 수 있고 또한 연방정부 증여세와는 다를 수도 있으므로 각 주정부의 증여세법에 대한 자세한 사항은 세무 전문가와 상담할 필요가 있다.

미국의 금융 관련 보고의무

해외 금융계좌 보고의무 (Reports of Foreign Bank and Financial Accounts)

미국 시민권자, 영주권자 및 거주 외국인을 포함한 미 세법상의 거주자(개인), 주식회사, 합자회사, 합명회사, 신탁 등은 해당 연도(Calendar Year)의 어느 시점이든 모든 보고대상 해외 금융계좌를 합해 $10,000을 초과하여 보유한 적이 있었으면 그 구체적인 내용을 FBAR(Report of Foreign Bank and Financial Accounts) 양식에 의해 전자신고 방식으로 FinCEN(Financial Crimes Enforcement Network)에 보고해야 한다.

FBAR 보고는 소득세 신고와는 별도로 FinCEN Form 114를 통해 개인 세금보고 기한인 4월 15일까지 전자보고를 해야 하며 개인 세금보고와 같이 6개월 연장도 가능하다. $10,000 초과 여부는 모든 해외 금융계좌의 잔고를 합산한 총액을 기준으로 하며, 보고대상 계좌는 은행계좌, 투자계좌, 뮤추얼 펀드, 연금계좌, 증권계좌 등이다. 또한, 본인의 계좌가 아니라도 계좌에 대한 서명 권한을 가지고 있을 경우, 미국 세법상의 예외 규정에 포함이 안 되면 그 계좌 또한 보고대상이다.

FBAR 보고와는 미 세법상의 거주자(개인), 주식회사, 합자회사, 합명회사, 신탁 등은 매년 소득세 신고 시에 전 세계의 모든 수입을 보고해야 하며, 이 경우에 국외원천소득에 대해 외국에 납부한 세금이 있다면 외국납부세액공제를 받을 수 있다.

또한, 해당 소득세 신고서에 해외 금융계좌가 있는지를 밝히고(Form 1040 양식의 경우 Schedule B, Part III), 동 금융계좌에서 발생하는 이자나 배당소득 등을 세금계산에 포함해야 한다. 해외 금융계좌와 관련하여 소득세 신고 및 FBAR 보고를 하지 않으면 민

형사상 강력한 벌칙이 가해진다.

현금거래 보고 (Currency Transaction Report, CTR)

미국에서 고객이 1일 $10,000을 초과하는 현금거래를 하는 경우 모든 금융기관은 그 세부내용을 Bank Secrecy Act E-filing System을 통해 보고해야 한다.
1일의 의미는 은행 영업이 정상적으로 이루어지는 1일을 뜻하며, 공휴일이나 주말에 이루어지는 거래는 바로 다음 영업일에 이루어진 것으로 간주한다. 거래금액의 $10,000 초과 여부는 동일 금융기관의 미국 내 모든 지점을 합산하여 판단하고, 하루에 여러 차례 거래가 있으면 그날의 모든 거래를 합산하여 판단한다. 현금거래라 함은 예금, 인출, 환전, 지급, 이체 등에 있어서 현금을 사용하는 것을 말한다.

의심스러운 거래 보고 (Suspicious Activity Report, SAR)

미국 내 은행, 증권, 보험, 펀드, 카지노, 카드클럽 등은 고객 자금의 원천이 불법적이라거나, 정당한 사업상 목적이 없거나, 자금거래가 불법행위와 관련이 있다고 의심이 가는 경우 SAR(Suspicious Activity Report) 양식(FinCEN 111A)에 의해 FinCEN에 보고해야 한다.
의심이 가는지를 판단하는 것은 해당 금융기관 등의 재량에 달려 있다. 그런데 감독 기관의 감사 시 SAR 보고를 해야 하는 경우인데 금융기관이 보고를 하지 않았다고 결정이 되면 엄한 벌칙을 받게 되므로, 금융기관 등은 SAR 보고대상이 아니라는 확신이 서지 않는 한 보고를 해야 하는 것이 SAR의 특징이다.

금융기관은 모든 고객의 프로필을 Customer Identification Program에 따라 자세하게 문서를 갖추어 보관해야 하며, 수시로 새로운 정보로 업데이트해야 한다. 고객의 프로필은 개인의 경우 여권, 운전면허 등 신분을 증명하는 서류와 가족, 생업, 수입 등 고객의 신분과 생계 수단을 잘 알 수 있도록 상당히 구체적인 정보가 구비되어 있어야 한다. 사업체의 경우는 영업의 종류와 내용, 최근 세금 보고서 등 사업체의 사업 내용, 매출, 경비의 규모 등을 잘 알 수 있는 구체적인 정보를 갖춰야 하고, 정기적으로 업소를 방문하여 수집된 정보를 확인하고 업데이트해야 한다.

또한, 현금거래 추정액과 은행에 입금 및 인출 예상액, 수표 거래 규모, 전산으로 송금 내지 수금하는 빈도 및 액수 등에 의한 정보를 받아 보관하고 심사해야 한다. 심지어 대출을 할 때도 경제적으로 아주 의미 없는 대출은 일단 의심하고 지켜봐야 한다. 수집된 정보를 토대로 모든 고객을 위험부담의 상황에 따라 분류하고 위험부담이 높은 고객에 대해서는 정보수집의 폭과 빈도를 높여야 한다.

이 같이 축적된 고객정보에 기초하여 비정상적인 의심스러운 거래를 하는 경우 금융기관 등은 SAR 보고를 해야 한다.

해외 금융자산 보고의무 (Foreign Financial Asset Reporting)

FATCA 보고대상

Filing status	해외 금융자산 신고 기준 금액
Single(미국 거주)	연말 기준 $50,000 이상 혹은 연중 $75,000 이상
Married joint(미국 거주)	연말 기준 $100,000 이상 혹은 연중 $150,000 이상
Married separate(미국 거주)	연말 기준 $50,000 이상 혹은 연중 $75,000 이상
Married joint(미국 외 거주)	연말 기준 $400,000 이상 혹은 연중 $600,000 이상
Other than joint(미국 외 거주)	연말 기준 $200,000 이상 혹은 연중 $300,000 이상

2010년 발효된 해외계좌신고법(Foreign Account Tax Compliance Act: FATCA)에 따라 미국 세법상의 미국인 중 법인이 아닌 개인(즉, 시민권자, 영주권자, 거주 외국인)이 정해진 한도를 초과하는 '특정 해외 금융자산'을 소유한 경우 매년 개인소득세 신고 시에 전년의 '특정 해외 금융자산'에 대한 정보를 Form 8938(statement of Specified Foreign Financial Assets)을 통해 IRS에 보고해야 한다.

'특정 해외 금융자산'은 (1) 해외금융기관에서 관리되고 있는 모든 해외 금융 계좌들과 (2) 금융 계좌를 통해 관리되지는 않지만, 투자목적으로 소유한, 거주 외국인이 아닌 외국 개인 및 외국 법인(비미국인)이 발행한 주식과 채권, 해외법인에 대한 모든 권리, 미국인이 발행인이나 상대방(counterpart)이 아닌 금융계약이나 금융상품을 말한다. 따라서 은행계좌, 증권계좌, 주식, 채권, 합자회사에 관한 권리, 트러스트, 각종의 해외 파생상품 등이 특정 해외 금융재산에 해당한다.

특정 해외금융자산

보고대상 포함	보고대상 불포함
- 주식(증여받은 주식 포함) - 증권계좌 - 금융상품(환급액이 있는 보험 등) - 뮤추얼 펀드 - 사적 연금(IRA 등)	- 직접 보유한 외화 - 직접 보유한 부동산 - 직접 보유한 예술품, 보석, 자동차, 귀금속 등 (단, 판매 계약에 의해 판매한 경우 보고대상이 될 수 있음) - 은행 금고(Safe deposit) - 국민연금, 의료보험 등

즉, 종전 FBAR는 금융계좌(Financial Account)만 보고대상이었으나, FATCA에 따른 해외 금융자산 보고는 보고대상 재산의 범위가 모든 금융자산으로 확대되었다. 따라서, FBAR 보고의무가 없는 납세자의 경우에도 해외 금융자산 보고의무가 발생할 수 있다. 일반적으로 미국에 거주하는 미혼자, 그리고 기혼이지만 단독으로 세무신고를 할 경우에는 세무회계연도 최종일의 특정 해외 금융자산 총액이 $50,000을 초과할 경우 또는 일 년 중 한 번이라도 그 총액이 $75,000을 초과했을 경우 Form 8938을 제출해야 한다. 미혼자 또는 단독으로 세금신고를 하는 기혼자의 경우라도 해외에서 거주한다면 각각의 최저 한도액이 $200,000(최종일 총액)과 $300,000(연중 최고액)로 증가한다. 미국 거주 기혼자로 부부가 공동으로 세무신고를 한다면 보유하고 있는 특정 해외 금융자산의 세무회계연도 최종일 총액이 $100,000을 초과하거나 연중 최고액이 $150,000을 초과했을 경우 Form 8938을 제출해야 한다. 해외에서 생활하면서 공동으로 세무신고를 하는 부부는 한도액이 $400,000(최종일 총액)과 $600,000(연중 최고액)으로 증가한다. 미 시민권자가 해외에서 생활하는 것으로 인정을 받으려면 우선 'tax home'(일반적으로 tax home이란 납세자가 일하는 직장이나 소유한 사업장이 있는 도시나 지역을 말함)이 외국에 있어야 하고, 세무회계연도의 모든 기간에 타국의 '거주자'였거나 세무

회계연도의 최종일 이전 12개월 기간 중 330일을 해외에 체류해야 한다.

즉, 미국 '거주자'도 tax home이 외국에 있고 세무회계연도의 최종일 이전 12개월 기간 중 330일을 해외에 체류할 경우 해외에서 생활하는 것으로 인정받을 수 있다는 말이다. 다만, 한미 조세조약에 의한 거주지 기준에 따라 Form 8833을 제출하여 한국 거주자임을 주장하는 경우에는, 1040NR 또는 1040NR-EZ에 따라 소득세를 신고하므로 Form 8938은 별도로 보고하지 않아도 된다.

Form 8938 제출 시에는 다음과 같은 사항을 고려해야 한다.

(1) Form 8938에 보고되어야 할 금융자산과 FBAR에 보고되어야 할 금융자산은 동일하지 않다.
(2) 보고되어야 할 일부 혹은 전체 '특정 해외 금융자산'이 미국 국세청에 제출되는 다른 양식(예를 들면, Form 3520, 5471, 8621)에 기재될 경우에는 Form 8938에 기재할 필요가 없다.
(3) 금융자산의 평가액 산출에 주의해야 한다(예를 들어, 공동명의의 금융자산을 보유한 부부가 각각 단독으로 세무신고를 할 경우 또는 배우자 외의 다른 사람과 공동명의로 특정 해외 금융자산을 보유한 경우에는 소유권의 비율과는 관계없이 공동명의로 소유한 금융자산의 평가총액이 신고한도액 계산에 이용되어야 함).

해외 금융자산 보고의무 미 이행 시 제재

FBAR 보고의무를 이행하지 않았을 때, 고의가 없는 경우(Non-willful)에는 일반적으로 연간 $13,481(+ 인플레이션 조정 금액), 고의가 있는 경우(Willful)에는 일반적으로 계좌 최대 연중 잔액 총계의 50% 또는 $134,806(+ 인플레이션 조정 금액) 중 큰 금액이 페널티로 부과되며, 또한 형사상 $500,000 이하의 벌금 및(또는) 10년 이하의 징역도 가능하다.

FBAR과 FATCA 비교

구분	해외 금융계좌보고(FBAR)	해외 금융계좌신고(FATCA)
신고대상 해외금융계좌	1만 달러 초과	5만 달러 초과(미국 거주, 미혼 기준)
취지	자금세탁 방지, 테러 자금 차단	역외 탈세 및 해외금융소득 탈루 방지
신고기관	미국 재무부	미국 국세청(IRS)
신고내용	계좌번호, 금융사명, 잔고, 상장주식	FBAR 내용 + 계좌개설일/폐쇄일/이자수익 및 세금보고현황/비상장주식
민사상 벌금	미신고 계좌 잔액의 최대 50%, 10만 달러 중 큰 금액	연간 최대 5만 달러

FATCA(Form 8938) 보고의무를 이행하지 않았을 때는, 정당한 이유가 없는 한 $10,000의 페널티가 부과되며, 미국 국세청의 제출요구에 의하지 않을 경우 각각 30일이 경과할 때마다 추가로 $10,000씩 증가하여 최고 $50,000까지 추가 페널티가 부과된다. 그러나 추가적인 $10,000의 페널티가 발생하기 전에 미국 국세청이 제출요구 통지를 한 날로부터 90일의 유예기간(grace period)이 주어질 수 있다. 또한, 보고되지 않은 해외 금융자산으로부터 소득이 발생했으나 해당 금액이 세무신고에서 누락된 경우에는 세금 미납액의 40%에 해당하는 금액이 페널티로 부과될 수 있다. 이와 더불어, 세금 미납이 사기(fraud)에 의한 경우 세금 미납액의 75%에 해당하는 페널티가 부과될 수 있다. 보고대상 해외 금융자산이 있었음에도 Form 8938을 제출하지 않은 경우, 혹은 일부 혹은 전체 해외 금융자산이 보고에서 누락된 경우, 또는 해외금융자산과 관련된 세금의 일부 또는 전부를 미납한 경우 각각 형사처벌이 가능하다. Form 8938의 제척기간(Statutes of limitation)은 Form 8938이 제출된 후 3년 후에 종료되며, 만약 제출되지 않았을 경우 제척기간은 종료되지 않는다.

보다 구체적인 사항은 미국 국세청 웹사이트(www.irs.gov)나 세무 전문가를 통해 확인할 수 있다.

해외 자진신고 프로그램(Offshore Voluntary Disclosure Program, OVDP)의 폐지와 새로운 자진신고 절차

해외 자진신고 프로그램(Offshore Voluntary Disclosure Program, 혹은 OVDP)은 해외 금융계좌신고(FBAR) 의무를 준수하지 않았던 사람들에게 자진신고의 기회를 주고 대신 형사처벌을 피할 수 있도록 마련된 제도이다. 2009년 1차 OVDP 프로그램, 2011년 2차 OVDP 프로그램이 각각 한시적으로 운영된 바 있으며, 2012년 1월 9일에 3차 OVDP 프로그램이 시작되었으나 이는 2018년 9월 28일로 참여가 마감되었다.

IRS는 OVDP 프로그램을 대체하는 새로운 자진신고 절차를 2018년 11월 20일에 공표했다. IRS에 따르면 이 새로운 자진신고 절차는 형사처벌의 위험이 있는 납세자의 경우에만 해당되며, 형사처벌의 위험이 없는 납세자의 경우에는 간소화된 자진신고 절차 또는 누락된 FBAR 제출 절차가 추천된다. 새로운 자진신고 절차는 2018년 9월 28일 이후 모든 자진신고에 적용된다.

새로운 자진신고 절차는 IRS의 범칙조사국(IRS Criminal investigation division)이 담당하며, 납세자는 Form 14457을 우편 또는 팩스로 발송하여 사전 승인을 받아야 한다. 사전 승인을 받은 납세자는 새로운 Form 14457을 사용하여 실제 자진신고를 해야 하며, 범칙조사국이 자진신고를 승인하면 그 정보는 텍사스 오스틴에 위치한 대기업 국제부서(the Large Business and International Division)에 있는 민사 검토관(Civil examiner)에게 보내진다. 자진신고는 표준 심사를 거치게 되고, 납세자가 협력하지 않는 경우 범칙조사국의 승인이 철회될 수 있다. 납세자는 그 결과에 대하여 심사과(Office of Appeals)에 불복할 수 있는 권리를 갖게 된다.

일반적으로 새로운 자진신고 절차는 가장 최근 6년 동안의 정보공개를 요구한다. 그러

나, 만약 자진신고가 합의에 도달하지 않으면 조사관은 조사의 범위를 확장할 수 있다. 또한, 납세자는 정보를 공개해야 하는 기간에 납세 신고를 해야 한다. 그 후 IRS는 일반적으로 미국 내국세법 조항 6663 또는 조항 6651(f)에 따른 민사 사기죄에 대한 페널티 해당 여부를 감안해 가장 세금 페널티가 높은 연도에 대하여 조사한다.

조사관은 예외적이거나 또는 제한된 상황에서 민사 사기죄의 사용을 6년 중 1년 이상에 적용할 수 있고, 납세자가 협력하지 않거나 조사를 합의로 해결 짓지 않는다면 조사 기간 6년 이외의 시기에 대해서 페널티를 부과할 수도 있다. 또한, 조사관은 페널티의 정도를 미국 내국세법 조항 6662에 따른 부주의로 인한 페널티(20%)로 완화시킬 수 있다. 또한, FBAR를 고의로 준수하지 않은 경우에 대해 조사관은 각 건당 $134,806(인플레이션 연동 금액)과 계좌금액의 50% 중 큰 금액을 페널티로 부과할 수 있다. 납세자는 그들의 조사관에게 고의성에 의하지 않은 FBAR 페널티를 대신 적용할 것을 요구할 수 있으나 조사관들은 아주 예외적인 상황에서만 그러한 요청을 수락할 수 있다.

탈세의 의도가 없고 고의로 미신고 하지 않은 납세자의 경우, 간소화된 자진신고 절차(Streamlined Filing Compliance Procedure)를 이용할 수 있으며, 그 절차를 따르면 해외에 거주하는 미국인의 경우에는 페널티가 면제될 수 있고, 미국 내에 거주하는 미국인은 연말 계좌 잔액 5%의 낮은 페널티가 부과될 수 있다.

사안이 경미한 일부 미보고는 2014년 6월 18일부터 적용되어온 누락된 FBAR 제출절차(Delinquent FBAR Submission Procedures)를 이용할 수도 있다. 아직 미 국세청에서 조사가 들어가지 않았고, 미 국세청으로부터 누락된 FBAR에 대해 연락을 받지 않은 일부 납세자의 경우, 동 절차에 따라 누락된 FBAR를 보고하면 페널티를 면제받을 수 있다.

새로운 자진신고 절차와 간소화된 자진신고 절차 및 누락된 FBAR제출 절차에 대한 보다 상세한 사항은 미국 국세청 웹사이트에서 확인할 수 있다.

미국의 국적포기세 과세제도

적용대상

기존의 국적포기세에 관한 법률을 보완하여 2008년 6월 17일부터 적용된 현행 국적포기세는 특정 미국 시민권자 또는 영주권자가 시민권 또는 영주권을 포기할 경우 국적포기일 현재 보유하고 있는 전 세계의 모든 재산을 양도한 것으로 가정하여 국적포기세(Expatriation Tax)를 납부하도록 규정하고 있다.

적용대상은 미국 시민권자 또는 국적 포기일 직전 15년 중 최소 8년 이상 세법상 미국 거주자에 해당했던 영주권자로서 기준에 해당하는 고소득자, 대재산가 또는 국적 포기 전 5년간 미국 세법을 충실히 준수했음을 증명할 수 없는 자 등이다. 다만, 이중국적자 또는 미성년자 중 국적 포기일 직전 10년 동안 미국에 연간 30일 이상 체류한 사실이 없는 자 등 사실상의 외국인은 제외한다.

여기서 고소득자는 국적 포기일 직전 5년간의 평균 소득세 납부액이 일정금액(2021년 국적 포기자의 경우 $172,000)을 초과하는 자를 의미하며, 대재산가는 국적 포기일 현재 순자산가액(Net Worth)이 $2,000,000 이상인 자를 의미한다.

소득세 납부액의 경우 매년 외국납부세액을 차감한 후의 소득세 납부액을 기준으로 하고, 순자산가액의 경우 국적 포기일 현재의 시장가치(Fair Market Value)를 기준으로 현금, 예금, 증권, 부동산, 무형자산 등 전 세계에 보유하는 모든 재산(미국에 있는 재산뿐만 아니라 한국 등 외국에 있는 재산을 포함)의 가액에서 부채가액을 차감하여 계산한다.

과세방법

국적 포기일 현재 전 세계에 보유하는 모든 재산을 양도한 것으로 가정하여 자산 매각 소득(Capital Gain)을 산출한 후, Capital Gain에 대한 소득세 과세방법에 의해 세액을 계산한다. 다만, 2021년의 경우 Capital Gain $744,000까지는 과세표준에서 제외한다. 보유기간 1년 이하 재산은 일반 소득세율(10~37%)을, 보유기간 1년 초과 재산은 우대세율(최고 20%)을 적용하여 세액을 계산하며, 일반소득과 함께 다음 해 4월 15일까지 소득세 신고를 해야 한다. 재산별로 본인의 사망일 또는 재산의 양도일까지 과세를 연기할 수 있으나, 납세담보(Security)를 제출해야 하고, 과세 연기일까지의 이자를 부담해야 한다.

보고의무

앞서 언급된 바와 같이 국적 포기자는 과거 5년 동안 미국세금을 성실히 납부했음을 증명할 필요가 있다. 증명을 못할 경우 $2,000,000의 순자산 기준 혹은 $172,000(2021년 기준)의 평균소득세 납부액 기준을 충족하지 못하더라도 국적포기세 과세대상이 될 수 있다.

국적 포기자는 이러한 성실납세를 증명하기 위해 국적포기일이 속하는 해의 다음 해 4월 15일까지 소득세 신고서(Form 1040) 및 국적포기일을 기준으로 한 Form 8854(Expatriation Information Statement)를 보고해야 한다.

국적 포기일 현재 고소득자 또는 대자산가 기준에 해당하는 경우 실제 국적포기세 납부세액이 없는 경우에도 보고의무가 있다.

유의사항

소득세 납부액 $172,000(2021년 기준) 초과, 순자산가액 $2,000,000 이상 중 어느 하나에 해당하면 국적포기세 적용대상이 된다. 따라서, 소득이 적더라도 재산이 많으면($2,000,000 이상) 국적포기세 적용대상이 된다. 미국에 있는 재산뿐만 아니라 외국에 있는 재산도 국적포기세 과세대상이다. 그래서 이민 오기 전부터 보유하고 있던 한국에 있는 재산도 순자산가액 $2,000,000 이상인지 여부를 판단할 때 포함되고, 국적 포기일 현재 시장가치로 양도한 것으로 가정하여 국적포기세를 납부해야 한다.

미국에 있는 재산으로 국적포기세 과세대상이 된 재산을 나중에 양도했을 경우 국적포기세를 계산할 때의 시장가치로 취득가액을 조정한다. 예를 들어 미국에 있는 주택을 2003년에 $500,000에 취득했는데, 2021년에 국적을 포기할 때의 시장가치가 $1,000,000인 경우 Capital Gain $500,000($1,000,000 - $500,000)이 최소과세소득 $744,000보다 적으므로 국적포기세를 납부하지 않아도 된다.

이 주택은 2021년 국적 포기 시에 양도차익이 국적포기세 산출에 포함되었으므로 이 주택을 2022년에 $1,700,000에 양도했다고 가정할 경우 이때는 취득가액을 $1,000,000으로 조정하여 Capital Gain $700,000($1,700,000 - $1,000,000)에 대한 양도소득세를 납부하게 된다.

해외거주자 한미 세법 기본 상식

소득세

구분	거주자	비거주자
과세범위	국내외 모든 소득에 대하여 납세의무	국내에서 발생한 소득에 대해서만 납세의무
과세방법	이자 소득금액, 배당소득 금액, 사업소득 금액, 근로소득금액, 연금소득 금액 및 기타소득 금액을 합산하여 종합소득금액으로 과세	국내사업장이 있는 비거주자 또는 부동산소득이 있는 비거주자는 국내원천소득을 종합하여 과세 다만, 퇴직소득과 토지 및 건물 등의 양도소득이 있는 비거주자는 거주자와 같은 방법으로 분류 과세
		국내사업장이 없는 비거주자에 대해서는 국내원천 소득 별로 분리하여 과세
양도소득세	1세대 1주택 비과세 적용 장기보유특별공제 최대 80%	1세대 1주택 비과세 규정 적용 X 장기보유특별공제 최대 30%

* 다만, 과세기간 종료일 10년 전부터 국내에 주소나 거소를 둔 기간의 합계가 5년 이하인 외국인 거주자에게는 과세대상 소득 중 국외에서 발생한 소득의 경우 국내에서 지급되거나 국내로 송금된 소득에 대해서만 과세한다.

증여세

증여세는 수증자가 거주자인 경우 국내외 모든 증여재산에 대해 과세하며, 수증자가 비거주자라면 국내 소재의 증여재산에 대해서만 과세한다. 다만, 예외적으로 거주자가 특수관계에 있는 비거주자에게 국외의 재산을 증여하는 경우에는 '국제조세조정에 관한 법률'에 따라 납세 의무가 있다.

자산 소재지	증여자	수증자	납세 의무	납세지
국내	거주자	거주자	수증자	수증자 관할
	거주자	비거주자	증여자 연대납세	증여자 관할
	비거주자	거주자	수증자	수증자 관할
	비거주자	비거주자	증여자 연대납세	자산 소재지 관할
국외	거주자	거주자	수증자	수증자 관할
	거주자	비거주자	증여자	증여자 관할
	비거주자	거주자	수증자	수증자 관할
	비거주자	비거주자	N/A	N/A

구분	수증자가 거주자인 경우	수증자가 비거주자인 경우
신고납부기한	증여받은 날이 속하는 달의 말일로부터 3월 이내	좌동
관할 세무서	수증자 관할 세무서	증여자 관할 세무서
증여공제	공제	공제 X
연대납세의무	재차 증여로 보아 합산과세	과세 X

상속세

상속세는 피상속인(망인)이 거주자인 경우 국내외의 모든 상속재산에 대해 과세하며, 피상속인이 비거주자인 경우에는 국내 소재 상속재산에 대해서만 과세한다.

구분	거주자가 사망한 경우	비거주자가 사망한 경우
과세대상 재산	국내외 모든 상속재산	국내 소재 상속재산
신고납부기한	상속개시일이 속하는 달의 말일로부터 6월 이내	상속개시일이 속하는 달의 말일로부터 9월 이내
[공제금액]		
공과금	미납된 모든 공과금	국내 상속재산 관련 공과금
장례비용	공제	공제 X
채무	모든 채무 공제	국내 상속재산에 저당권으로 담보된 채무
[과세표준의 계산]		
기초공제(2억)	공제	공제
일괄공제(5억) 및 배우자상속공제(30억) 등 기타 공제	공제	공제 X
감정평가수수료	공제	공제

Q & A

Q1. 미국에 있는 자녀에게 증여하면 증여세는 어디에 내야 하나?

한국과 미국의 증여세 납세 의무는 거래 당사자가 각국의 거주자인지 여부 및 증여재산의 소재지 등에 따라 증여세 납부 방식이 달라진다.

구분	한국	미국
납세의무자	원칙: 수증자 - 거주자: 전 세계에서 증여받은 재산 - 비거주자: 한국 소재 재산	원칙: 증여자 - 거주자: 전 세계에서 증여받은 재산 - 비거주자: 미국 소재 재산
	예외: 증여자 - 거주자가 특수관계 있는 비거주자에게 국외재산 증여하는 경우 - 다만, 수증자가 증여자의 특수관계인이 아닌 경우 외국의 법령에 따라 증여세가 부과되는 경우에는 증여세 납부의무 면제	N/A
연대납세의무	증여자 - 수증자가 비거주자인 경우	수증자 - 증여자가 비거주자인 경우

Q2. 한국 소재 재산을 부모(한국 거주)가 자녀(미국 거주)에게 증여하는 경우는?

과세문제	증여자(한국 거주 부모)	수증자(미국 거주 자녀)
한국	연대납세의무 있음	증여세 과세 O (비거주자 & 한국 소재 재산)
미국	증여세 과세 X (비거주자 & 미국 소재 재산 X)	N/A

Q3. 미국 소재 부동산을 한국 거주자인 부모가 미국 거주자 자녀에게 증여하는 경우는?

과세문제	증여자(한국 거주 부모)	수증자(미국 거주 자녀)
한국	증여세 과세 O (거주자가 특수관계 있는 비거주자 자녀에게 국외재산 증여하는 경우)	N/A
미국	증여세 과세 O (비거주자 & 미국 소재 재산) 다만, 통합세액공제에 따라 증여세를 납부하지 않을 수 있음	연대납세의무 있음

TAX
3,322,853

Global Migration Trends

PART 6

전 세계 이민 전쟁

Global Migration Trends

전 세계 이민 전쟁

강달러의 지속과 위기의 시대

달러화 강세에 흔들리는 세계 경제

2022년은 달러화 강세가 지속되면서 미국을 비롯한 전 세계의 시장이 힘겨운 한해를 보냈다. 특히 달러의 강세는 미국 수입품 물건을 싸게 만들어 미국인들의 구매력은 높이지만, 신흥국은 물론 글로벌 고객을 대상으로 사업하는 미국 기업들에도 큰 타격이다. 2022년 달러화는 파운드화 대비 17%가량 올랐고, 유로화는 20년 만에 처음으로 등가 수준으로 상승했다.

달러는 세계 기축통화로 국제간 상품 거래에 사용되는데, 신흥국은 해외 투자자들로부터 자금을 대출하고 부채가 달러로 책정되기에 달러 강세에 취약할 수밖에 없다. 또 달러화 강세는 신흥시장 통화의 가치를 떨어트리고, 이는 신흥국의 상품과 서비스 수입 가격을 더 비싸게 만들며 인플레이션을 가속화하기도 한다.

2022년 초 신흥시장은 달러가 반등했음에도 회복력은 충분히 유지했다. 하지만 이 같은 현상은 주로 원자재 가격이 상승해, 해당 국가의 구리, 콩, 커피 수출에 도움이 되었기 때문이다. 다시 원자재 가격이 하락하면서 경제 전문가들은 신흥국이 심각한 경제적 문제에 직면할 수 있다고 경고하고 있다.

문제는 달러 강세뿐만 아니라, 하늘 높은 줄 모르고 치솟은 인플레이션도 세계 경제를 강타했다. 세계 각국의 중앙은행들이 인플레이션을 억제하기 위해 긴축 통화정책 경쟁에 돌입했지만, 강달러가 이러한 일을 더욱 복잡하게 만들었다. 특히 금리를 급속하게 인상하면 경기를 더욱 빨리 위축시킬 수밖에 없다.

•• 미국의 공격적 긴축 행보

미국의 연준은 코로나19 팬데믹 초기인 2020년 5월부터 2022년 2월까지 0~0.25%의 제로금리를 유지해왔다. 그러다 4연속 자이언트스텝(0.75%P 금리 인상)을 밟는 등 2022년 11월까지 정책금리를 3.75%P 올리는 광폭 행보를 보였다. 미국의 급격한 금리 인상에 따라 세계 주요국들도 미국과의 금리 격차를 좁히기 위해 기준금리를 0.5%P 이상 인상하는 등 대응하고 있다. 하지만, 주요국들이 미국의 긴축을 쉽게 따라잡기는 쉽지 않은 상황이며 시장에서는 2023년 초 최종금리를 5~5.25% 수준으로 전망하고 있다. 미국 연준의 긴축정책이 지속할 것으로 전망되면서, 이에 따라 달러화 강세도 쉽게 해결되지는 않을 것이라는 분석이다.

경제 전문가들은 2022년 달러화 강세의 경제 상황을 '역환율 전쟁'이라고 부르고 있다. 역환율 전쟁은 물가를 안정시키기 위해 자국의 통화 가치를 절상시키는 흐름이다. 코로나19 팬데믹 이후 전 세계적으로 물가가 폭등하면서 주요국들은 강도 높은 금리 인상을 단행하며 통화 가치를 경쟁적으로 끌어올렸다. 급격한 금리 인상으로 주요국의 경제가 휘청거리는 가운데에서도 킹달러라는 표현이 나올 만큼 달러는 독보적 강세를 구축했고, 전 세계의 통화 가치는 속절없이 추락했다. 그 결과 전 세계적으로 물가상승률이 최고치를 기록한 반면, 미국의 인플레이션은 뚜렷한 둔화세를 보였다.
이처럼 달러 가치만 상승한 데에는 달러가 안전자산으로서의 확고한 입지가 있고, 앞서 설명한 미 연준이 다른 나라에 비해 기준금리 상승에서 독보적 우위를 점했기 때문이었다. 코로나19 초기 물가상승을 견인한 요인에는 막대한 유동성 확대가 있었다. 그런데 2022년 물가상승을 주도한 것은 공급 요인이었다. 우크라이나 전쟁의 장기화로 밀과 천연가스 등의 가격이 폭등했고, 코로나19 재확산으로 글로벌 공급망이 재편되었다. 이로 인한 수입물가의 폭등이 가장 주요한 물가상승의 요인으로 꼽힌다.
미국의 입장에서 킹달러는 수입물가를 낮춰 미국 내 소비자물가 상승 압력을 낮출 효과적인 수단이다. 물론 수출이 감소하는 부작용이 있지만, 인플레이션을 약화시켜 소비력을 끌어올린다는 점에서 달러 강세화는 미국 경제에 긍정적이다. 반면 다른 나라의 경우 킹달러는 물가상승을 일으킬 여지가 크다. 자국의 통화 가치가 하락하면서 수입물가가 높아지기 때문이다.

고금리·고물가·고환율, 2023년은 어떤 흐름일까?

2022년 전 세계 경제를 위기로 몰아넣었던 고금리·고물가·고환율 등 3고(高) 현상이 향후에도 지속될 가능성이 크다는 것이 다수 경제 전문가들의 전망이다. 경제에 가장 직접적인 부담을 주는 변수가 고물가에 대응한 고금리인데, 주요국들의 고강도 긴축과 러시아-우크라이나 전쟁의 장기화, 그리고 고환율로 인한 금융시장의 높은 불확실성 등 여러 위험 요소가 복합적으로 얽혀 있기 때문이다.
반면, 경제 위기의 늪에서 벗어날 긍정적인 시그널에 주목하는 목소리도 나오고 있다. 바로 2022년 말 하늘 높이 치솟던 환율이 미국의 긴축 속도조절 신호에 급락세를 보였던 게 주요한 신호다. 고공 행진하던 환율이 급락세를 보인 것은 미 연준의 기준금리 인상 속도조절론이 불거지면서다. 2022년 11월 미 연준 FOMC 참석자들 상당수가 조만간 금리 인상 속도를 늦춰야 한다는 의견에 동조했다는 소식이 전해졌다.

이후 전문가들은 환율이 고점을 찍고 내려가는 추세라고 내다봤다. 미 연준이 FOMC에서 4차례 연속 기준금리 자이언트 스텝을 밟았지만, 이후에는 0.5%P 인상 기조를 이어갈 것으로 예상되면서 달러가 약세를 보이며 원화 강세로 작용한 것이다. 이에 미 국채금리도 금리 인상 속도조절 기대에 하락 기조를 보였다. 이 같은 상황으로 전문가들은 환율이 고점을 찍고 점차 내려가는 추세라고 봤지만, 환율에 영향을 주는 요인이 미국 통화정책뿐만 아니라, 중국과 유럽 등 다양한 변수가 작용하기에 2023년 1분기 이후 불확실한 국면이 끝나야 환율 하향 안정을 기대할 수 있다고 분석한다.

●● 경제 관료와 전문가들의 2023년 환율 예측

2022년 11월 이창용 한국은행 총재는 기자와의 간담회에서 환율 변동성은 이어질 것으로 예측했다. 그는 이 자리에는 원/달러 환율이 1,400원대 중반에서 1,300원대 중반으로 하락하는 등 불안 요소가 일부 완화되었다고 하면서도 미 연준 통화정책, 중국 방역정책과 이에 따른 위안화 움직임 등에 따라 당분간 높은 환율 변동성이 지속할 것으로 예상된다고 했다. 또 전문가들은 유럽과 중국의 상황을 주시해야 한다고 조언한다. 연준이 2023년 1분기 5% 선까지 기준금리 인상을 이어갈 것으로 예상돼 큰 변화는 없지만, 유럽에서 예년보다 온화한 날씨가 이어지면서 에너지 위기 우려가 다소 완화되며 달러화가 예상보다 이른 2022년 4분기에 고점을 확인했을 것이라는 분석이다. 그리고 중국의 상황을 예의주시해야 한다고 하는데, 중국 정부는 제로 코로나 완화를 공식화했지만, 신규 확진자가 계속 늘어가는 상황이 이어지자 베이징 당국이 시설을 폐쇄하고 외출 자제를 권고하는 등 봉쇄에 준하는 방역 조치를 재개하는 것으로 미루어 보아, 과거 수출 감소 폭이 확대되는 구간에서 원화가 강세 추세로 전환된 경험이 없기에 2023년 1분기가 지나야 환율 하락 압력이 커질 수 있다고 설명했다.

2023 미국 부동산 시장 전망

전 세계 금리 인상을 주도하고 있는 나라는 미국이다. 미 연준의 계속된 금리 인상으로 전 세계 부동산 시장은 물론, 미국 부동산 시장도 힘겨운 시기를 보내고 있다. 특히 이민을 준비하거나 해외 체류를 염두에 두는 사람들은 미국 시장 상황을 예의주시할 수밖에 없다.

2023년 미국 부동산 시장에 대한 전망은 한 마디로 단언하기는 쉽지 않다. 부동산 업계 대부분 전문가는 부동산 시장의 구매자 수요 감소, 가격 하락, 대출 금리 상승을 예측하고 있지만, 어느 정도가 될지는 미지수인 상황이다. 그래도 부동산 가격의 대폭락이나 급격한 역성장을 예상하는 전문가는 없다. 시장 분석가들은 2023년에도 미미하지만, 대부분의 주택 시장은 성장할 것으로 내다보고 있다. 물론 인플레이션이 지속되면 연준은 금융시장이 예상한 것보다 더 긴축적인 금융 정책을 펼 수도 있다. 이렇게 되면 모기지 금리가 높아져 미국 주택 시장에 영향을 미칠 것이다. 반대로 인플레이션이 하락하거나 경기 침체가 발생하면 연준은 금융 상황을 완화할 수도 있다.

그런데 현재 상황에서는 어느 정도일지는 확실하지 않지만, 주택 가격 하락을 충분히 예상할 수 있다. 단순한 이치이지만 수요가 없으면 가격은 떨어지기 마련이다. 지금은 미국 내 부동산 시장에서 높은 수요가 있는 편이며, 잠재 구매자들에게 판매할 주택이 충분하지는 않다. 또 주택 건설은 최근 몇 년 동안 증가했지만, 수요를 따라가지 못했다. 따라서 주택 가격의 큰 하락은 구매자 수요가 큰 폭으로 떨어져야 가능한 일이다.

주택 수요는 대부분 금리 인상이나 전반적인 경제 상황 악화의 결과로 감소한다. 금리 상승은 현재보다 훨씬 낮은 수요와 더 많은 주택 공급을 필요로 하는데, 2023년은 가격 상승이 둔화되더라도 주택 가격의 급격한 하락은 거의 불가능하리라는 것이 전문가들의 분석이다. 결과적으로 2023년 주택 가격은 완만하게 떨어질 것이라는 예측이다.

미국 경제에 대한 이중적 평가

미국 국내 총생산(GDP)은 1분기와 2분기에 마이너스 성장을 기록했다. 그런데 같은 기간 미국 국민이 해외에서 벌어들인 수입까지 합친 국민총소득(GNP)은 플러스 성장이었다. 이러한 이유로 미국 경제 연구국은 미국 경제 상황을 아직은 경기침체라고 부르지 않는다. 2022년 하반기 국내 총생산은 플러스 성장을 기록했지만, 다시 내려갈 것으로 점쳐지고 있다. 미국 경제의 긍정적인 측면으로는 일자리의 증가를 꼽을 수 있다. 실업수당 청구 건수가 1960년대 이후 최저 수준이고 일자리도 늘어나고 있다. 주택 가격과 임대료는 기록적인 수준을 넘어 여전히 오르고 있으며, 소비자 지출은 2022년 7월까지 매월 증가 추세였다. 그렇다고 긍정적인 요소만 있는 것은 아니다. 주요 경기 전망 지표가 경기침체 범위에 속하지 않더라도 2021년 중반 이후 하락세다. 소비자 신뢰 하락 폭은 더 가파르며, 경제 전문가들의 2023년도 전망도 갈리고 있다.

그런데 주택 수요의 측면에서는 많은 전문가가 2023년에도 여러 요인으로 인해 계속 증가할 것이라는 분석이다. 가장 대표적인 요인이 밀레니얼 세대의 성장이다. 밀레니얼 세대는 현재 주택 구매의 전성기로 주택 구매자 중 가장 빠르게 성장하고 있다. 지난 2018년 밀레니얼 세대의 주택 소유율은 사상 최저치를 기록했지만, 상황은 크게 바뀌고 있다.

전미부동산중개인협회의 보고서에 따르면 밀레니얼 세대는 주택 구매 인구의 가장 큰 비중을 차지하고 있다(약 43%). 이를 구체적으로 살펴보면, 젊은 밀레니얼 세대(23~31세)와 고령의 밀레니얼 세대(32~41세)의 총비율은 2020년 37%에서 2021년 43%로 증가했다. 또 이러한 젊은 세대의 첫 주택 구매가 나날이 증가하고 있으며, 젊은 세대의 주택 구매자 48%가 생애 첫 주택 구매자였다.

밀레니얼 세대가 계속해서 시장을 주도할 것으로 보여, 첫 주택 구매자와 밀레니얼 세대의 시장 참여로 인해 2023년도 주택 가격은 급격히 하락하지 않으리라고 예상된다.

물론 임대료와 주택담보 대출 금리의 상승이 기록적인 수치를 나타내고 있어, 많은 사람이 현재의 높은 주택 관련 비용을 지불할 수 없기에 부동산 판매가 감소할 것이라는 불안 요소도 있다. 이 같은 상황에서는 이론적으로 주택 가격이 2023년 하락을 예상할 수 있다. 하지만, 경제 예측가들의 부동산 시장 침체 경고에도 불구하고 구매자(밀레니얼 세대)의 강력한 수요가 뒷받침되어 있기에 주택 가격의 큰 하락은 없을 것이라는 전망세가 뚜렷하다. 또 잠재 주택 구매자가 활발하고 공급이 여전히 부족한 상황에서 주택 가격의 급격한 반전은 어려울 것이라는 견해가 다수다.

고액 자산가들은 왜 싱가포르를 주목하나?

싱가포르로 이주하는 백만장자들

싱가포르 정부는 최근 고소득 외국인을 국내로 유입시켜 부족한 고급 인력을 충당하겠다며 새로운 이민 비자 정책을 발표했다. 2023년 1월부터 월 고정소득이 3만 싱가포르 달러(한화 약 2,900만 원) 이상 외국인은 5년짜리 체류 비자인 ONE 패스(Overseas Networks & Expertise Pass)를 신청할 수 있고, 이들은 여러 기업체에 동시에 고용되어 일할 수 있게 된다. 2021년 1월 싱가포르 정부는 국내 테크기업이 월 급여 2만 싱가포르 달러(한화 약 1,935만 원) 이상의 외국인 인력을 고용할 수 있도록 테크패스(Tech Pass)를 신설하기도 했다.

싱가포르는 매년 이민자 수가 꾸준히 늘고 있는 나라로 꼽히고 있다. 2020년에는 총인구 약 570만 명 중 해외에서 유입된 이민자는 약 252만 명으로 인구의 40%가량 차지한다. 이민자들은 싱가포르 인구의 상당 부분을 차지하며, 출생률이 세계에서 가장 낮은 싱가포르에서 사회경제적으로 중요한 역할을 하고 있다.

싱가포르 이민자 수: 2005~2020년 **단위: 천 명**

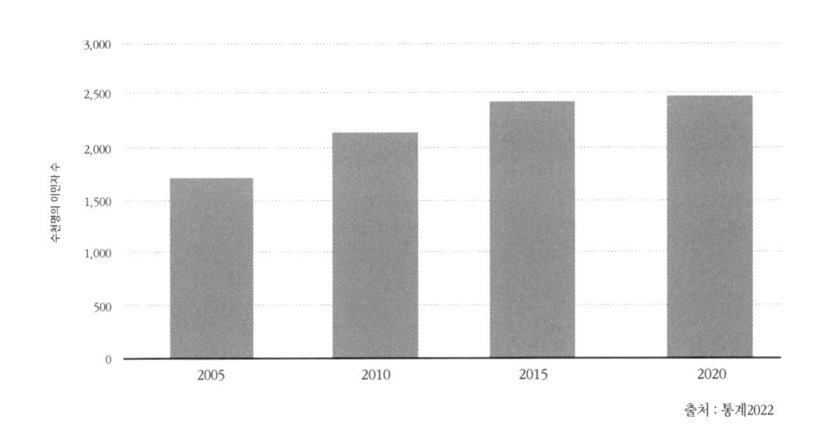

천연자원이 부족한 싱가포르 정부는 가장 중요한 자원은 국민이라고 오랫동안 강조해 왔다. 그러나 출산율이 꾸준히 감소하고 인구 증가율이 낮아짐에 따라 싱가포르 정부는 경제적 부담을 짊어지기 위해 이민자에 점점 더 의존하고 있다. 2020년 싱가포르의 외국인 노동력은 약 123만 명이었으며, 그중 약 35만 명이 숙련 노동자로 분류되었다. 대부분의 외국인 노동력은 건설 및 서비스 산업과 같이 싱가포르인에게 매력적이지 않은 것으로 간주되는 부문에 종사하거나 가사 도우미에 고용되었다.

특히 싱가포르는 2030년까지 아시아 태평양 지역에서 백만장자 비율이 가장 높은 곳이 될 것으로 예상되며, 이는 외국 태생 자본 투자를 촉진하는 동남아시아의 새로운 투자 거주 프로그램에 영향을 미칠 수 있는 변화다.

최근 HSBC 글로벌 리서치 보고서의 예측에 따르면 싱가포르는 백만장자 이민자 상위 순위에서 호주를 추월하는 동시에 경쟁자인 홍콩과 대만보다 앞서 있을 것으로 본다. 또 런던에 본사를 둔 다국적 은행들은 10년 내에 싱가포르가 미국보다 백만장자의 비율이 더 높을 것으로 예상된다고 발표한 바 있다.

싱가포르가 세계화된 투자 허브이자 고액 자산가들이 살기 좋은 곳이라는 매력을 감안할 때 향후에도 투자별 거주(RBI) 프로그램에 대한 관심이 크게 증가할 것으로 예상된다.

공식적으로 글로벌 투자자 프로그램은 새로운 사업체에 250만 싱가포르 달러를 지원하거나 기존 비즈니스를 확장하는 대가로 최소 5년 동안 거주권을 부여한다. 두 번째 옵션은 사업 계획을 세우고 싱가포르 기반 회사에 투자하는 승인된 펀드에 최소 250만 달러를 투자하는 것이다.

시민권으로의 업그레이드는 불과 2년 후에 가능하지만 이중국적은 허용되지 않으며 40세 미만의 사람들은 군 복무가 필요할 수 있다는 몇 가지 눈여겨볼 사항이 있다. 군 복무 조건은 영주권자에게도 적용될 수 있다.

고액 자산가들의 유입에 따른 주택 가격 상승

싱가포르에서 주택 가격 상승으로 많은 사람이 내 집 마련에 어려움을 겪고 있다. 2022년 7월 현지 온라인 주택임대 포탈인 99그룹(99 Group)이 실시한 여론 조사 결과, 응답자 10명 중 6명이 주택 매입이나 임대에 필요한 비용을 마련하기가 크게 부담된다고 답했다. 전문가들은 코로나19로 인한 신규 주택 건설 지연과 주거 환경 개선을 꿈꾸는 내국인 수요 및 부유한 외국인의 유입 등이 싱가포르의 부동산 가격을 끌어올리는 요인이라고 진단한다. 중국과 호주·뉴질랜드 등 아태지역에서는 금리 인상으로 전반적으로 부동산 시장이 위축되고 있지만, 싱가포르에서 주택 수요는 금리 인상에도 아랑곳하지 않는다. 싱가포르 통화청(MAS, Monetary Authority of Singapore)은 2021년 10월부터 모두 4차례나 인플레이션에 대응하기 위해 싱가포르 달러의 명목 실효환율(NEER, Nominal Effective Exchange Rate)의 정책밴드(exchange rate policy band) 중간값을 상향 조정하는 방식으로 국내 자본시장의 돈줄을 죄어왔고, 2022년 10월 14일에도 추가적인 통화 긴축정책을 발표했다. 싱가포르에서 부동산 시장의 열기가 단기 소강 국면에 접어들었다가 2022년 2/4분기에 부동산 가격 상승률이 시장의 예상을 훨씬 뛰어넘는 3.5%를 기록하며 시장 참여자들을 깜짝 놀라게 했다. 게다가, 2022년 상반기 싱가포르의 임대료 상승 폭도 8.5%를 나타내 미국의 뉴욕(New York)과 견줄 정도로 세계 30대 도시 가운데 가장 가팔랐던 것으로 나타났다.

왜 싱가포르는 백만장자들에게 매력적인가?

코로나19 팬데믹이 전 세계 경제를 크게 혼란에 빠뜨렸지만, 이 기간에도 부(富)의 기록적인 증가를 본 나라가 있다. 바로 고액 자산가들에게 매력적인 나라로 유명한 싱가포르다.

부동산 컨설팅 그룹 나이트 프랭크(Knight Frank)의 2022년 자산 보고서에 따르면 2021년 전 세계 초고액 순자산가(UHNWI) 인구는 9.3% 증가했다. 이들은 순 자산이 미화 3천만 달러 이상인 개인을 말한다. 그런데 여기서 눈여겨볼 점은 싱가포르에서만 초고액 자산가 인구가 2021년 3,874명에서 2022년 4,206명으로 증가했다는 사실이다. 나이트 프랭크(Knight Frank)의 또 다른 보고서에 따르면 싱가포르의 초고액 순 자산 인구는 2026년까지 거의 300% 증가할 것으로 예상되기도 한다. 실제 이는 2021년 포브스 싱가포르의 가장 부유한 기업 목록에 따르면 싱가포르에서 가장 부유한 50명의 연결 순 자산이 2021년에 미화 2,080억 달러로 증가하여 전년도보다 무려 25%나 증가한 것으로 나타났다.

글로벌 민간 자산 및 투자 이주 동향을 추적하는 2022 Henley Global Citizens 보고서에 따르면 싱가포르는 2022년 2,800명의 초고액 자산가가 순유입될 것으로 예상되어, 아시아의 다른 지역과 전 세계에서 백만장자를 계속 유치하고 있다. 이는 2019년의 1,500명에 비해 87% 가까이 증가한 수치다. 현재 고액 자산가 유입이 가장 많은 상위 10개국 중 싱가포르는 3위로 기록되고 있다. 싱가포르의 고액 순 자산 인구는 2022년에 3.4% 증가할 것으로 예상된다. 이는 싱가포르 인구의 거의 1/4이 부유한 개인이라는 것을 의미한다.

그렇다면 싱가포르가 이토록 고액 자산가들에게 매력적인 이유는 무엇일까? 초부유층이 싱가포르로 이주하는 가장 큰 요인은 정치적 안정, 경제적 안정, 기업 친화적인 인센티브, 세금 효율성, 현대적인 인프라, 친기업 환경, 강력한 법률 시스템, 더 높은 생활 수준 및 고급 의료 시스템 등이다.

또한, 싱가포르의 전략적 지리적 위치는 아시아 태평양 지역의 도시로 가는 관문 역할을 하며 많은 사람에게 더욱 매력적인 목적지로 인식되고 있다. 이는 싱가포르로의 부의 집중과 초부유 인구의 증가로 이어졌다.

싱가포르는 또한 자산가들의 부의 보존을 위해 신뢰할 수 있는 인프라를 제공하기 때문에 아시아의 다른 지역에서 고액 자산가들이 가장 먼저 선호하는 곳이다. 또한, 싱가포르는 세계적 수준의 재무 고문에게 쉽게 접근할 수 있기에 디지털 기업가와 패밀리 오피스에서 선호하는 선택지이기도 하다.

싱가포르에 초고액 자산가들이 집중되어 있으므로 향후 경제가 크게 성장할 것으로 예상된다. 2022년 싱가포르에서 가장 빠르게 성장하는 분야로는 은행 및 금융, 소프트웨어 및 기술, 의료, 제조, 인공 지능, 데이터 과학 및 분석, 생물 의학 및 생명 공학, 정신건강, 관광 및 접객업, 디지털 및 인터넷 마케팅 등이 있다.

싱가포르 여권 파워

싱가포르 시민권을 취득한 사람들에게 여권은 비자 면제 글로벌 이동성 측면에서 세계 최고 중 하나로 평가된다. 미국과 유럽의 솅겐 지역은 싱가포르 여권 소지자에게 개방된 약 175개 지역 중 하나다. 사실상 아시아에서 최강의 여권 파워를 자랑하는 싱가포르는 이민을 나가는 나라가 아닌 이민이 들어오는 나라이며, 삶의 질, 반부패지수, 인간개발지수 등 각종 지표도 매우 높다. 이러한 선진적인 사회경제적 환경 덕분에 미국은 1999년부터 싱가포르인의 미국 무비자를 허락한 바 있다.

전쟁과 난민

러시아-우크라이나 전쟁의 여파, 최대 난민 발생

전쟁이 일어나면 난민이 발생하기 마련이다. 난민은 전쟁이나 재난 등을 당해 고향을 잃거나 곤경에 빠진 사람들을 말하는데, 이들은 전쟁, 테러, 빈곤, 자연재해, 정치적 박해 등을 피해 다른 나라로 거주지를 옮기곤 한다. 즉 난민은 전쟁이나 기타 폭력에 의해 원래 살던 땅을 떠나게 된 사람들을 의미하게 되었는데, 제2차 세계대전 이후 동유럽을 떠난 대규모 피난민들에 대해 법적으로 정의하면서 공식적으로 사용하게 되었다.

현대사의 대표적인 난민

현대 역사에서 대표적인 난민으로는 팔레스타인 난민, 베트남 보트 피플, 르완다 난민 등이 있다. 제2차 세계대전 전까지 영국의 통치를 받던 팔레스타인 지역에 1948년 5월, 유대인들이 이스라엘을 건설했다. 2,000여 년 동안 팔레스타인에서 살아왔던 아랍인들은 갑자기 영토를 잃게 된 것이다. 그리고 아랍과 이스라엘 전쟁으로 고향을 떠난 70만 명 이상의 팔레스타인 사람들이 가자, 요르단강 서안, 시리아, 레바논 등지의 수용소에서 난민으로 생활하게 되었다. 베트남 보트 피플은 베트남 전쟁(1960~1975)이 시작된 후 1970년대 초반부터 보트로 베트남을 탈출한 난민들을 말한다. 남베트남이 공산화되자 1973년부터 1988년 사이에 100여 만 명이 자유를 위해 보트를 이용해 탈출했다. 하지만 이들은 받아주는 나라가 거의 없어 바다 위에서 헤매야만 했고, 식량 부족과 태풍 등 열악한 상황 속에서 숨을 거두는 일도 많았다고 한다. 르완다 난민은 1990년 르완다에서 토착 부족인 후투족과 소수 민족인 투치족 간 종종 갈등 분쟁으로 발생한다. 이 전쟁으로 총 300여 만 명의 난민이 생겼다. 르완다 난민은 인근 국가인 우간다, 자이르로 피신했지만 극심한 식량 부족과 콜레라 등 전염병으로 많이 죽었다.

2022년 6월 기준 UNHCR에 등록된 전 세계의 난민 수는 3,530만 6,050명이며, 유럽(1570만 명), 아메리카(668만 명) 지역에 많은 난민이 분포하고 있다. 가장 많은 난민이 등록된 국가는 튀르키예(366만 명)이고, 폴란드(260만 명), 독일(251만 명), 콜롬비아(245만 명)가 뒤를 이었다. 한국의 경우 3,498명의 난민이 등록되어 있다. 난민이 100만 명 이상 등록된 국가는 튀르키예, 폴란드, 독일, 콜롬비아 외에도 러시아(176만 명), 우간다(143만 명), 파키스탄(128만 명), 수단(116만 명) 등이 있다.

대규모로 난민이 발생한 상황에서는 인도적인 이유로 가급적 난민들을 받아줘야 한다는 사람과, 별다른 이득 없이 혼란만 일으킬 것이라는 이유로 가급적 받아서는 안 된다는 사람들이 대립한다. 19세기 말 미국에서 아일랜드 출신 이민자들을 박대한 것처럼 텃세야 있기 마련이고, 난민이 국익에 반한다고 생각되는 경우 반대가 더욱 격렬해진다. 난민들을 아예 침략자로 규정하는 여론은 이러한 배경하에서 발생한다.

•• 2015 유럽 난민 위기

2015 유럽 난민 위기(European migrant crisis)는 2015년 들어 지중해 또는 남동유럽을 통해 유럽연합 내로 망명하는 난민과 이민자가 급증하면서 발생한 위기이다. 이 난민은 시리아, 이라크 등 중동, 에리트레아, 나이지리아, 소말리아, 수단, 감비아 등 아프리카, 아프가니스탄, 파키스탄, 방글라데시 등 남아시아, 세르비아, 코소보, 알바니아 등 발칸반도에서 유입했다. 2015년 11월 기준 유엔 난민 기구(UNHCR)의 자료에 따르면, 2015년 초부터 지중해에서 유럽으로 도착한 난민의 국적은 시리아가 52%로 1위이고, 아프가니스탄이 19%, 이라크가 6%였다. 난민 대부분은 성인 남성(65%)이었다. '유럽 난민 사태'라는 말은 2015년 4월 유럽으로부터 지중해를 통해 오던 난민 2,000명을 태운 난민선 5척이 한꺼번에 난파되어 약 1,200명 이상이 사망한 사건이 발생하면서 널리 쓰이게 되었다.

2022년 들어서도 러시아-우크라이나 전쟁으로 인해 난민 사태가 발생해 유럽에서 큰 이슈가 되고 있다. 이 난민 사태는 러시아의 우크라이나 침공 이후인 2022년 2월 말 유럽에서 시작되었는데, 500만 명 이상의 난민이 우크라이나를 탈출했고, 우크라이나 내에서는 약 700만 명 이상의 실향민이 발생했다. 전쟁 초창기에는 우크라이나 전체 인구 중 약 4분의 1이 우크라이나를 떠났고, 난민 중 90%는 여성과 어린아이였다.

러시아의 침공은 제2차 세계대전 이후 유럽 최대의 난민 사태와 그 여파를 초래했으며, 이는 1990년대 유고슬라비아 전쟁 이후 유럽에서 처음이자, 21세기 가장 높은 난민 탈출 비율을 기록하는 등 세계 최대의 난민 위기 중 하나다.

대다수 난민은 우크라이나 서부의 이웃 국가로 갔다. 폴란드는 다른 모든 유럽 국가를 합친 것보다 더 많은 우크라이나 난민을 수용했다. 난민을 받은 우크라이나 인접국으로는 루마니아, 몰도바, 헝가리, 슬로바키아 등이 있다. 그 후 일부 난민들은 다른 서부 유럽 국가, 또는 비교적 가까운 서쪽 나라로 이주했다. 그러나 분석가들은 이들이 폴란드와 중부 유럽 국가에 머물 가능성이 크다며, 그 이유로 선택의 폭이 좁아지는 서부 유럽보다, 연줄이 닿는 노동 시장, 저렴한 도시, 기존의 교포 공동체가 있어 우크라이나인에게 더 매력적인 대안임을 들었다.

난민이 선택한 나라들

국가	우크라이나 난민
러시아	1,412,425
폴란드	1,194,642
몰도바	82,700
루마니아	83,321
슬로바키아	79,770
헝가리	25,800
벨라루스	9,820

유럽의 우크라이나 난민을 위한 지원책

러시아-우크라이나 전쟁이 사상 최대의 난민 사태를 초래하자, 유럽연합은 이 난민 사태를 해결하기 위해 여러 지원책을 마련했다.

우선 EU는 우크라이나인에게 최대 3년 동안 27개 회원국에 체류하고 일할 수 있는 자동 권리를 부여했다. 난민들은 친구나 친척과 함께 머물 수 없는 경우, 리셉션 센터에 수용된다. 그들은 음식과 의료 서비스, 그리고 앞으로의 여행에 대한 정보를 제공받을 수 있다. 또 EU는 그들이 사회 복지 혜택과 주택, 의료 및 교육에 대한 서비스를 받을 수 있게 했다. 난민을 가장 많이 수용한 국가 중 하나인 폴란드와 인구 기준으로 난민이 가장 많이 집중된 몰도바는 EU에 추가적인 지원을 요청했다.

특히 어린이들에게 전쟁에 수반되는 폭력의 트라우마와 사랑하는 가족과 혼란스러운 이별은 정서적, 심리적 지원이 필요하다. 그래서 오스트리아는 난민 아동과 부모를 위한 모바일 프로그램을 통해 심리학자를 만날 수 있게 했다. 네덜란드, 덴마크, 프랑스, 리투아니아, 포르투갈, 슬로바키아 및 스페인 등에서 진행되는 적응 수업도 심리적 지원을 제공하며 사회 정서적 지원을 제공한다.

성인 난민의 일자리도 간과할 수 없는 문제다. 독일에서는 350,000명의 우크라이나 난민이 등록되어 있는데, 이들의 50%가 일자리를 찾고 있다. 그러나 언어적 문제, 기술 수준과 적업 적응 적합성 등의 문제는 난민들에게 여전히 높은 장벽으로 인식되고 있다. 그래서 대부분 난민은 운송 및 물류, 판매, 서비스 및 건강관리 분야에 종사하는데, 이들 분야 상당수도 전문 인증을 요구하는 경우가 많다. 노인 간호 등의 분야는 쉽게 접근할 수 있는 일자리이지만, 급여가 낮고 근무 조건이 까다롭다.

반면 폴란드는 우크라이나 난민을 환영하는 측면도 있다. 정부 자금 34억 달러, 민간 21억 달러 등을 비롯해 언어 수업에서 보육 등에 이르기까지 우크라이나인들에게 많은 지원이 이루어지고 있다. 약 120만 명의 우크라이나인이 사회 보장 번호를 부여받았고,

그 절반은 일자리를 찾았다. 세계은행은 중기적으로 우크라이나인들의 경제활동으로 1.5% 정도의 경제성장에 영향을 미칠 것으로 예상하고 있다. 그러나 폴란드에서도 언어는 독일과 마찬가지로 큰 장벽으로 인식되고 있다. 독일과 폴란드 외에도 체코에서는 100,000명, 이탈리아에서는 20,000명의 우크라이나인이 고용되어 경제활동을 하고 있다. OECD는 120만 우크라이나 난민이 유럽에서 주로 서비스 직종에 고용되어 경제활동을 이어갈 것으로 예측했다.

포르투갈의 난민 지원 조치

포르투갈 정부도 다른 유럽의 국가와 마찬가지로, 우크라이나 난민을 위한 여러 지원책을 마련했다. 2022년 3월 포르투갈 정부는 각료회의에서 임시 보호 체제의 적용을 받는 우크라이나 난민들이 더욱 간소한 절차를 통해 임시 정착할 수 있도록 다음과 같은 예외 조치를 승인했다.

(1) 전문자격 인정 절차를 간소화하고, 아래 절차 비용 면제
: 외국 기관에서 발행한 문서의 합법화 절차, 외국어로 작성된 문서의 포르투갈어 번역 인증, 외국어 원본 문서의 사본 인증 및 등록 또는 기타 수수료

(2) 한시적 보호 범위 내에서 인도적 사유로 인한 긴급 학생 신분 적용

(3) 긴급 주거 지원 숙박 지원 프로그램(게이트웨이) 활용

(4) 일반 운전면허증 및 전문 기사 면허증 교환 절차 간소화와 관련 절차 비용 면제

(5) 임시 보호 체제 적용 범위는 우크라이나 국적자 외, 우크라이나 내 합법 체류 중이던 제3국적자, 무국적자, 우크라이나 내 난민 등에도 적용

중국과 홍콩의 부자들 탈(脫)중국 러시

탈(脫)중국을 준비하는 중국의 부자들과 기업

중국 정부의 '제로 코로나' 정책과 시진핑 집권 3기가 출범하면서, 중국 내 정세가 심상치 않게 돌아가고 있다. 특히 중국 경제의 불확실성이 커지자 중국의 기업인들이나 부자들이 투자를 보류하거나 이민을 고려하는 등 나름의 생존 방안을 모색하고 있다.
뉴욕타임스(NYT) 보도에 따르면 중국 기업인들은 20차 공산당 전국대표대회(당 대회)에서 시 주석의 3연임에 대해선 충분히 예상했으나, 그의 독주가 당내 다른 세력에 의해 완화되길 바라는 분위기였다. 하지만 기대와 달리 지도부가 시 주석의 측근들로만 채워지며 이들은 좌절하게 됐다. 한 남부 전선의 기업인은 NYT에 "마지막 남은 희망이 산산이 부서졌다"라고 말하기도 했다.
시 주석 '1인 천하' 시대는 중국 경제성장의 발목을 잡을 수 있다는 우려를 낳으며 시장도 즉각 반응했다. 중국 주식이 폭락하고 위안화 가치가 떨어졌다. 시 주석 집권 10년 동안의 중국 경제에 대해 NYT는 "국가의 역할은 커지고 시장의 역할은 축소됐다"라고 평했다. 앞서 중국 대형 온라인·플랫폼 기업들이 정부의 규제로 흔들렸고 '제로 코로나' 정책은 중국 기업들의 생산 등 활동에 차질을 빚게 해 막대한 피해를 줬다. 시 주석은 20차 당 대회 개막 연설에서도 안보는 52차례, 마르크스 사상은 15차례 언급하면서도 시장은 3차례 언급하는 데 그쳤다.
이런 정치 경제적 상황으로 중국의 부호들이 중국에 대한 추가 투자를 보류하거나 중국을 떠나는 것을 고려하는 방안을 모색 중이라고 알려졌다. 대표적으로 애플이 있다. 중국의 '제로 코로나' 정책에 지친 애플이 대중 의존도를 대폭 줄이는 '탈(脫)중국' 계획을 가속화하는 것으로 알려졌다. 애플이 미국이 중국을 공급망에서 배제하려는 움직임과 맞물려 생산기지를 중국 밖의 인도와 베트남으로 이동한다는 포석이다.

애플이 공급망 다변화 계획에 착수한 건 최근 '아이폰 도시'로 불리는 중국 정저우 공장에서 잇따른 인력 이탈 및 시위 사태 때문으로 알려졌다. 대만의 폭스콘이 운영하는 정저우 공장은 약 30만 명의 근로사가 일하는 아이폰 최대 생산기지다. 아이폰 14프로와 아이폰 14프로맥스 등 전 세계에 공급되는 아이폰의 85%가 이곳에 생산된다.

하지만 중국의 제로 코로나 봉쇄 정책으로 현지 노동자가 대거 공장을 집단 탈출했고, 새로 채용된 인력 상당수도 수당 문제와 방역 정책에 반대 시위를 벌인 뒤 생산 라인을 이탈했다.

이처럼 탈(脫)중국에 대한 분위기가 짙어지자, 중국 정부는 '국적포기세'를 도입하는 등 고액 자산가에 대한 특별 관리에 착수했다고 알려졌다. 중국 세무당국은 내년부터 순자산 또는 예금 1000만 위안(약 19억 원) 이상의 고액 자산가를 전담하는 '고액 자산가 관리국'을 신설할 계획이다. 또 해외이민 희망자에는 별도 세무조사를 해 '호적 말소세(국적포기세)'를 징수한다. 세금을 모두 냈다는 증빙을 받아야 해외 이주가 가능해진다. 중국 당국은 이런 업무를 위해 2만 5,000명에 달하는 인력을 추가로 채용할 계획이다. 이어 지방 세무당국별로 고액 자산가에 대한 관리 강화 방침을 내놓고 있다. 중국의 실리콘밸리로 불리는 광둥성 선전시는 스마트 세무시스템 구축을 위한 용역을 발주했다. 중국은 이런 조치에 대한 부자들의 반발이 큰 데다 해외 이탈이 더 가속화할 수 있다는 우려에 도입을 미뤄 왔다. 중국의 고액 자산가가 대부분 공산당과의 관시(관계·關係)가 두터우므로 부자들에 대한 압박이 쉽지 않은 게 현실이다. 하지만 코로나19 지원 조치로 세수가 급감하면서 재정적자가 불어나자 결국 실행에 착수한 것으로 분석된다.

●● 제로 코로나

'제로 코로나'는 코로나19 확진자 발생 시 봉쇄 조치를 진행하는 등 강도 높은 규제로 바이러스의 전파를 막는 정책으로, 주로 호주나 뉴질랜드, 중국 등에서 시행하고 있다. 그러나 전 세계에 신종 코로나바이러스 백신 도입과 함께 봉쇄령과 방역 조치를 해제한 '위드 코로나'에 익숙해지고 있는 가운데, 유독 중국만이 '제로 코로나'를 고집하고 있다. 국제 사회는 이미 봉쇄 조치로 인한 경제적 여파를 우려하고 있으며, 제로 코로나 정책을 끝내라고 요구하고 있지만, 중국의 제로 코로나에 대한 의지는 매우 높은 것으로 알려져 있다. 대부분의 중국 전문가들은 중국의 제로 코로나 정책을 팬데믹에 맞서 싸우려는 이유보다는 중국 공산당의 정당성을 지키고 시진핑 주석의 개인적 권위를 치켜세우려는 이유로 이해해야 한다고 지적하고 있다.

중국과 홍콩의 부호들, 어디로 떠날까?

시진핑 집권 3기 출범과 '제로 코로나'에 염증을 느낀 중국의 부자들은 미국과 싱가포르 등 자산을 지키고 자유롭게 운용할 수 있는 나라로 떠나는 것으로 알려졌다.

블룸버그 통신은 한때 운영 중단됐던 미국투자이민 제도가 2022년 8월 재개되면서 중국·인도 부유층이 몰리는 등 부활하고 있다고 보도했다. 일자리를 창출하는 미국 법인에 최소 80만 달러를 투자하는 외국인에게 영주권을 주는 EB-5 프로그램은 2008년 이후 370억 달러의 외국인 투자를 끌어들였다. 하지만 이민자를 노린 사기 등 각종 탈법 논란에 휘말린 끝에 작년 6월 제도 연장을 위한 하원의 재승인을 받지 못하면서 운영이 유보되었다가 다시 연장되었다.

당시 몰려든 해외 부유층으로 인해 영주권 발급 대기기간이 중국 국적자의 경우는 거의 10년에 달했으며, 약 150억 달러의 투자를 약속한 10만 명가량의 신청자들이 제도 중단으로 이러지도 저러지도 못하는 상황에 빠진 것으로 알려졌다.

이번 투자이민 재개는 코로나19 봉쇄 등으로 부유한 중국인들이 중국을 떠나려 하거나 대안을 찾고 있는 가운데 나온 것이어서 한층 관심을 모으고 있다.

투자이민 컨설팅업체인 '헨리 앤드 파트너스' 등에 따르면 올해 자금을 해외로 빼내려는 부유한 중국인들이 약 1만 명, 이들의 자금 규모가 480억 달러에 달하며, 이민하려는 인도인 부유층도 8천 명에 이른다는 것이다. 이번에 투자이민 요건이 이전보다 강화됐는데도 그동안 억눌린 투자이민 수요를 촉발하고 있다고 미국이민변호사협회(AILA)의 버니 울프스 도프 전 협회장은 말했다.

또 중국 부자들은 아시아에서 세율이 가장 낮은 싱가포르로 대거 이주하고 있다. 싱가포르는 금융시장 안정성도 높아 아시아 부호들이 몰리고 있다. 싱가포르에서 부자들의 자산관리 서비스를 제공하는 '패밀리 오피스'는 2021년 말 기준 700여 개로 전년 대비 두 배 이상 늘었다. 중국의 '경제수도' 상하이에선 외국인과 부유층이 잇따라 떠나면서 주요 지역 주택 월세가 20% 하락했다는 보도도 나왔다.

●● 시진핑의 '공동부유'와 기업들의 위기

'공동부유'는 글자 그대로 '같이 잘 살자'라는 뜻으로, 2021년 8월 시진핑 중국 국가주석이 이를 강조하면서 중국의 최대 화두로 등장한 개념이다. 시 주석은 2021년 8월 열린 공산당 제10차 중앙재경위원회 회의에서 '공동부유는 사회주의 본질적인 요구이자 중국식 현대화의 중요한 특징'이라고 밝혔다. 공동부유는 민간기업과 고소득층의 부를 당이 '조절'하고 '자발적' 기부를 통해 인민과 나누자는 것으로, 소수에게 부가 과도하게 몰리는 것을 막고 부유층과 대기업이 공산당 질서 아래 재집결하도록 하겠다는 뜻을 표명한 것으로 분석되고 있다. 그런데 공동부유를 외치는 시 주석이 장기 집권을 확정한 이후 중국 부자들의 해외 이주는 늘어나는 추세다. 시 주석의 경제 아젠다인 공동부유가 더 거세질 것이란 우려도 커지고 있다. 공산당은 소득 격차를 줄이는 1차 분배, 세금과 사회보장제도를 통한 2차 분배, 부유층과 기업의 자발적 기부를 통한 3차 분배라는 공동부유 실행 방안도 제시했다.

Global Migration Trends

PART 7

특별 코너

국가별 투자금액 한눈에 보기

주요국 투자이민 비교표

주요 유럽국가 투자이민 절차와 세금

미국의 공립 및 사립학교

주요국 대표 국제학교

2022 전 세계 대학순위

국가별 투자이민 신청시 투자액

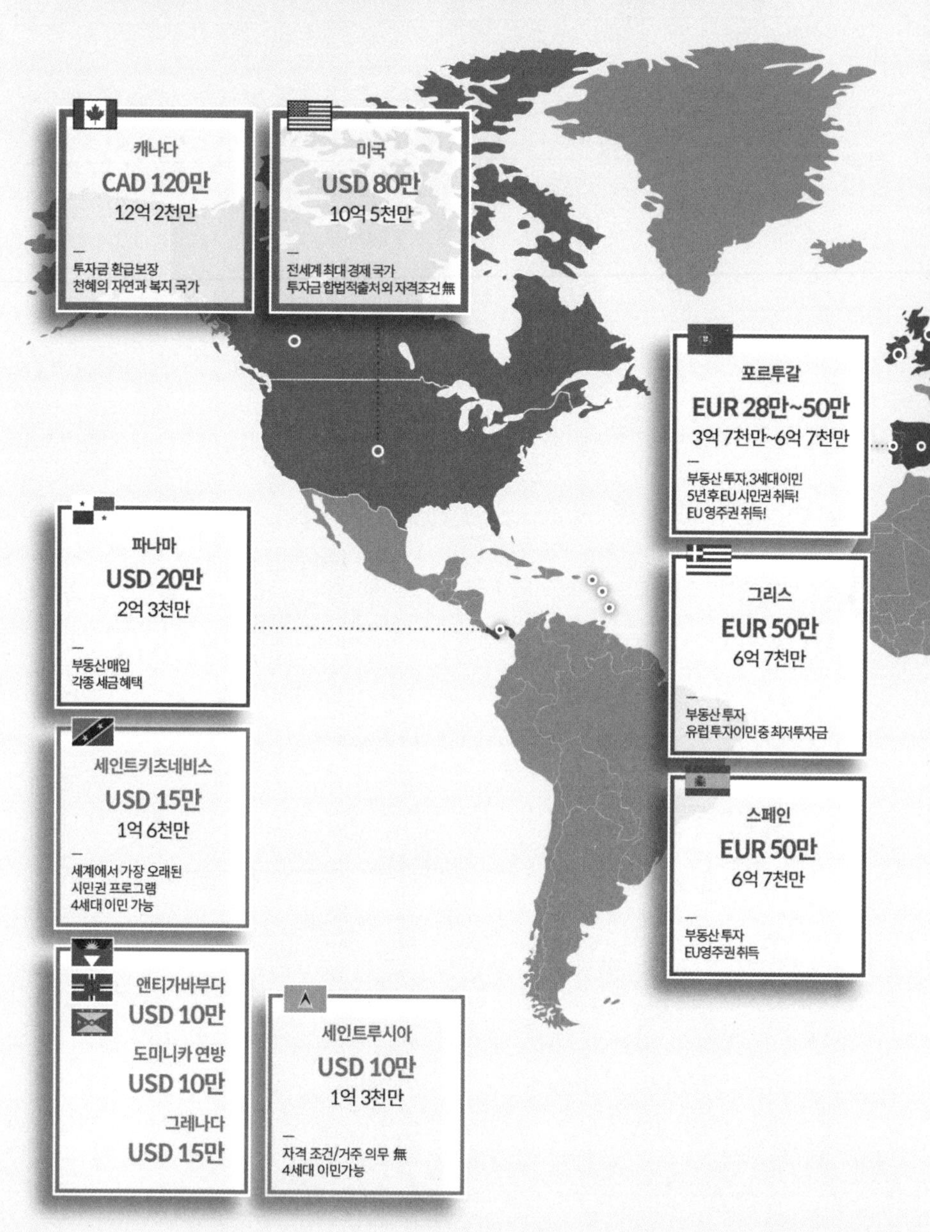

20년 이상 경력의 전문가 그룹
2022년 세계 TOP 25 CEO 선정 (5년 연속)
해외투자이민 최고 최다 수속 / 100% 승인실적

주요국 투자이민 비교표

구분	미국	호주	포르투갈
비자형태	영주권	투자비자	거주비자
투자금액	80만 달러	AUD 2,500,000 (약 22억) or AUD 5,000,000 (약 43억)	35만 유로 or 50만 유로 (약 4억 6천만 or 약 6억 8
투자유형	Fund 투자	Fund 투자	부동산 투자
수속기간	2.5~3년	10~12개월	9~10개월
필수 거주기간	6개월마다 방문	4년 중 최소 2년 이상	매 2년 누적 일수 14일
동반신청자 특이사항	만 21세 미만 자녀	만 18세 미만 자녀	3세대 이민 가능 (양가 부모)
투자유지	5~8년	4년	5년
영주권 신청시기	해당 사항 없음	4년 후/3년 후 (투자금에 따라 상이)	거주권 취득 5년 후 (언어시험 A2)
시민권 신청시기	영주권 취득 후 실거주 5년 후	영주권 취득 후 실거주 4년 후	거주권 취득 5년 후 (언어시험 A2)
자금출처	O	X	X

몰타	키프로스	아일랜드	그리스
영주권/시민권	영주권	거주비자	거주비자
영주권 7만 ~ 38만 유로 (약 9천6백만~5억) 시민권 65만 8천 유로~ (약 8억 8천만~)	30만 유로 (약 4억)	100만 유로 (13억 7천만) or 50만 유로 (약 6억 8천만)	25만 유로 (약 3억 3천만)
부동산 임대 or 매입 + 정부기부 + 자선단체기부	부동산 투자 or 법인설립 or 주식투자	아일랜드 이민성에서 승인한 부동산 펀드 투자 or 기부	부동산 투자
약 10~15개월	3~5개월	약 6개월	2~6개월
없음	2년 중 1일	매 1년 중 1일	없음
4세대 이민 가능 (양가 부모 및 조부모)	3세대 이민 가능 (양가 부모)	-	3세대 이민 가능 (양가 부모)
5년	평생 유지	5년	5년
-	-	-	5년마다 갱신 필요
-	7년 중 5년 실거주 (마지막 1년 연속 거주)	거주비자 5년 후 (매년 최소 10개월 거주)	영주권 취득 2년 후 5년 중 4년 2개월 실거주 (언어시험)
O	O	O	X

주요국 투자이민 비교표

구분	바누아투	도미니카	그레나다
비자형태	시민권	시민권	시민권
투자금액	$13만	$10만(기부) or $20만(부동산 투자)	$15만(기부) or $22만(부동산 투자)
투자유형	기부	기부 or 부동산 투자	기부 or 부동산 투자
수속기간	1~3개월	3~6개월	3~6개월
필수거주 기간	없음	없음	없음
동반신청자 특이사항	3세대 이민 가능 만 25세 이하의 자녀	4세대 이민 가능 (주신청자 부모 및 조부모)	3세대 이민 가능 형제자매 가능
투자유지	X	5년	3년
자금출처	X	X	X
무비자입국 가능국가	95개국	111개국	144개국

앤티가바부다	세인트루시아	세인트키츠네비스	튀르키예
시민권	시민권	시민권	시민권
$10만(기부) or $20~40만(부동산 투자) or $150만(사업체 투자)	$10만(기부) or $30만(부동산 투자) or $350만(사업체 투자 +고용창출) or $50만(정부채권)	$15만(기부) or $20만(부동산 투자) or $40만(부동산 투자)	$40만 (부동산 투자)
기부 or 부동산 투자 or 사업체 투자	기부 or 부동산 투자 or 사업체 투자 및 고용창출 or 정부채권	기부 or 부동산 투자	부동산 투자
3~6개월	3~6개월	3~6개월	6~8개월
시민권 취득 후 첫 5년 내 최소 5일 이상	없음	없음	없음
4세대 이민 가능 (주신청자 부모 및 조부모)	4세대 이민 가능 (주신청자 부모 및 조부모)	4세대 이민 가능 (주신청자 부모 및 조부모, 30세 미만의 형제자매 가능)	만 18세 자녀
5년	5년	$20만 부동산 - 7년 $40만 부동산 - 5년	3년
X	X	X	X
165개국	146개국	80개국	110개국

주요 유럽국가 투자이민 절차와 세금

국가	포르투갈	스페인	그리스(3세대)
기본조건	부동산 구매 • 28만 유로(30년이상된 부동산 재개발)~ • 40만 유로~	부동산 구매 50만 유로	부동산 구매 50만 유로 이상
주신청인	1. 만 18세 이상 2. 무범죄 경력 3. 비 유럽연합 국민	1. 만 18세 이상 2. 무 범죄 경력 3. 신체검사 통과 4. 의료보험 구매 5. 비 유럽연합 국민 6. 자산출처 증빙 7. 고정소득 증명(2,134 EUR) - 동반 人당 532.21 EUR 추가 증명	1. 만 18세 이상 2. 무 범죄 경력 3. 의료보험 구매 4. 비 유럽연합 국민
동반 신청인	1. 배우자 2. 만 18세 미만 자녀 3. 만 18세이상(미혼, 재학, 경제적 미 독립) 4. 양가 부모(만 65세 미만은 경제의존 증명) → 65세 이상은 시험 ×	1. 배우자 2. 만 18세 미만 자녀 3. 만 18세 이상(미혼, 경제적 미 독립) 4. 주 신청인 부모	1. 배우자 2. 만 21세 미만 자녀 3. 양가 부모
거주조건	골든비자 2년+2년+… 14일+14일+…	D비자 1+2년+5년+… -최소 한번 이상 입국(시간 제한 無)	없음
영주권	5년 후 신청 가능 -언어시험 A2	5년 안에 최소 4년 2개월 거주 (매년 183일 이상) -언어&문화시험 ×	바로 취득 (4~6개월)
시민권	5년 후 신청 가능 -언어시험 A2	10년 연속 거주(매년 183일 이상) -언어&문화시험 O	영주권 소지, (7년 내에 6년 2개월 체류) 7년 후 신청 가능
국제학교 학비	15,000유로/년	15,000유로/년	13,000유로/년
실사	X	X	X
자금출처	X	O	X
비고	• 부동산 임대 가능(5%~6%) • 5년 후 판매 가능 • 거주증 5년 만기 후 바로 시민권 신청 가능 • 지문 등록 시 반드시 입국 (그 외 업무 위임장으로 가능)	• 부동산 임대 가능 • 3번 입국 • 직접 수령	• 영주권 취득 후 부동산 임대 바로 가능 • 시민권 취득 후 판매 가능

아일랜드(2세대)	몰타 영주권(4세대)	몰타 시민권(4세대)	키프로스 영주권(3세대)
정부지정 프로젝트 펀드투자 100만 유로(3년) . 기부 40만 유로	옵션1) 부동산 구매 30만 유로+ 기부 3만 유로 옵션2) 부동산 임대 1만+기부 6만 유로 *공통 조건 연 소득 10만 유로 or 자산 25만 유로 (금융자산 15만 유로 포함)	옵션1) 3년 실거주 후 60만 유로 기부+ 자선단체 기부 1만 유로+부동산 임대(1.6만 유로) or 구매 (70만 유로) 옵션2) 1년 실거주 후 75만 유로 기부+자선단체 기부 1만 유로+부동산 임대(1.6만 유로) or 구매(70만 유로)	옵션1) 거주용 부동산 구매 30만 유로 (평생소유) 옵션2) 비거주용 부동산 30만 유로 옵션3) 법인설립 (5명의 고용창출) 30만 유로 옵션4) 키프로스 주식 투자 30만 유로 *공통조건 • 생활보장금(현지 계좌) 3년 간 3만 유로 • 연간 소득증명(부부합산 연 소득 5천 유로, 1인추가 시 8천 유로 추가)
만 18세 이상 . 무 범죄 경력 . 의료보험 구매 . 비 유럽연합 국민 . 자산증빙 200만 유로 이상 (100만 유로 투자금 포함)	1. 만 18세 이상 2. 무 범죄 경력 3. 비 유럽연합 국민 4. 신체검사통과		1. 만 18세 이상 2. 무 범죄 경력 3. 의료보험 구매 4. 비 유럽연합 국민
배우자 . 만 18세 미만 지녀 . 만 18~24세(미혼, 경제적 미 독립)	1. 배우자 2. 만 18세 미만 자녀 3. 만 18세 이상(미혼, 경제적 미 독립) 4. 만 55세 이상 경제의존 양가부모 및 조부모	1. 배우자 2. 만 18세 미만 자녀 3. 만 18~26세(미혼, 경제적 미 독립) 4. 만 56세 이상 경제의존 양가부모 및 조부모	1. 배우자 2. 만 18세 미만 자녀 3. 만 18~25세 자녀 (미혼, 재학, 경제적 미 독립) 4 양가 부모 (배우자 부모는 only 영주권, 5년 1번 갱신)
tamp4 2+3+5+5+… 매년 하루 이상 체류 투자 유지	X	조건부 거주증 12개월 중 주신청인은 2주 이상 필수 체류	2년에 한번 입국 필요(시간 제한 無)
	영주권에서 시민권으로 전환불가 영주권과 시민권을 분리하여 운영		[영주권 → 시민권] 7년 내에 5년 간 거주 (4년 거주 후 마지막 1년은 연속거주)
• 신청 조건 연속적으로 5년 거주/ 년 동안 총 5년 체류 4년 채우고 마지막 1년은 연속으로 체류)			
8,000~24,000유로/년	9,000유로(평균)~18,000유로/년 (QSI 가장 비싼학교)		10,000유로/년
)	O		O
)	O		O
시민권 취득 후 CTA 혜택 가능	• 영주권 갱신 시 몰타 주소지 필요 (사업은 CEO 및 비서를 현지인으로 채용) • 취업, 학업 O • 부모 중 한명이 사업 or 취업상태면 자녀 학비무료	조건부 거주증 12개월 후 시민권 신청	• 임대, 판매 × • 취업 × • 사업 O (사업은 CEO 및 비서를 현지인으로 채용)

주요 유럽국가 투자이민 절차와 세금

구분	포르투갈	스페인	그리스
개인 소득세	14.5%~48%	19%~45%	22%~45%
기업 소득세	21%	25%	29%
부가 가치세	23%	금융 : 0% / 식품 : 4% 교통, 호텔 : 10% 대부분의 상품 및 상업, 농업, 건축용 부지 : 21%	표준세율 : 24% 기타 그리스 섬 세율 : 17%
부동산 취득세	• 교외 지역 : 5% --- • 시내 지역 : 6.5% (도심 재개발 지역면제)	• 신규 주택 : 10% --- • 기존 주택 100만 유로 이하 : 10% 100만 유로 이상 : 11%	3%(2006년 전 건축) --- 24%(2006년 후 건축)
명의 이전세	~ 92,407유로 : 0% 126,403~172,348유로 : 5% 172,348~287,213 유로 : 7% 287,213~574,323 유로 : 8% 574,323~1,000,000 유로 : 6% 1,000,000 유로~ : 7.5%	X	3%
재산세	교외 지역: 0.8% --- 시내 지역 : 0.35%~0.5%	교외 지역 : 0.3%~0.9% --- 시내 지역 : 0.4%~1.1%	부동산 종류에 따라 다름
인지세	매매가의 0.8% 증여 : 지인 10% 비가족계 : 0.8%	신규주택 : 1.5% 중고주택 : 0%	X
임대 소득세	28%	19%	0~12,000유로 : 15% 12,000~35,000유로 : 35% 35,000유로 이상 : 45%
배당 세금	X	X	15%
사회보장기금	고용주 : 23.75%(직업에 따라 다름) 직원 : 11%(직업에 따라 다름)	고용주 : 29.90% 직원 : 6.35%	고용주 : 28.06% 직원 : 16%
환경세	X	X	X
상속세 & 증여세	상속세&증여세 X --- 인지세 O -기부인 경우 최대 0.8% -증여인 경우 최대 10%	• 7.65%~34% (자산 규모에 따라 상속세율 차등 적용. 상속인과 피상속인의 관계에 따라 세금 공제 차등 적용)	0%~10%
양도 소득세	28%(비거주자 25%) 판매가격이 구매가격보다 높을 경우 그 부분에 대한 세금 납부	• 거주자 기준 → 6,000유로 이하 19% → 6,000~50,000유로 21% → 50,000유로 이상 23% • 비거주자 기준 → 비 유럽 국민 24%	15%

몰타	아일랜드	키프로스
15%~35%	20% (기준 초과분은 40%)	0%~35%
국내 수익 : 35% 해외 소득 발생시 : 5%	거래 통한 수익 : 12.5% 투자 통한 수익 : 25%	12.50%
기본 : 18% 숙박 및 식당 : 7% 기타 : 5%	여행 및 숙박 : 9% 토지 및 건설 : 13.5% 전기 및 난방 : 23%	기본 : 19% 숙박 및 식당 : 9% 기타 : 5%
X	X	X
X	X	0~85,000유로 : 3% 85,000~170,000유로 : 5% 170,000유로 이상 : 8%
X	거주용 : 0.18% 상업용 : 6%	X
부동산 구매시 : 5% 부동산 상속시 : 0% 부동산 증여시 : 0%	거주용 : 1% 상업용 : 2%	0.15%~0.2%
15%	20%	
10%~15%	20%	
고용주 및 사업자 : 15% 직원 : 10%	고용주 : 10.75% 직원 : 4%	
5유로	X	X
X	• 상속 및 증여하는 대상의 관계에 따라 차감되는 기준이 다름 (차감 후 금액에 대한 세율 33%) • 배우자 면제 • 자녀 310,000유로 차감 후 세율 적용	X
8%	33%	20%

미국의 공립 및 사립학교

미국은 세계 최고의 교육 수준을 자랑한다. 그래서 세계의 많은 나라에서 자녀들의 유학을 고민할 때 미국은 부동의 1위로 꼽히고 있다. 2020-21학년도에는 전 세계 200여 국가에서 총 914,000명이 미국으로 유학을 갔다. 한국인 유학생 수는 총 39,491명으로 3위를 차지하고 있으며 학부과정이 45%, 대학원 과정이 36%다. 학위 취득 후 실무업무 경험을 쌓고자 OPT(Optional Practical Training)에 참가한 학생은 전체 한국 유학생의 17% 정도다.

학기제

9월에 시작하는 학기제(School Year)이며, 초등학교는 만 6세에 입학할 수 있다. 9월 입학 전에 만 6세인지에 따라 입학 여부가 결정되기에 같은 학년이지만 나이 차이가 1살 정도 차이가 나는 경우가 흔하다. 일반적으로 초등학교 5년, 중학교 3년, 고등학교 4년인 경우가 대다수이지만 주에 따라 차이가 있다. 미국은 여러 주가 있는 연방 국가이다 보니 학군마다 학제가 다른 경우가 있기도 하지만, 12년간 학교를 다닌다는 것은 동일하다.
미국 학제는 취학 전 교육인 유치원(Kindergarten)을 합쳐서 K-12 학제(K-12 system)라 부르기도 한다. 보통 6세에 입학하지만, 미네소타 주에서는 7세, 펜실베이니아 주에서는 8세에 입학하기도 한다.

학교의 종류

공립학교와 사립학교가 있으며, 사립학교는 주간학교와 기숙학교로 나뉘어져 있다. 미국이 아무리 교육 수준이 좋다고 해도 학교마다 차이는 존재한다. 공립학교와 사립학교의 수준 차이도 있다.

학교 급식

집에서 도시락을 싸 오는 경우도 있지만, 대부분은 학교 카페테리아에서 급식을 한다. 급식비는 현금 또는 식권 등으로 계산이 가능하다. 일반적으로 학교는 본인 계정이 있어 계정에 선불로 급식비를 입금하고 계정 번호를 받아서 사용한다.

핸드폰 사용

미국은 각 교육 자치구마다 별도 운영 지침이 있다. 점심시간을 제외하고는 핸드폰 사용이 거의 금지되어 있다고 보면 된다.

공립학교

좋은 학교와 학군을 찾는 것은 유학을 준비하는 자녀를 둔 학부모 입장에서는 최우선 과제다. 좋은 학교/학군에 입학하기 위해 학부모는 이사나 임대를 선택한다. 그래서 대부분의 부동산 사이트에서는 학교와 학군 정보가 자세히 나와 있다. 우선 공립학교부터 살펴보자. 미국에는 약 5,100만 명의 공립학교 학생이 있다.

■ 공립학교의 종류

미국의 공립학교는 일반 공립학교, 차터 스쿨, 매그넷 스쿨 등이 있다. 공립학교는 대부분 지역 경계선 안에 거주하는 학생들에게 입학을 허용한다. 이와 달리 차터 스쿨, 매그넷 스쿨은 공립학교지만 특별 프로그램과 뛰어난 시설, 높은 학업 수준을 유지하고 거주지에 대한 제한이 없다.

1. 일반 공립학교

일반 공립학교는 미국의 가장 일반적인 형태의 공립학교이며 주소지에 따라 학군이 결정되는 방식이다. 길 하나를 두고 학군이 다른 경우도 있으니 집을 구매하거나 임대하는 경우 학군을 반드시 확인해야 한다. 일반 공립학교에 다니려면 공립학교를 다닐 수 있는 합법적인 신분과 해당 학교의 지역 거주자임을 입증할 간단한 서류(전기 및 수도요금 고지서나 아파트 계약서 등)만 있으면 된다.

2. 차터 스쿨(Charter School)

대안학교의 성격 가진 공립학교이며 학교 운영은 공립학교와 사립학교의 장단점을 보완한 구조다. 학부모나 지역사회가 정부와 협약(charter)을 통해 직접 운영하는 학교 형태다. 정부의 재정지원을 받는 공립학교이지만, 교과과정과 예산집행 등 해당 관할 교육구의 간섭 없이 자율적 수행을 한다는 점에서 사립학교의 장점을 접목한 일종의 대안학교다. 학생들의 학업능력 향상, 혁신적인 교수방법 도입, 학생과 부모들을 위한 폭넓은 교육기회 부여 등을 목적으로 한다.

차터 스쿨은 일반 공립학교에 비해 좀 더 많은 예산이 지원되는 편이기 때문에 전반적으로 교육 수준이 일반 공립학교보다 높아 학부모들에게 인기가 많다. 학생의 주소지가 차터 스쿨이 위치한 지역에 살지 않더라도 입학이 가능하다. 다만 입학방식이 추첨제이기에 입학이 자유롭지는 않다. 만약, 자녀나 형제가 다니는 경우 입학 우선권을 가진다.

3. 매그넷 스쿨(Magnet School)

과학, 외국어, 컴퓨터, 수학, 예술, 커뮤니케이션 등 특화된 교육과정으로 '우수한 성적을 거둔 학생들(Talented and Gifted)'을 '자석(magnet)'처럼 끌어당긴다는 취지로 만들어진 학교다. 특정 영역을 집중적으로 가르친다는 측면에서 한국의 특목고에 견줄 수 있다.

■ 최고의 공립학교가 있는 주

WalletHub 리포트는 33개의 관련 지표를 활용하여 '교육의 질' 및 '안전성'에 대해 각 주의 공립학교 순위를 매긴다. 지표에는 저소득층 학생의 고등학교 졸업률, 수학 및 영어 읽기 점수, 중간 SAT 및 ACT 점수, 학생 대 교사의 비율, 총기 사고율 등이 포함된 지표를 기반으로 매년 순위를 정한다.

1. 매사추세츠주

매사추세츠는 미국 최고의 공립학교 시스템을 갖추고 있다. 매사추세츠의 공립학교 중 48.8%가 고등학교 순위의 상위 25%, 총 167개 학교에 속한다. 매사추세츠는 미국에서 가장 높은 수학 및 영어 읽기 시험 점수와 25.1의 평균값 ACT 점수를 보유하고 있다. 또한, 미국에서 왕따 발생률이 가장 낮은 주 중 하나이며 교사에게 교육적 환경이 가장 좋은 곳으로 간주된다.

2. 코네티컷주

코네티컷은 공립학교에서 전국 2위, 교육의 질 2위, 안전 19위다. 코네티컷 학생들은 중간 ACT 점수가 가장 높고 읽기 시험 점수가 세 번째로 높다. 학생 1인당 약 $18,958을 지출하며 이는 미국에서 학생 1인당 지출금이 가장 높은 주 중에 하나다. 코네티컷은 또한 소규모 학급으로 구성되며 미국 교사들에게 가장 좋은 주 중 하나로 인식되고 있다.

3. 뉴저지주

뉴저지에는 미국에서 세 번째로 좋은 공립학교가 있다. 뉴저지는 모든 주 중 두 번째로 낮은 중퇴율과 세 번째로 낮은 학생 대 교사 비율을 가지고 있다. 또한, 학생들은 전국에서 세 번째로 높은 수학 시험 점수와 두 번째로 높은 영어 읽기 시험 점수를 가지고 있다. 뉴저지는 학교의 전반적인 교육의 질에서는 2위, 안전에서는 11위다. 주정부는 평균적으로 학생 1인당 $21,866을 지출한다. 교사들에게는 두 번째로 좋은 주로 여겨지며 교사에 대한 연간 평균 임금은 $69,917로 6번째로 높다.

4. 버지니아

버지니아는 미국 전체에서 4번째로 우수한 공립학교를 보유하고 있으며, 교육의 질은 4위, 안전은 3위다. 버지니아 공립학교는 미국에서 네 번째로 높은 수학 시험 점수를 받은 것으로 나타났다. 또한, 왕따 발생률이 네 번째로 낮으며 폭력, 따돌림, 괴롭힘 및 약물 남용으로부터의 안전성에서 매우 우수한 곳이다.

5. 버몬트

버몬트에는 미국에서 다섯 번째로 좋은 공립학교가 있다. 버몬트주는 교육의 질 면에서 8위를 기록했으며 학생 대 교사 비율이 전국에서 가장 낮기 때문에 교사가 각 학생에게 더 많은 관심을 기울일 수 있다. 미국의 평균 교사 비율은 16:1인 반면, 버몬트의 학생과 교사의 비율은 10.5:1이다. 또한, 안진 면에서 4위를 차지했으며 위협/부상을 입은 고등학생의 비율은 매사추세츠와 오클라호마와 함께 공동 1위를 차지할 정도로 안전하다.

6. 뉴햄프셔

뉴햄프셔는 교육의 질은 7위, 안전은 6위다. 뉴햄프셔 학교는 주 중에서 네 번째로 높은 영어 읽기 시험 점수와 두 번째로 높은 중앙값 ACT 점수 25.1을 가지고 있다. 또한, 뉴햄프셔는 약 12:1의 학생 대 교사 비율로, 전체 주에서 다섯 번째로 낮다.

7. 미네소타

미네소타는 교육의 질적인 면에서 6위를 기록했다. 미네소타 학생들은 미국에서 수학 시험 점수가 두 번째로 높으며 SAT 중앙값이 가장 높다. 미네소타 학교의 중앙값 SAT 점수는 1298이다.

8. 위스콘신

위스콘신은 미국에서 8번째로 우수한 공립학교를 보유하고 있다. 위스콘신의 학생 대 교사 비율은 15:1로 미국 평균보다 낮다.

9. 델라웨어

델라웨어의 공립학교 순위는 9위이며 교육의 질은 15위, 안전은 2위다. 델라웨어는 DC 다음으로 왕따 발생률이 두 번째로 낮다. 평균 ACT 점수는 24.1로 미국 평균보다 높지만, 학생 대 교사 비율은 22:1이다.

10. 메릴랜드

10위는 메릴랜드가 차지했다. 메릴랜드의 평균 ACT 점수는 22.3이고 평균 SAT 점수는 1058이다. 메릴랜드의 학생 대 교사는 15:1로 전국 평균보다 낮다.

반대로 최악의 공립학교를 가진 5개 주는 뉴멕시코, 루이지애나, 애리조나, 알래스카, 오클라호마 등이다.

■ 미국 주별 공립학교 순위 2022년

State	Overall Rank	Quality Rank	Safety Rank
Massachusetts	1	1	1
Connecticut	2	2	19
New Jersey	3	3	15
Virginia	4	4	3
Vermont	5	8	4
New Hampshire	6	7	6
Minnesota	7	6	22
Wisconsin	8	5	24
Delaware	9	15	2
Maryland	10	11	9
Nebraska	11	12	8
New York	12	16	10
Illinois	13	10	28
North Dakota	14	9	34
Indiana	15	23	12
Kentucky	16	14	33
Colorado	17	17	27

Utah	18	20	18
Wyoming	19	18	29
Maine	20	24	14
Washington	21	26	5
Florida	22	19	35
Iowa	23	25	16
Pennsylvania	24	22	30
South Dakota	25	13	46
Montana	26	21	42
Rhode Island	27	29	11
Texas	28	30	13
Kansas	29	27	25
North Carolina	30	28	21
Hawaii	31	36	26
Ohio	32	33	39
Michigan	33	34	38
Georgia	34	37	36
Tennessee	35	31	45
Missouri	36	32	48
California	37	38	32
Idaho	38	35	50
West Virginia	39	45	7
Oregon	40	40	37
Arkansas	42	39	51
South Carolina	43	42	41
Alabama	44	46	17
Nevada	45	44	40
Mississippi	46	43	43
Oklahoma	47	48	20
Alaska	48	50	34
Arizona	49	50	31
Louisiana	50	49	47
New Mexico	51	51	49

■ 미국 사립학교

유치원부터 고등 교육 과정까지의 사립학교 비용은 2021년 기준 $291,404이다. 미국의 22,440개 사립 K-12 학교의 평균 연간 등록금은 $12,350이다. 평균 사립 고등학교의 연간 등록금은 $16,040이고, 사립대학의 평균 연간 등록금은 $35,801이다. 전국 천주교 소속 초등학교 5,158개의 평균 등록금은 $4,840이다. 미국의 260개 사립 기숙학교 중 평균 연간 등록금과 기숙사비를 합하면 약 $37,590이다.

사립학교의 연간 총비용

비용	금액
수업료	$12,350
실험/실습비	$1,500
도서 및 용품	$500
견학	$500
교복	$400
운동	$300
기타 비용	$500
총합	$16,050

사립학교 중에서도 주간학교와 기숙학교를 선택할 수 있는데 기숙학교(보딩스쿨)는 수백 개 정도에 불과하며 대부분 동부에 있다. 대부분은 주간 사립학교에 입학하기를 바라는데, 저학년은 주간학교를 선호하고 고학년일수록 기숙학교를 선호한다.

미국 주별 학업 시간

State	Required School Days	Required School Hours
Alabama	180	1,080
Alaska	180	Varies by year
Arizona	180	Varies by year
Arkansas	178	
California	180	Varies by year
Colorado	160	Varies by year
Connecticut	180	Varies by year
Delaware		1,060
Florida	180	Varies by year
Georgia	180	Equivalent hours

Hawaii	180	1,080
Idaho	District option	Varies by year
Illinois	180	
Indiana	180	
Iowa	180	1,080
Kansas	K-11: 186 12: 181	1,116
Kentucky	170	1,062
Louisiana	177	1,062
Maine	175	
Maryland	180	1,080
Massachusetts	180	Varies by year
Michigan	180	1,098
Minnesota	1-11: 165	Varies by year
Mississippi	180	
Missouri	5-Day Week: 174 4-Day Week: 142	1,044
Montana		Varies by year
Nebraska		Varies by year
Nevada	180	
New Hampshire	180	Varies by year
New Jersey	180	
New Mexico		Varies by year
New York	180	
North Carolina	185	1,025
North Dakota	175	
Ohio	District option	Varies by year
Oklahoma	180	1,080
Oregon		Varies by year
Pennsylvania	180	Varies by year
Rhode Island	180	1,080
South Carolina	180	
South Dakota	District option	Varies by year
Tennessee	180	
Texas		1,260
Utah	180	Varies by year
Vermont	175	
Virginia	180	Varies by year
Washington	180	Varies by year
West Virginia	180	
Wisconsin		Varies by year
Wyoming	175	Varies by year

주요국 대표 국제학교

몰타 국제학교

버달라 국제학교 VERDALA INTERNATIONAL SCHOOL

위치	Fort Pembroke, Malta 지중해를 내려다볼 수 있는 곳
커리큘럼	만 3~19세(유치원 과정부터 고3까지) International, English, IB
주요 언어	영어
특징	한 교실당 학생 수는 최대 20명이며, 신입생 비율이 높다. 43개 국적의 학생들이 있으며 신입생 비율 22% 정도이다. 영국, 몰타, 러시아, 스웨덴, 이탈리아 등의 국적을 가진 학생들이 많다.
웹사이트	https://www.verdala.org/

세인트 에드워드 컬리지 St Edward's College

위치	Birgu 지역에 위치(그랜드 하버 남쪽)
커리큘럼	유치원, 초, 중, 고교 과정 몰타 교육 커리큘럼
주요 언어	영어
특징	몰타 최고의 사립학교로 여학생은 만 16세 이후 IB 프로그램으로 입학 가능하다. 높은 수준의 수업뿐만 아니라 스포츠 시설도 좋다.
웹사이트	https://stedwards.edu.mt/

QSI 인터내셔널 스쿨 오브 몰타 QSI INTERNATIONAL SCHOOL OF MALTA

위치	북부 마을 Mosta에 위치
커리큘럼	만 3~18세 학생 대상 미국 프로그램 커리큘럼
주요 언어	영어
특징	전 세계에 37개의 학교가 있다. 43개국의 250명 정도의 학생들로 다양한 국적의 학생들이 입학하는 곳이다. 학생과 교사의 비율 16:1 로 좀 더 밀착된 수업이 가능하다. 학생 중심 교육제공이 가능하며, 수업이 미국 커리큘럼을 따르며, 미국 명문대 진학을 희망하는 학생들에게 추천한다.
웹사이트	https://malta.qsi.org/

치스윅 하우스 Chiswick House School

위치	북부 마을 Swatar와 San Gwann에 위치
커리큘럼	만 2~10세 몰타 커리큘럼
주요 언어	영어
특징	St Martin's college와 파트너십 체결하여, 중고등학교 및 대학 입시과정은 Martin's College에서 이수하게 된다. 30개 국적이 넘는 재학생들로 구성되어 있으며 영어가 모국어가 아닌 학생들을 위한 영어교육 프로그램을 제공한다. 유치원부터 입시과정까지 전체적인 교육 시스템을 제공하며 학교 시설이 매우 좋다.
웹사이트	https://www.chs.edu.mt/

튀르키예(튀르키예) 국제학교

The British International School

영어로 진행되는 유치원, 초등 및 중등학교 프로그램을 제공한다. 개정된 영어 국가 커리큘럼, IGCSE 및 국제 학사학위 프로그램을 제공하는 튀르키예 최고의 사립 국제학교다. BISI는 현재 영국국제학교협의회(COBIS)의 인증을 받았다.

커리큘럼	IB, 영국
교육 언어	영어
학생 나이	3~18세
수업료	108,002TL~263,634TL
학생들 국적 수	55개
웹사이트	www.bis.k12.tr

Keystone International School

이스탄불에 3개의 캠퍼스가 있는 Keystone International Schools(KIS)는 3세부터 고등학교 12학년까지 영어를 사용하는 교육환경을 제공하기 위해 설립되었다(KIS에서는 캐나다 프린스 에드워드 아일랜드(PEI)를 시행함). 프로젝트 기반 학습 활동과 결합된 커리큘럼으로 운영되고, 전용 Mommy & Me, Playgroup, Preschool 및 Kindergarten 프로그램을 제공한다.

커리큘럼	캐나다 및 국제
교육 언어	영어
학생 나이	3~18세
수업료	비공개
평균 학급 규모	16명/반
학생들 국적 수	35개
웹사이트	www.keystoneschools.com.tr

Istanbul International School

튀르키예 교육부 인증 학교이며 캠브리지에서 캠브리지 국제학교로 인증을 받았다. International Schools Association의 정회원이며 40개국 이상에서 온 3~18세 학생들이 있다. 다문화가정과 합리적인 가격에 양질의 교육을 원하는 사람들에게 인기가 높다.

커리큘럼	영국
교육 언어	영어
학생 나이	4~18세
수업료	69,500TL~109,000TL
평균 학급 규모	16명/반
학생들 국적 수	63개
웹사이트	www.istanbulint.com

MEF International School

MEF 국제학교는 유치원부터 12학년까지의 남녀공학이다. 이 학교에는 57개 이상의 국가에서 온 학생들과 17개국을 대표하는 74명의 교수진이 있다. 본교는 40에이커의 캠퍼스에 다목적 시설을 갖추고 있다. 교육 언어는 튀르키예어와 영어다. 또한, 프랑스어와 스페인어 수업도 제공한다.

커리큘럼	IB, 영국
교육 언어	영어, 튀르키예어
학생 나이	3~18세
수업료	139,874TL~270,775TL
평균 학급 규모	24명/반
학생들 국적 수	53개
웹사이트	www.mefis.k12.tr/istanbul

Istanbul International Community School

유치원부터 중등까지 다문화 국제교육 프로그램으로 운영된다. 1911년에 설립된 세계에서 가장 오래된 국제학교 중 하나다. 외국인 커뮤니티가 가능한 비영리 남녀공학 사립학교다. 또한, 핀란드어, 한국어, 스페인어 수업과 케임브리지 대학교 국제 시험도 제공한다. CIS 및 NEASC에서 전 세계적으로 인증을 받았다.

커리큘럼	IB
교육 언어	영어
학생 나이	3~18세
수업료	139,874TL~270,775TL
평균 학급 규모	20명/반
학생들 국적 수	60개
웹사이트	www.iics.k12.tr

파나마 국제학교

Balboa Academy

· AP 과정 제공
· 운동, 학습 여행, 로봇 공학, 공연 예술 및 컴퓨터 수업과 같은 과외 활동 권장
· 학기는 8월 시작하고 6월에 끝남
· 추가 언어 수업: 프랑스어

I 나이 : 유치원~12학년
I 언어 : 영어/스페인어
I 위치 : Building 100 City of Knowledge Clayton, Panama City
I 전화 : +507 302-0035
I 홈페이지 : https://www.balboaacademy.org
I 학비 : $1,789~13,612/년

Boston School International(BSI)

· PYP (Primary Years Program) 및 IB 디플로마 후보 학교
· 축구, 음악, 태권도, 토론, 저널리즘 및 로봇 공학과 같은 과외 활동
· 학기는 8월 시작하고 6월에 끝남
· 추가 언어 수업: 스페인어/북경어

I 나이 : 유치원~고등학교
I 언어 : 영어
I 위치 : Ave. Arnulfo Arias Madrid; 건물. # 727 (Balboa Theatre 옆) Balboa, Ancon Panama City, Panama
I 전화 : +507 396-6966
I 홈페이지 : https://www.bostonschool.edu.pa
I 학비 : $5,000~10,540/년

International School of Panama(ISP)

· IB 프로그램과 AdvancED STEM 인증을 제공
· 축구, 수영, 농구, 공연 예술, 과학 실험실 및 음악을 위한 우수한 실내 및 실외 시설을 갖춘 비영리 학교
· 학기는 8월 시작하고 6월에 끝남

| 나이 : 유치원생~12학년
| 언어 : 영어
| 위치 : Golf Club Road, Cerro Viento Rural San Miguelito, Panama City,   Panama
| 전화 : +507 293-3000
| 홈페이지 : https://www.isp.edu.pa
| 학비 : $5,000~10,540/년

King's College Panama

· 영국 국제학교이자 King 그룹의 일부
· 마지막 해의 테스트는 (I) GCSE (Cambridge)와 GCE A Level (Edexcel)로 구성
· 학기는 8월 시작하고 6월에 끝남
· 추가 언어 수업: 프랑스어(7학년 이상), 중국어(8학년까지의 과외 활동)

| 나이 : 유치원~고등학교
| 언어 : 영어
| 위치 : Edificio 518 Calle al Hospital, Clayton, Panam⊠, Panama
| 전화 : +507 282-3300
| 홈페이지 : https://panama.kingscollegeschools.org
| 학비 : $14,283~19,988/년

Metropolitan School of Panama (MET)

· IB Primary Years Program(PYP), Middle Years Program(MYP) 및 Diploma Program(DP)을 제공
· 현대적인 시설, 다양한 활동 및 세계적 수준의 교육
· 학기는 8월 시작하고 6월에 끝남
· 파나마 교육부(MEDUCA)와 NEASC, CoIS, ECIS 및 AASSA의 인증

| 나이 : 만 3세~12학년
| 언어 : 영어/스페인어
| 위치 : Calle Luis Bonilla 104 City of Knowledge, Clayton, Panama City, Panama
| 전화 : +507 317-1130
| 홈페이지 : https://www.nordangliaeducation.com/en/our-schools/panama/city/metropolitan
| 학비 : $14,283~19,988/년

Oxford International School(OIS)

· 파나마 교육부, AdvancED 및 SACS CASI 인증 학교
· 학기는 3월 시작하고 12월에 끝남

| 나이 : 유치원~고등학교
| 언어 : 영어/스페인어
| 위치 : 74th EAST Street and Via España Carrasquilla, Panama City, Panama
| 전화 : +507 308-7100
| 홈페이지 : http://www.ois.edu.pa
| 학비 : 학교에 정보 요청

키프로스 국제학교

파포스 국제학교 International School of Paphos

2006년에 새로운 첨단시설을 갖춘 교정으로 이전한 파포스 국제학교는 키프로스 내에서는 물론, 영어와 러시아어를 사용하는 국가들, 유럽국가, 아시아와 중동에서 온 학생 등 다양한 인종과 국가의 학생으로 구성되어 있다. 이 학교 학생들의 출신 국가는 20개국이 넘는다. 파포스 국제학교는 영국의 가장 유명한 Edexcel and Cambridge International Examinations(CIE) 시험기관에 등록되어 있을 뿐만 아니라, 파포스 국제학교만이 키프로스 내에서 처음으로 유일하게 Ellinomatheia를 운용하는 시험기관이라고 한다. 또한, 이 국제학교는 키프로스 컴퓨터 학회(Cyprus Computer Society, CCS)의 시험기관이기도 하다. 영어를 모국어로 하는 학생이 대부분이며, 학생들의 필요에 따라 특별 프로그램을 지원하기도 하는데, 10학년 학생부터 13학년 학생에게는 영어 시험기관의 IGCSE와 GCE 코스를 가르칠 만큼 학구적인 학교로 유명하다.

주소	100 Aristotelous Savva Avenue, Anavargos 8025 파포스, 키프로스
전화	+357-26821700
대상	영유아(2살반)~Year 13(18세)학생
수업료	연간 3,000~12,000 유로
홈페이지	https://www.paphosinternationalschool.com

헤리티지 사립학교 Heritage Private School

헤리티지 사립학교는 영국의 커리큘럼을 따르는 기관으로, 키프로스의 교육 문화부의 인증을 받았습니다. 이 학교의 학생들은 학교 내에서는 Cambridge Checkpoints, IGCSE와 GCSE, AS와 A 레벨 시험을 치르고 교외에서는 Anglia 시험, ECDL, 프랑스어 DELF, Gothe-Zertificat, 그리고 그리스 교육부의 그리스어 언어 인증시험 및 Thessaloniki로 이루어지는 그리스 언어 센터의 그리스 언어 인증시험을 치르게 된다. 이렇듯 이 학교는 그 이름에 걸맞게 역사적, 학구적 유산과 특히 고유의 그리스, 영국, 프랑스 등의 유럽의 국제적인 가치와 명성을 중시 여긴다.

주소	1, Iasonos Str., 1682, 니코시아, 키프로스
전화	+357-22818456
대상	영유아~AS/A 레벨(Year 13)
수업료	연간 4,600~14,100 유로
홈페이지	https://www.heritageschool.ac.cy/

하이 게이트 사립학교 Highgate Private School

1991년에 설립된 Highgate는 니코시아의 다운타운에서 차로 10분 거리에 있는 녹음이 우거진 조용한 지역에 위치한다. 안전하고 아름다운 환경과 어우러진 하이 게이트 사립학교는 영국 커리큘럼을 기반으로 하고 있으며, 만 2세부터 18세까지의 학생들이 있다. 기숙사 또한 이 학교 학생들은 이용할 수 있다 하니, 학생들의 유연한 사회생활과 동시에 규율을 지키는 법을 배울 수 있는 기회를 제공한다는 측면에서 강점을 드러낸다.

주소	5 Irinikou street, 2670, 니코시아, 키프로스
전화	+357-22780527
대상	유치원~Grade 12(KG3~Grade 12)
수업료	연간 3,000~13,000 유로
홈페이지	https://highgateschool.ac.cy

니코시아 아메리칸 아카데미 The American Academy Nicosia

니코시아 아메리칸 아카데미는 1922년에 설립된 남녀공학이다. 유치원에서 고등학교까지 있으며 영어를 사용하는 사립 기독교 학교다. 이 학교의 커리큘럼은 영국식 커리큘럼을 기반으로 한다. 미국식 기독교와 정통 영국식 교육이 결합된 신실한 학교로 유명하다.

주소	3A Michael Parides Street Ayios Andreas, 니코시아, 키프로스
전화	+357-22664266
대상	유치원~Grade 12(KG3~Grade 12)
수업료	연간 4,810~13,570 유로
홈페이지	https://aan.ac.cy

미국 대학 부속 유치원/초등/중등/고등학교 The American College

미국 대학 부속 유치원/초등/중등/고등학교(American College)는 1975년에 설립되었으며, 학교 이름 그대로 미국식 커리큘럼과 시스템을 기반으로 한다. 이 학교는 많은 유명한 미국, 영국, 캐나다, 호주 및 유럽 초, 중, 고등학교 및 대학으로의 진학 및 편입(Transfer)이 굉장히 용이한 학교로 유명하다.

주소	2 & 3 Omirou Avenue 1521 니코시아, 키프로스
전화	+357-22661122
대상	유치원부터 Grade 12까지 (KG3~Grade 12)
수업료	고등학교 기준 연간 약 4,500유로
홈페이지	https://www.ac.ac.cy/en/home

아메리칸 키프로스 국제학교 The American International School in Cyprus

미국식 국제학교인 AISC의 모든 수업은 영어로 진행되고, 커리큘럼은 미국 시스템을 기반으로 하며 IB 프로그램까지 제공한다. 이 학교는 유럽 국제학교 협회(ECIS) 회원인 우수 학교 인증을 받았을 정도로 선진적 교육 시스템으로 정평이 나 있다.

주소	Kassos Street 1086 니코시아, 키프로스
전화	+357-22316345
대상	유치원~Grade 12(KG3~Grade 12)
수업료	연간 4,635~13,080 유로
홈페이지	https://www.aisc.ac.cy

포르투갈 국제학교

지역	국제학교	소개	홈페이지
리스본	파크 국제학교	리스본의 청담동인 카스카이스에 위치한 대표적 국제학교	https://www.park-is.com/
	세인트 줄리안	리스본 도밍고 지역에 위치한 국제학교	https://www.stjulians.com/
	칼루치 아메리칸 스쿨	미국식 교육 시스템을 도입한 대표적인 국제학교	https://www.caislisbon.org/
포르투	오포르투 브리티쉬 스쿨	125년의 역사를 자랑하는 유럽에서 가장 오래된 국제학교로 미/영국식 커리큘럼으로 명문대 진학률이 높음	https://www.obs.edu.pt/
	클립 국제학교	포르투 지역에서 가장 인기 있는 미/영국 명문대 진학률이 매우 높은 국제학교로 부대시설이 매우 좋음	https://www.clip.pt/

2022 전 세계 대학순위

U.S.News는 매년 최고의 세계 대학순위를 발표하고 있다. 미국을 비롯한 90개국 이상의 대학과 관련 기관들의 학문적 연구성과와 글로벌 및 지역적 명성을 측정하는 13가지 지표를 활용해 순위를 발표한다. 학생과 학부모는 세계 대학 랭킹을 통해 입학을 원하는 대학의 교육적 환경을 알 수 있고, 입시와 관련한 다양한 정보를 얻을 수 있다. 다음은 U.S.News에서 발표한 2022 세계 대학 랭킹 1,750개 중 상위 30위까지 정리한 표다.

2022 Best Global Universities Rankings

	대학명	국가	Score	학생 수
1	Harvard University	U.S.	100	21,575
2	Massachusetts Institute of Technology	U.S.	97.5	11,459
3	Stanford University	U.S.	95.6	16,319
4	University of California-Berkeley	U.S.	89.4	40,306
5	University of Oxford	UK	87.1	N/A
6	Columbia University	U.S.	86.7	22,801
7	University of Washington	U.S.	86.5	47,606
8	University of Cambridge	UK	86.1	N/A
9	California Institute of Technology	U.S.	85.5	2,233
10	Johns Hopkins University	U.S.	85.5	16,552
11	University of California-San Francisco	U.S.	85.4	N/A
12	Yale University	U.S.	85.2	13,317
13	University of Pennsylvania	U.S.	84.8	21,211

14	University of California-Los Angeles	U.S.	84.7	42,890
15	University of Chicago	U.S.	84.5	14,895
16	Princeton University	U.S.	84.2	N/A
16	University College London	UK	84.2	35,895
16	University of Toronto	Canada	84.2	75,821
19	University of Michigan-Ann Arbor	U.S.	84.1	44,663
20	Imperial College London	UK	84.0	17,630
21	University of California-San Diego	U.S.	83.8	36,256
22	Cornell University	U.S.	82.7	23,600
23	Duke University	U.S.	82.1	N/A
24	Northwestern University	U.S.	81.7	N/A
25	University of Melbourne	Australia	80.8	N/A
26	Swiss Federal Institute of Technology Zurich	Swiss	80.1	19,890
26	Tsinghua University	China	80.1	38,221
28	University of Sydney	Australia	80.0	49,213
29	National University of Singapore	Signapore	79.1	31,819
30	New York University	U.S.	78.9	45,424

해외이민 트렌드

초판 1쇄 발행 2023년 1월 3일
지은이 최여경(셀레나)
기획 및 책임편집 박준영
펴낸이 이기봉
펴낸곳 도서출판 좋은땅
주 소 서울특별시 마포구 양화로12길 26 지월드빌딩 (서교동 395-7)
전 화 02)374-8616~7
팩 스 02)374-8614
이메일 gworldbook@naver.com
홈페이지 www.g-world.co.kr

ISBN 979-11-388-1544-4 (03320)